科学出版社"十四五"普通高等教育本科规划教材
普通高等教育体育学类系列教材

# 体育经济学

## Sports Economics

李艳丽 主编

科学出版社
北京

# 内 容 简 介

本教材以经济学为理论基础，运用经济学的研究方法，对体育领域中现实存在的经济现象和经济行为以及体育与经济发展的关系进行了较为全面和系统的分析。本教材力图体现最新的理论发展前沿和体育经济实践经验，着重讨论了体育市场、体育投融资、体育无形资产、职业体育、体育消费、体育赛事经济、体育场馆经营管理、奥运经济、体育产业政策等问题。

本教材适用于体育经济与管理、经济学等相关专业本科生和研究生的教学，可作为体育经济、体育产业实务工作者和研究者的参考书，也可供体育主管部门的行政管理人员及对体育经济问题感兴趣的读者阅读。

**图书在版编目(CIP)数据**

体育经济学 / 李艳丽主编. —北京：科学出版社，2023.2

科学出版社"十四五"普通高等教育本科规划教材

普通高等教育体育学类系列教材

ISBN 978-7-03-074802-7

Ⅰ. ①体… Ⅱ. ①李… Ⅲ. ①体育经济学—高等学校—教材 Ⅳ. ①G80-05

中国国家版本馆 CIP 数据核字(2023)第 023629 号

责任编辑：张佳仪/责任校对：谭宏宇

责任印制：黄晓鸣/封面设计：殷　靓

科学出版社 出版

北京东黄城根北街 16 号

邮政编码：100717

http://www.sciencep.com

南京文脉图文设计制作有限公司排版

广东虎彩云印刷有限公司印刷

科学出版社发行　各地新华书店经销

*

2023 年 2 月第 一 版　开本：787×1092　1/16

2025 年 7 月第六次印刷　印张：14　1/2

字数：335 000

**定价：70.00 元**

（如有印装质量问题，我社负责调换）

# 《体育经济学》

## 编委会


**主　编**

李艳丽　北京体育大学

**编　委**

（按姓氏笔画排序）

冯　珺　北京体育大学

李　贝　北京体育大学

张金桥　陕西师范大学

庞善东　河北体育学院

耿志伟　北京体育大学

高照钰　对外经济贸易大学

董　美　北京体育大学

# 前言

改革开放 40 余年来，体育产业发展质量显著提升，体育市场不断发育和成熟，体育消费成为满足人民群众美好生活需要的重要途径，从而使得体育经济学的学科地位与日俱增。体育经济学作为体育学与经济学的交叉领域，近年来发展迅速，课程体系和教材建设持续完善。但是，相较于经济学的主流领域和成熟分支，目前国内体育经济学教材依然存在两方面的明显不足。其一，既有教材在现代经济学理论和方法训练方面的规范性仍显不足，已经成为体育经济学专业人才培养的桎梏；其二，近年来产业积累和技术进步在体育经济实践中引致了一系列新产品、新业态、新模式的涌现，传统教材的内容难以及时更新与补充。

为适应新时代我国体育经济学课程建设和人才培养需要，本教材立足于体育经济与体育产业相关专业必修课程的编写定位，在广泛参考与借鉴国内外同类教材的基础上，形成了自身的编写风格和特色。本教材的主要优势在于：①教材知识体系与时俱进，理论深度适当，框架结构新颖，实现了从思想史脉络到经济学经典理论再到最新的体育经济实践经验的有机融合。②坚持“三全育人”原则，着力凸显新时代体育经济学教材的时代价值。教材从理论诠释、案例选用等多个角度精心组织内容，通过给予学生正确的思想引领和价值导向，讲好体育经济领域的中国故事。③紧跟体育产业和体育市场发展热点，针对体育经济实践中出现的新问题、新现象、新机制给予理论诠释和补充。例如，体育投融资工具与场景、体育无形资产、体育产业政策等。同时，摒弃部分陈旧概念和提法。例如，用体育场馆领域的前沿理论成果替换了缺乏现实针对性的部分传统场馆理论，并引入最新案例。④积极贯彻理论与实践并重的编写理念。例如，既为学术理论性较强的体育市场、体育消费等内容提供了相对完整的经济学概念诠释和理论体系，又不偏废职业体育、赛事和奥运经济等能够充分反映体育经济实践的章节。全书结构完整、形式新颖，内容紧跟体育经济学学科建设和人才培养的发展需要。

本教材在编者多年从事体育经济研究和教学的基础上编写而成，力图体现最新的体育经济实践经验和理论发展前沿。全书共十一章，详细分工如下：第一章“总论”由北京体育大学李艳丽编写；第二章“体育经济思想史”由北京体育大学冯珺编写；第三章“体育市场”由北京体育大学李艳丽编写；第四章“体育投融资”由北京体育大学董美编写；第五章“体育无形资产”由北京体育大学李贝编写；第六章“职业体育”由北京体育大学耿志伟编写；第七章“体育消费”由对外经济贸易大学高照钰编写；第八章“体育赛事经济”由河北体育学院庞善东和北京体育大学冯珺联合编写；第九章“体育场馆经营管理”由北京体育大学李艳丽编写；第十章“奥运经济”由对外经济贸易大学高照钰编写；第十一章“体育产业政策”由陕西师范大学张金桥编写。全书由李艳丽统稿、定稿。

本教材始终将理论性、实用性和可读性相统一作为编写目标，既可以用于相关专业本科生和研究生的教学使用，也可以作为体育经济实务工作者和研究者的参考书。

本教材能够顺利完成并出版，感谢北京体育大学教务处教材科老师们的大力支持；感谢各位教材评审专家给予教材的建设性意见和建议；感谢所有关心和帮助我们完成编写任务的同志。体育经济学有着一个涉及复杂理论和实践内容的庞大学科体系，受限于编者的水平和精力，教材中若存在不当和不足之处，敬请读者不吝赐教，以便再版时予以修改和完善。

《体育经济学》编者

2022 年 12 月

目录

# 第一章

# 总　　论

**【导　　读】**

体育的功能随着社会的进步不断增加、流变，在经济飞速发展的新时代，体育的内涵不断外延，尤其是其与经济之间千丝万缕的联系引起了社会的广泛关注。在理论上，体育与经济相互补充、相互促进；在实践上，体育活动与经济活动早已无法分离，从健身娱乐到竞赛表演，我们总能看到许多经济活动的影子。为了探究现代体育活动与经济活动运行的规律与原理，使体育更好地服务于社会、服务于经济，体育经济学这一理论与实践并存的学科应运而生。在本章的学习中，我们要在学习体育经济学相关概念与属性的同时，树立正确的发展观与世界观，培养自身对体育发展的责任感，担当促进我国体育发展、实现中华民族伟大复兴的重任。

学习体育经济学首先需要了解一些基本问题，即什么是体育经济学？具有什么样的学科属性？研究对象和内容及方法是什么？如何形成与发展的？本章将对以上内容进行系统的阐释与探讨，为之后的学习打下牢固的基础。

**【学习目标】**

掌握体育经济学的概念、学科属性及其研究内容；了解体育经济学的形成与发展；熟悉体育经济学的研究对象与研究方法。

【思维导图】

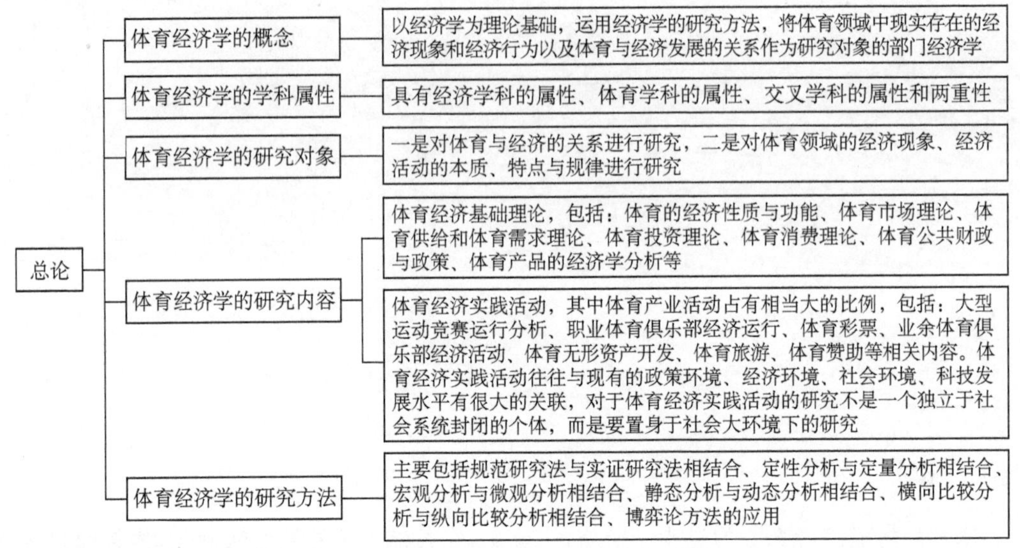


# 第一节　体育经济学概述

## 一、体育与经济的关系

体育的发展与社会的发展有着同步的节奏，随着社会的发展，体育这一社会实践活动正逐渐被赋予更多的意义。在现代社会，体育已不仅仅是健身娱乐的代名词，它的作用也不仅仅停留于强身健体，体育的经济功能与社会功能得到进一步的拓展，以充满活力的新姿态进入我们的生活。

举国体制下，金牌数目大幅增长，体育事业的发展取得了卓越的成就。我国加入 WTO 后，新的市场经济格局确立，带来了经济的腾飞，同时推动了各行各业的改革与发展。体育业，作为中国的重点发展领域之一，彰显着正在崛起的大国实力，中国历史与经济的发展也在体育业中有所体现。体育与经济的关系具体表现在以下两个方面。

### （一）体育的发展离不开经济的发展

首先，经济发展水平制约体育产业发展的规模与水平。体育的发展依赖于物质与资金条件。经济发展到一定水平，人们解决了基本的温饱问题，且存在必要的体育活动场地、场馆等，人们便会去追求更高层次的享受需求与发展需求。其次，经济的发展、劳动生产率的提高，使人们不需要将所有的时间用于物质资料积累，从而增加了余暇时间，去满足自身的体育需求，参与到体育的发展中去。对于竞技体育来说，体育项目的运行需要大量的资金支持，经济水平决定了体育投资力度、训练与设施的科技化程度，制约着竞技体育的发展水平。最后，经济的运行方式影响着体育的消费结构。在计划经济时期，公有制经济在所有制结构中占据主导地位，政府调配资源对体育进行宏观与微观的管理。人们具有同一层次的体育消费需求水平和消费结构。随着社会主义市场经济体制的确立，生产关系、分配制度等发生了一系列的变化，在体育领域中，市场这只“看不见的手”也在调节着体育的运行和发展。随着市场机制的确立，体育投资不断增长，使得体育与市场的力量相结合。体育的需求水平和需求结构也随之产生变化。

（二）体育的发展促进经济的发展

首先，体育的发展促进国民经济的发展，是国民经济的主要组成部分。居民生活水平的提高，促使人们改变了原有的消费结构，将更多的收入投入到体育装备、健身娱乐、观赏体育赛事等体育消费中去。以 2018 年北京市 6 种家庭类型为调查样本，结果显示空巢家庭利用闲暇时间进行活动排名第一位的是“参加体育活动”。其次，体育产业的发展可以刺激并拉动内需。体育的发展依存于一定的空间、设备，从而带动相关物质资料生产行业的发展。例如，我国冰雪产业的发展，冰雪运动的推广刺激了大众的消费需求，滑冰、滑雪运动的风靡，使得雪场、冰场的经营一路长虹，并带动造雪机、旱地滑冰装备、滑旱雪俱乐部的发展。同时，体育产业所提供的竞赛表演、健身娱乐等相关的核心产品与国民经济中的第三产业联系紧密。比如，大型体育赛事的举办往往伴随着城市基础设施建设，且需要相关的生活服务设施与其相匹配。因此，主办城市或区域在道路交通基础设施、机场翻新、通信网络等工程上花费不菲，赛事周边社区产生的经济活动也带来了大量诸如对建筑工人、建筑材料等的需求。最后，体育产业的发展能够提供更多的社会就业岗位，赛事的运营、体育产品的销售、体育装备的制造等均需要大量的人力支撑。

## 二、体育经济学的概念

体育经济学具有体育领域与经济领域的共同属性，是一门知识面广泛、内涵丰富的交叉学科与新兴学科，对于其概念的界定众说纷纭。基于不同的视角，给予了不同的认知与界定，其中主要观点有：

“体育经济学就是对那些用经济学方法研究体育的恰当归纳。”（海涅曼）

“体育经济学指的是扩展的、与问题相关的概念，它与一种有限的、与学科相关的概念相对立；将经济学原理运用到体育领域，也就是体育经济。”（霍希）

“体育经济学是将企业经济学和国民经济学理论机制应用到体育的各个领域中。”（多曼）

“从国民经济的基本构成来看，体育部门是我国国民经济的一个重要组成部门，体育经济学也可称作一门部门经济学；体育已成为一个产业，体育经济学同时也是一门以经济学为理论基础的产业经济学。”（苏义民）

上述定义都从某一角度揭示了体育经济学的含义。综上所述，体育经济学的概念可定义为：是一门以经济学为理论基础，运用经济学的研究方法，将体育领域中现实存在的经济现象和经济行为以及体育与经济发展的关系作为研究对象的部门经济学。

## 三、体育经济学的学科属性

学科属性制约着一门学科的发展方向，只有确立了科学合理的学科属性，才能使体育经济学的相关研究具有充分的理论基础。体育经济学是一门交叉学科，由体育学与经济学相互重叠、渗透而成。从本质上来讲，体育经济学既要反映经济学的客观内容，又要遵循体育运动本身的客观规律。从经济学的角度，用经济学的方法分析体育领域内与经济有关的活动。

### (一) 体育经济学具有经济学科的属性

经济学具有广泛的含义，包括理论经济学和应用经济学两个层次，前者阐述经济学的基本概念、基本原理，对生产关系进行分析；后者则运用前者的基本理论，以具体的经济部门及领域或非经济活动领域的经济效益分析为研究对象。理论经济学包括宏观经济学与微观经济学。应用经济学是将理论经济学的原理用来研究各个国民经济部门、各个专业领域的经济活动。体育事业作为第三产业中的一个经济部门，研究体育部门经济现象的体育经济学可以看作是部门经济学中的一门学科，在一般的经济理论指导下研究体育活动实践。

我国的体育经济学是社会主义体育经济学，与西方国家不同的是，我们更加注重对于体育公共服务的供给和对于政府职能的探讨，并且注重经济效益与社会效益的相结合。

### (二) 体育经济学具有体育学科的属性

相对于其他经济学科而言，体育经济学研究的是体育这一特殊文化现象与社会经济现象之间的关系。经济的发展制约着体育的发展水平，反之，体育的发展水平也反映了经济的发展现状与水平。此外，体育经济学也注重挖掘体育经济中的深层次问题，是一门研究有限的体育资源如何有效配置的学问。以上充分体现了其研究的体育性，并非是将其他领域的规律与术语生搬硬套在体育领域中，而是有选择地、从多角度出发地去阐明体育领域内的经济现象，总结其经济活动的运行规律。

但是与体育管理学相比，体育经济学更加注重其经济活动与经济现象，体育管理学侧重于对于经济管理这一活动过程的研究。体育管理学注重利用科学的管理原理与方法去优化计划、组织、协调、控制、创新这五个职能功能的发挥，找寻适合我国体育的发展路径与管理体制。体育经济学则注重采用计量分析的方法对体育领域的经济问题进行深入探讨，阐明体育市场的运行规律，创新体育投资方式、经营方式等。两者研究虽有不同，但是均对我国体育的发展贡献出不可替代的作用。

与体育经济学相比，体育社会学的研究范围更加广泛，包括社会体育参与人口、社会体育组织的发展、体育领域中的社会问题等，其研究方法也多使用社会调查法和案例分析法。体育经济学的研究则更加注重在基本的假定下进行理论分析与推理。

### (三) 体育经济学具有交叉学科的属性

体育经济活动具有复杂性、综合性，因此对于体育经济学研究而言，单依靠经济学科或体育学科的理论指导是不够的。根据我国学科分类以及学科级别划分的标准，体育经济学属于体育学的二级学科。同时，对于体育部门中的非经济活动进行效益分析、经济分析。

可见，体育经济学研究体育与经济的关系以及体育领域的经济活动与经济的关系。体育经济学相关研究最初在体育领域萌芽，体育经济学的学术团体也多诞生于相关体育院校以及体育科学研究所。为了认识体育经济学的本质，我们必须站在体育科学知识的基础上，如体育产品、体育企业、体育市场、体育俱乐部等。同时，体育经济学的很多研究内容，单凭体育经济学的相关知识很难解决，需要管理学、法学、社会学、体育学、数学等多个学科的知识累积才能解决。知识的交叉不单单是不同学科的简单叠加，而是不同的学科相互融合，从多学科的角度去理解问题，解决问题。

（四）体育经济学具有两重性

首先，对于体育经济学来说，虽然与其他经济学有所区别，但他们都是理论科学，经济学也是其最基本的学科基础。因此，在形态上体育经济学侧重于研究一系列概念、范畴，剖析体育经济现象，通过对体育经济现象、经济活动进行质和量的分析，用数理的方法总结体育经济实践，探索体育经济运行的内在规律。体育学也是体育经济学基本的学科基础，包括体育管理学、体育社会学、体育哲学、体育法学等。对于不同的学科中存在的体育经济现象做出合理的解释与预测，也是体育经济学必须具有的功能之一。

其次，体育经济学除了对体育领域的经济活动做出理论性概括之外，最重要的是运用一般理论去解决实际问题，使感性认识上升到理性认识，为体育产业的健康发展服务，为体育体制改革以及经营方式改革服务，为体育的发展战略、政策、方针的制定与完善服务。

最后，体育经济学的两重性还体现在实证性与规范性的相结合。我们应注重体育经济学研究的客观性，也可以称之为实证性。从具体活动出发，去探索现实的本质，分析客观事物本身具有的特点、如何运行等问题。也应该以一定的价值与目标为出发点，探究体育经济领域的规范性，为未来体育经济学的发展作指导。体育经济学研究离不开实证性，同时也在其研究过程中不断充实相关理论，发挥着规范的功能。

## 四、 体育经济学的研究对象与内容

研究对象的确立决定了一个学科的发展方向、基本性质与内容，对于学科的建立与研究意义重大，是与其他学科相区分的重要依据。体育经济学的研究对象包括两个部分。

一是对体育与经济的关系进行研究。体育处于社会大系统中，势必受到社会经济环境的影响，经济的发展对于体育具有制约作用，体育的发展会带动经济的发展。体育经济学的研究对象不仅在于体育与经济的制约作用以及促进作用，还在于具体的研究对象——体育产业，包括：体育产业与社会环境之间的协调发展问题、体育产业结构、体育产品以及服务供给的数量和质量。从经济学的角度出发，如何对稀缺资源进行合理地优化配置，从而实现其最大的效益，以及如何对体育产品进行公平分配的问题，均在研究范围内。

二是对体育领域的经济现象、经济活动的本质、特点与规律进行研究。提高体育事业的社会效益和经济效益，使其更能满足人们的需求，这是体育经济学研究的核心。两方面的研究是整体的、统一的，不是孤立存在的。离开经济环境对体育进行研究不能够揭示体育领域经济活动的相关问题；抛开体育领域的经济研究也无法阐明体育与经济之间的关系。

体育经济学的研究内容是对研究对象的展开与具体化，具体如下。

(一) 体育经济基础理论

1. 体育的经济性质与功能

体育产业是一个独立的产业，同时处于社会经济的大环境中，需要与整个经济大环境相适应相匹配。一方面，体育经济学研究需要根据经济理论与体育基础理论阐明体育的经济性质，确立其在国民经济中所处的地位。另一方面，通过揭示社会经济对体育产业产生的影响，探讨体育的经济功能，并对能够使经济良性发展的体育活动与体育产业结构进行深入探究。

2. 体育市场理论

体育经济活动的运行依赖于一定的市场条件，体育产业需面向市场。因此，体育经济学的研究要依托于体育市场。首先，要探究体育市场的含义、分类及其构成；其次，要阐明各类市场的特点以及运行机制；再次，对于上层建筑的变化所造成的体育市场环境的变化进行归纳总结，明确体育市场发展的环境与条件，提出建立健全体育市场体系的基本措施与监管机制，并且对于体育市场中产生的部分问题做出合理解释，如：体育劳动市场与歧视；最后，依据体育经济学相关理论，探究如何通过市场调节来促进体育经济资源优化配置的问题，为体育的发展提供坚实的理论基础。

3. 体育供给和体育需求理论

体育的发展一直在围绕“人们具有某些体育需求，体育具有满足此需求的属性，从而发挥体育的作用满足人们需求”这一过程，体育产业也是如此。为了更好地满足人们的体育需求，首先，体育经济学应探索人们对于体育需求变化的规律、特点及影响因素。其次，探究体育供给的特点及其影响因素，从供给侧出发，针对性地改变体育供给结构，推动和引导人们的体育需求，从而更好地适应国民经济发展的需要。最后，在体育市场中，体育产品的价格是由体育产品的供给和体育产品的需求共同决定的。因此，体育经济学研究要寻找体育供给与需求的契合点，确定合理的体育产品价格，实现体育市场均衡发展。

4. 体育投资理论

体育投资活动带给了体育经济无限活力与发展动力，同时也是体育产业运行的一个重要组成部分。首先，体育经济学要研究体育投资的内涵、特点、来源等基础概念。其次，要阐明体育投资的方式，盘活体育资金，发挥体育资金的作用。再次，在社会主义市场经济这一环境下，如何制定合理的体育投资政策、应对体育投资风险、评估体育投资的效益等问题也是体育经济学重要的研究内容。最后，要探究体育投资与经济发展的关系，使其适应于当前经济发展的同时，推动国民经济的发展。

5. 体育消费理论

体育产业的发展离不开体育消费的带动。首先，体育经济学研究要确立体育消费在社会消费中的地位，阐明其重要性；其次，要揭示体育消费的特点，剖析体育消费者的行为特征，明确体育消费与体育企业之间的关系，发挥市场在资源配置上的作用。最后，要探究体育消费效益的评价机制，更好地指导体育消费的发展。

6. 体育公共财政与政策

首先，体育经济学要研究体育公共财政投入的规模、结构与效率，为其投入方式的科学性与发展性打下坚实的理论基础；其次，我国的体育体制处于由政府管理型到结合型体制过渡的阶段，政府在体育的发展中仍扮演着重要的角色，体育经济学探讨制定体育发展政策、规划等的依据与原则，用最经济有效的方式将有限的体育资源，投入到收益最大的地方中去；最后，除了体育整体发展的政策之外，要研究制定体育产业发展政策的目标、依据、方式及内容，使体育与经济的发展相适应。

7. 体育产品的经济学分析

随着社会生产的进步，人们余暇时间的增多，对于体育产品的需求飞速增长。体育产品包括实物产品（如体育用品）与非实物产品（体育服务）。对于体育产品来说，应优化产业结构，提高体育服务业在整个体育产业中的占比，同时提高体育产品的质量与数量。拉动内需，扶持一批高质量的具有国际竞争力的体育企业，促进国内国际双循环。除了对整个体育产品领域的理论研究之外，对于体育服务产品尤其是体育赛事的研究也是体育经济学的重要研究内容之一。赛事是体育价值的集成，包括体育赛事运营、体育赞助、赛事转播、赛事经纪、体育赛事对城市产生的影响等。对于体育赛事中所涉及的各个经济活动的研究，具有很大的理论意义与现实意义。

（二）体育经济实践活动

除了体育经济基本理论之外，体育经济实践活动也是体育经济学研究的具体内容，其中体育产业活动占有相当大的比例，包括：大型运动竞赛运行分析、职业体育俱乐部经济运行、体育彩票、业余体育俱乐部经济活动、体育无形资产开发、体育旅游、体育赞助等相关内容。这一部分更倾向于通过体育经济学研究去解决体育市场中的实际问题，用理论助推其发展。

需要注意的是，体育经济实践活动往往与现有的政策环境、经济环境、社会环境、科技发展水平有很大的关联。在我国社会主义市场经济体制确立后，良好的经济政策导向激发了社会与市场参与体育发展的动力，涌现出一大批独特又具有竞争力的体育产业。对于体育经济实践活动的研究不是将其视为一个独立于社会系统的封闭个体，而是将其置身于社会大环境下的研究。

## 第二节 体育经济学的发展历史

### 一、体育经济学产生的现实基础

体育经济学不是偶然产生的，体育处于社会这一大系统中，体育自身的发展，社会环境的变化，社会经济的发展以及现代经济学相关研究的拓展，都为体育经济学的产生奠定了坚实的社会基础。

战后社会经济的发展推动了体育经济学的产生。随着经济的快速发展，社会分工的日益完善和进步，服务业的兴起，对人们的生活方式产生了巨大的影响。科学技术的发展，更是为其注入了强大的催化剂，社会生产过程的自动化，解放了人们的双手，提高了社会生产力和生产效率，同时改变了劳动构成，体力劳动逐渐减少，劳动强度减轻，因此劳动者的活动时间变少，劳动能力逐渐呈现“退化”的趋势，健康问题的浮现带来了更大的体育需求。随着人类生活水平的普遍提高，余暇时间的增多，也为满足体育需求创造了条件。

体育自身发展规模的壮大推动了体育经济学的产生。主要体现在两方面，一是经济的发展催生了群众体育的发展，在这个过程中体育强身健体的基本功能，不足以满足人们更高层次的精神需求。因此，体育的经济价值凸显，在这个过程中，人们生活消费的需要由物质资料变为发展资料和享受资料。二是竞技体育的迅速发展，职业体育与营利性体育组织的产生，出现了众多的经济活动，带来了体育产业的崛起，随之而来的体育消费、体育投融资、体育赞助等一系列活动的出现，更是使现代体育发展成为一种包括体育用品贸易、运动员转会、无形资产开发等在内的经济活动。在这个过程中，也存在着一些如市场失灵等的经济问题，需要我们运用专门的理论去解决与引导。

社会环境的变化也催生了体育经济学的产生。经济的全球化带来世界环境的变化，为了适应世界发展的潮流，各个国家都进行了一系列的调整，尤其是对于部分社会主义国家，计划经济体制的改革，为体育的发展提供了更多的活力、更大的舞台，为体育相关经济活动的发展提供了基础保障。同时，社会环境的利好，也促进了体育经济学的产生。

奥林匹克运动对体育经济学产生了重大影响。在之前，奥林匹克运动采用非商业化的运行模式，职业运动员不允许参加竞赛。由于奥运会耗资的不断加大以及政治因素的干扰，多数申办奥林匹克运动会的城市均望而却步。1979 年美国洛杉矶市邀请 45 岁的企业家——彼得·尤伯罗斯担任 1984 年洛杉矶奥林匹克运动会组织委员会主席。这位在体坛默默无闻的人，在这次筹备组织工作中，特别是财政管理上，表现出了杰出的才华，从而一举闻名于世。他创造性地采用了商业化的运营模式，帮助洛杉矶奥运会成功度过筹资危机并且获得了盈利。

经济学研究领域的扩大促进了体育经济学的产生。随着现代经济学的发展，其研究范围由原来单一的框架变得愈加丰富。不仅研究特定的物质生产部门，并且逐渐涉及非物质生产部门中的经济现象、经济活动和经济规律，包括教育、文化、艺术、体育等。体育产业的发展早已成为国民经济中的一个独立的部门。体育部门开展体育服务活动的过程也是一种经济活动过程。因此，通过经济学理论去解决体育领域中问题的体育经济学便产生了。

## 二、体育经济学的形成与发展

随着二战后科学技术的发展，社会生产力的不断提高，英国资产阶级的诞生推动了体育的产业化，体育在这一社会背景下，也得到了迅猛的发展。群众体育的平民化、生活化使体育健身娱乐业出现在大众的视野中；竞技体育的职业化、商业化使得体育竞赛表演业在市场上占有一席之地。社会主义国家的经济体制改革，为市场的发展、经济的发展创造了条件。在这一过程中的新目标、新趋势，也带来了一系列的新问题亟待解决。因此，我们对体育经济学的产生和发展提出了理论和实际的双重需求。

### （一）国外体育经济学的形成与发展

国外的体育经济学相关研究包括两方面：一是对非营利性的体育经济问题进行的研

究，包括体育的经济功能、体育在国民经济发展中的地位、国家体育公共财政支出等。1975年，第一届全苏体育运动经济问题科学会议由苏联体育运动委员会和全苏体育科学研究所组织在莫斯科召开，讨论并制定了体育经济学教学大纲。1976年库兹马可和奥辛采夫在合著的《体育运动的社会经济问题》一书中系统阐述了体育经济理论的内容。二是对营利性的体育经济问题进行的研究，包括职业体育俱乐部、体育市场、体育消费、体育场馆经营、体育的经济带动作用研究等相关问题。西方国家的市场经济具有悠久的历史，体育在经济环境下的运行也已有几百年的历程。1956年，美国学者罗滕伯格在《政治经济学》杂志上发表《棒球运动员的劳务市场》一文，被认为是体育经济学研究的开河之作。随之，西方国家依托社会经济环境，展开了一系列关于职业体育的相关研究。尼尔阐明了职业体育团队与其他企业最显著的区别：职业球队并不是真正意义上的企业部门，只有职业体育联盟才能满足市场的需求是天然的垄断企业。此后，琼斯以美国国家冰球联盟为例，研究其需求与收入、供给与成本之间的关系，对于该联盟的市场支配力进行了合理的经济解释，且第一次提出对于职业体育特定制度安排如何进行法律处置的法学命题。在此基础上，斯洛尔尼对英国职业足球的组织特征、市场结构与俱乐部之间的关系进行了研究，以增强足球产业竞争的财务活力。他提出，用效用最大化假定来代替利润最大化的目标在预测职业体育及其他形式娱乐活动上会更加有效；正当的竞争限制可以维持竞争程度，进而促进赛事的财务稳定。此后，埃尔·哈迪里和奎克开始运用模型对职业体育问题进行研究，他们构造了一个包含职业体育产业若干特征的决策模型。

随着西方发达国家经济增长，人们的生活水平与消费水平均有提高，余暇时间增多，消费结构也随之改变，促进了体育产业的持续发展，同时吸引了更多学者参与到相关研究中，推动了体育经济学的进一步发展。在这一时期，除了对于上文中提到的职业体育俱乐部的相关研究中，体育领域面临着更多社会环境影响下的经济问题。

一是，市场失灵引起体育经济学研究的关注。对于采用市场经济体制的西方国家来说，在市场这只“看不见的手”进行资源调配的过程中往往会出现信息不对称、外部性、垄断等一系列问题，而忽视了公共体育服务的供给，无法保护纳税人均等地享有体育公共服务的权利。

二是，奥林匹克运动会的商业化运作对体育经济学的发展产生了影响。随着奥林匹克运动规模的扩大，举办奥运会的成本逐渐超出举办城市的负担能力，同时，非职业化和非商业化原则也很难继续维持。先是职业运动员也可以参加奥林匹克运动会；之后1984年的洛杉矶奥运会开启了商业化运作奥林匹克运动会的先河，在此之前的奥运会运作产生了高额的亏损，导致举办城市的市民不得不负担着额外的经济压力。彼得·尤伯罗斯创造性地提出采用商业化的手段来运作奥运会，发动民间力量，引入赞助商，节流开源，实现了奥运会的盈余。此后，奥运会的商业化市场化运作成了现代体育经济学发展的一项重要研究课题。

三是，随着体育经济学问题研究的逐渐定量化与模型化，关于职业体育产业组织结构与反垄断问题、劳动经济关系、激励措施等的研究逐渐深入，职业体育联盟制度逐渐完善。无论是收入支出、利益分配，还是球员的薪资制度、转会制度等均在体育经济学的相关研究下更加科学有序。体育经济学的理论研究不断充实，并在实践应用领域发挥着重要作用。

（二）国内体育经济学的形成与发展

我国的体育经济学研究开始于20世纪80年代。1984年，在福建泉州举办了体育哲学社会科学论文报告会，探讨了20多篇体育经济问题研究的论文，首次提出创建体育经济学专业。1985年，于光远在全国体育哲学社会科学研讨会上首次提出研究体育经济问题，创建体育经济学。1988年，张岩等人出版了第一本《体育经济学》（四川教育出版社）专著。1990年，吉林人民出版社出版了第一本《体育经济学》教材。20世纪80年代末，体育经济学成为相关院校的主修或选修课程，在体育类、财经类院校均有开展。经过三十多年的发展，体育经济学的研究取得了一定的进展，体育经济学的学科体系已初步确立。在1998年发布的《中华人民共和国国家标准学科分类与代码》中，体育经济学已被列为体育科学所属的12个子学科之一。体育经济学正式成为交叉学科。由此，体育经济学相关研究成果层出不穷，出现了一大批优秀的研究著作。

计划经济时期，我国的体育发展由政府进行统一的资源配置，很少涉及经济问题，随着社会主义市场经济体制确立，我国体育的经济功能凸显，体育经济学研究进一步发展，主要包括以下几个方面。

在对于政府职能的研究中，举国体制带来的效益是有目共睹的。在我国急需融入世界体育，彰显大国力量时，举国体制在我国具有无可比拟的地位。如今，体育经济功能的发挥，原先政府宏观微观双肩挑的管理模式，对于体育经济的发展产生了一定的制约，在赛事准入、参赛资格限制上具有较高的壁垒，因此政府角色的转变，社会、市场力量的参与是我国体育发展的重要方向。在此过程中，体育经济的发展也有了质的飞跃，越来越多的资金与资源流向体育领域。体育投融资、体育消费逐渐进入大众的视野，也进入到了体育经济学的研究范畴中。

用经济学的视角促进体育体制改革的相关研究应运而生。在党的十一届三中全会路线、方针的指引下，体育的管理体制、发展方式都更加贴合当今的政治经济环境。举国体制的去与留问题得到进一步探讨。有学者指出，举国体制应以更加市场化的形象出现在大众视野中，专业运动员转化为职业运动员、专业队转化为职业队，而不是取消举国体制。制度的名称还没有定论，部分学者将其称为“新举国体制”。对于市场化程度较低、群众基础较为薄弱的运动项目仍可依赖举国体制进行发展，有条件的项目要逐渐在社会和市场的参与下享有政府的服务与监管功能。同时政府应通过政府购买、财政补贴促进公共体育服务的均等化，使纳税人享有同等的参与体育的机会的权利。随着全民健身战略、体育强国战略等的进一步实施，我国体育的发展重点不单单在于竞技体育。群众体育与体育产业的发展使体育健身娱乐业、体育竞赛表演业这两大核心产业占据国民经济的主要地位，其所涉及的经济活动需要更多的理论支持与时间指导。

随着竞技体育的职业化，体育经济学研究进一步发展。社会主义市场经济体制的确立带来了政府角色转变与体育体制改革，社会与市场的参与使我国竞技体育逐渐向职业化的方向变革。其中，对于运动员人力资本问题的讨论是一个重要的方面，在竞赛表演业中，竞赛表演是其提供的主要体育服务产品，而优秀的运动员是这一产品的生产者，是俱乐部的重要人力资源。由于其资源表现的特殊性，各方利益群体的分化，其产权归属、处置权与收益权的分配均面临着困境。竞技体育的职业化发展,同时促进了优秀运动员培养的多元化,如今,政府、社会、个人与家庭均参与到了运动员的培养中,培养主体的多元化,带来运动员培养所有制的创新,如何实现效益最大化、如何划分产权归属与利益是现代体育经济学研究的重要问题。职业体育的发展同时带来我国建立完善职业体育联赛体系的需求。职业联赛的经济效益不仅体现在其本身在运动员转会、无形资产开发等经济活动中,同时,随着科学技术进步、互联网大数据技术在体育中的运用、各产业部门融合等,体育产业以集聚的形式进一步发展,并逐渐带动周边产业的发展。体育信息平台的建立,更是为其创造了良好的发展条件,为体育经济的发展、体育经济学研究的深入,创造了良好的运行环境。对于职业联赛的内在制度、运行机制以及外在的法律法规约束、市场环境等的相关研究,目前在体育经济学研究领域均开展得如火如荼。

体育产业的发展促进体育经济学研究的发展。体育产业在国民经济中占据着越来越重要的地位,不仅成为第三产业中的支柱产业,同时能够提供更多的就业岗位、促进良好社会氛围的形成,具有经济和社会的双重效益。体育用品的生产与销售是我们日常生活中常见的体育产业的种类之一,其中的供给与需求问题、分布结构问题引起了体育经济学的广泛探讨。随着全民健身战略的推进,群众体育进一步发展,体育培训、体育中介、体育健身娱乐等活动的蓬勃开展,促进了关于体育消费、体育供给与需求、体育经纪、市场营销、体育场馆经营方式等有关的大量体育经济学研究。

## 第三节 体育经济学的研究方法

体育经济学作为一门应用经济学,既要运用社会科学研究方法,又要借鉴经济学研究方法,同时,要遵循马克思主义相关理论的指导。体育经济学具有交叉性的特点,因此,体育经济学相关研究内容具有复杂性与综合性,要综合地运用各种研究方法进行研究。

### 一、规范研究法与实证研究法相结合

在经济学研究中,规范分析与实证分析是最基本的两种方法。体育经济学的研究对象之一是体育领域内经济活动的本质、特点和规律,从一般事实出发,搞清楚“是什么”的问题,对客观的体育经济现象进行陈述与分析,揭示其内在本质与规律的研究叫作实证研究,如体育产业政策效用评估、体育劳动力市场的歧视问题等。但是,作为一门经济理论学科,以一定的目标与价值取向为出发点,制订标准并探讨如何做出符合标准的行为,把注意力集中在“应该怎么样”的问题上,叫作规范研究。规范性研究对于体育经济学的发展具有重要的意义,在我国的体育发展中,需要有强有力的理论支撑,引领体育经济学的发展方向。但是,仅仅只有规范性研究无法解决实际问题,我们必须在事实的基础上揭露矛盾、分析利弊。因此,应结合我国体育发展目标综合地运用实证分析法与规范分析法。一般来说,目标层次越低,实证性越强;目标层次越高,规范性越强。

## 二、定性分析与定量分析相结合

体育经济活动是质与量的统一体，因此在进行体育经济学相关研究时，我们不仅要分析量，也要分析质，定性研究与定量研究相结合。定量分析包括总量分析与个量分析。总量分析注重研究经济的总体运行情况，更加宏观。个量分析注重研究个体经济单位的相关活动，更加微观。在使用定量分析方法研究时，我们常使用经济统计与经济计量、总结归纳的方法，用数量分析去研究体育经济活动中各经济变量的相关性或函数关系。定量分析为定性分析提供了材料与依据，使研究结果更加准确可靠。定性分析是对研究对象的质进行分析，具有重要的、首要的地位，是定量分析的前提与基础，它能揭示体育经济活动的基本运行规律、本质与特点，并由其决定的经济变量体现出来。正确的定性分析是必不可少的。因此我们应运用数量分析的方法，结合使用定量分析与定性分析，对体育经济学现象进行准确的概括。

## 三、宏观分析与微观分析相结合

不仅对于一般经济学的研究需要结合宏观与微观，而且对于体育经济学的研究，宏观分析与微观分析同样缺一不可。体育经济活动与宏观环境联系紧密，体育的运行，置身于社会政治经济环境之下，体育经济活动容易受到国家经济政策的影响，如我国确立社会主义市场经济体之后，体育产业蓬勃发展，体育消费需求逐步增长。因此，在进行体育经济学研究时，宏观分析必不可少。宏观经济是微观经济的集合与表现，能够把握整体经济的发展规律，探索其发展趋势。从全社会、全世界的视角出发，阐明体育与经济的关系、体育产业内部结构、体育投资总量、体育投资效益、体育在国民经济发展中的作用、体育经济活动中各经济变量间的关系、提供我国体育产业发展的总体框架与脉络等。微观分析是对体育经济活动的深入研究，是宏观分析的内容与结构，主要研究体育经济内部各要素的特征及互动关系，提出体育发展的针对性计划与安排。微观分析多从基层组织与单位入手，研究某一个或某一类体育机构，如体育场馆、职业体育俱乐部、体育企业等相关问题；或是以个人与家庭为单位，分析体育运动中的经济问题，如个人体育消费行为、消费特征与消费偏好、消费需求与变化。在体育经济学的研究中，微观分析为宏观体育政策的制定与规划提供了参考与依据，找到了组织载体与实施的依据。宏观分析为微观体育竞技活动的运行提供了借鉴与参考，因此我们应将宏观分析与微观分析相结合，两者缺一不可。

## 四、静态分析与动态分析相结合

体育经济是随着时间的推移不断发展的，而这个发展的过程与历史又是由一个个静态的时期构成的。静态分析是在假定社会环境、人口条件、自然条件、科技发展水平、生产力水平等条件不变的情况下，研究各经济变量之间的关系。选取体育经济运行的横断面，阐明在特定时期内，体育运行的各经济变量达到的均衡状态以及达到此均衡状态所必备的条件，而不去分析各经济变量达到均衡状态的过程。动态分析是研究经济系统在某段时间内的变化，经济活动的实际发展与变化，考虑到时间推移的因素，将时间作为一个持续的变量导入分析。研究各经济变量随着时间从一个均衡到达了另一个均衡的过程。当人口、观念、社会环境等因素改变时，会如何影响到整个经济系统的运动。我们经常运用静态分析去阐明特定历史条件下，体育经济的具体情况、本质、特征与规律。运用动态分析，研究其发展轨迹、历史沿革、发展趋势等相关问题。

### 五、 横向比较分析与纵向比较分析相结合

体育经济学研究的相关问题在世界领域中不仅具有相似之处，还有因国家文化、政治制度、经济政策、自然环境等不同而具有的独特性。在全球化浪潮的冲击下，体育的发展不仅仅是以地域的划分为单位的。经济全球化发展、体育全球化发展是不可阻挡的历史潮流。在进行体育经济学研究时，我们既要以我国发展条件为基础，探究随着历史的推进，体育经济的发展历程；也需要具有全局观和全球视角，学习借鉴西方体育强国的发展经验。但绝不是对于西方体育经济发展方式的生搬硬套，要在比较借鉴中，探索出一条适合我国国情的发展道路，综合地运用横向比较分析法与纵向比较分析法。

### 六、 博弈论方法的应用

在非合作的情况下，博弈论的出发点在于，当出现利益冲突和矛盾时，站在对方的角度考虑他人会怎么做，从而选择对自身最优的策略。随着体育经济学的发展，其研究从注重市场结构到注重微观企业行为的研究。博弈论是处理策略性行为问题的理想方法，得到了广泛的运用。

在合作的情况下，如我们所熟知的球类竞赛，就是在一定的规则下，竞赛双方均采取一定的策略且在对方策略的影响下，来获得一个好的比赛结果，具有相互依存的特点。其中所体现出的理性决策，符合博弈论的基本条件。对于通过双方合作生产的集体项目来说，只有进行合作才能使双方获得更大的收益。

除博弈论之外，我们还应广泛地吸收社会科学的研究方法，逐渐形成体育经济学独特的分析方法体系，并不断地丰富、完善。

思考题

# 第二章

# 体育经济思想史

**【导　读】**

对于学习较复杂的理论体系而言，直接从知识细节切入并不是一个非常理想的选择。事实上，学习学科发展的思想史往往是对于初学者而言更加恰当的起点。每一个时代的知识和见解很可能只适用于那个具体时代，但正是时间的不断积累和冲刷才构成了一个学科今时今日的理论面貌。所以学习思想史能够破除我们对于该学科的枯燥印象，培养必要的学习兴趣。特别是对于体育经济学这一新兴学科及其前沿体系而言，通过对其学科思想史的系统学习和梳理，有利于去伪存真、正本清源，坚定正确的指导思想和理论方向，这对于形成中国特色、中国风格、中国气派的体育经济学理论认知而言尤为重要。

体育经济学的产生可以追溯至哪些理论渊源？马克思主义经济学、现代西方经济学和中西方古典经济思想各自在体育经济学的产生过程中发挥了怎样的理论作用？体育经济学在国内外分别经历了怎样的发展历程？截至目前取得了哪些理论共识和关键进展？本章主要讨论这些在体育经济学中居于根基地位的思想史问题，从而为学习后续内容奠定必要的理论基础。

**【学习目标】**

掌握体育经济学与体育学、西方经济学、马克思主义政治经济学以及中国特色社会主义理论体系的关系；熟悉国内体育经济学的形成与发展历程；了解国外体育经济学的教育和科研进展。

**【思维导图】**

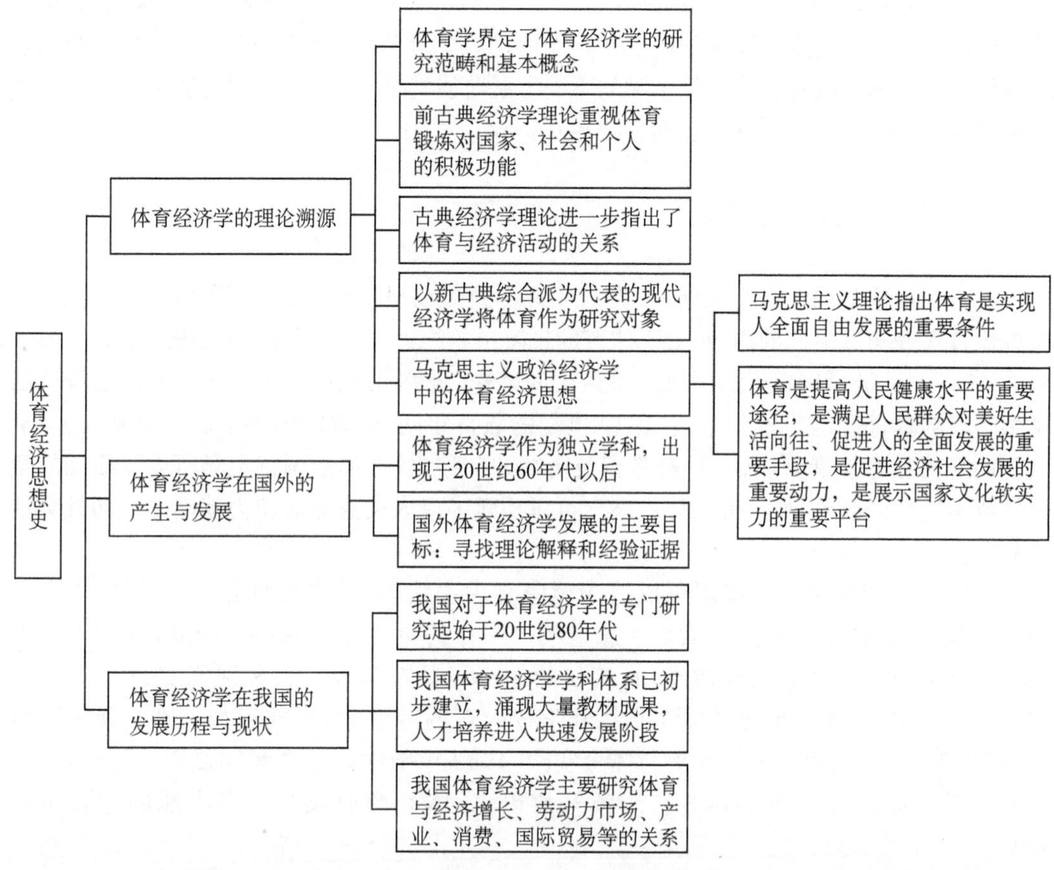


# 第一节　体育经济学的理论溯源

现代经济学是一个研究内容纷繁复杂的庞大理论体系。经济学通常依据研究对象的不同而以具体分支学科的形象出现，例如，专门研究劳动力市场的学科分支称作劳动经济学，专门研究经济发展问题的学科分支称作发展经济学等。但体育经济学的情况有所不同。体育经济学的发展源流和理论内涵有其特殊性，机械地将之视作“专门研究体育市场的经济学分支”失之武断。事实上，体育经济学兼具体育学和经济学的学科特点，是一门新兴的交叉学科。为了更好地把握体育经济学的学科本质，为具体理论知识和研究方法的学习奠定基础，有必要首先从思想史的角度剖析和理解体育经济学。

作为一门新兴的交叉学科，体育经济学的思想源流由两条清晰独立又相互交织的理论线索构成。体育学的学科发展界定了体育经济学的研究范畴和基本概念，解决了体育经济学因何研究“此对象”而非“彼对象”的大量基础性问题。经济学的学科发展为人们理解体育市场、体育产业、体育消费等具体问题提供了理论支撑和方法工具，将成熟的经济学理论范式和研究方法体系引入体育研究标志着体育经济学的真正诞生。本节将结合上述两条理论线索，实现对于体育经济学的理论溯源。需要说明的是，尽管体育学的学科发展对于体育经济学的学科产生与演变发挥了基础作用，但本节仅对体育学与体育经济思想的关系做简要介绍。本节侧重于依据经济学的不同发展阶段特征，以及中西方经济学发展的比较视角，介绍体育经济思想的产生、演变与相互影响。

## 一、体育学与体育经济学

在"体育"这个词汇产生之前，人类的体育实践活动早已存在。在不同的历史时期，人类的体育实践侧重不同的内容，对于体育的理解也始终处于不断深化的进程之中。一般认为，"体育"一词最早出现于法国思想家卢梭的著作《爱弥儿》中，其基本含义是指以身体活动为手段的教育过程。在 14 世纪至 19 世纪的数百年间，体育的内涵不断丰富和发展，从最初的身体教育扩展到愉悦、兴奋等积极情绪的转移，且更加强调特定场所以及活动的竞技性或消遣性。至今，最广义的体育概念可以理解为以人类身体活动为基础的一切社会活动和社会关系的总和。

"体育"一词最早引入我国可以追溯至康有为主编的《日本书目志》。在旧民主主义革命时期，社会达尔文主义成为仁人志士救亡图存的重要思想基础。因此，我国最早的体育实践来自洋务派的兵操改革，直接目的在于提升军队战斗力和国家实力。1881 年以后，我国的体育实践涵盖了军队训练和学校教育两种场景，形式更加丰富。新中国成立以后，工人、农民和市民广泛参与体育实践，1952 年新中国首次参加夏季奥运会，群众体育和竞技体育成为重要形式。改革开放以来，体育产业成为体育内涵的重要组成部分。

体育学界定了体育经济学的研究范畴和基本概念。在微观层面上，体育研究肇始于对人类身体活动的关注。人类能够投入于体育锻炼的时间和其他资源必然有其限制，因此如何尽可能提升效率、取得最好的体育参与效果势必要诉诸理性决策过程。从这个意义上讲，经济学中的效用理论、理性人的行为理论与体育学的研究目标具有天然契合性。在中观层面上，社会主义市场经济国家和资本主义国家具有市场在资源配置中发挥决定性作用的共性。也就是说，现代社会的体育需求普遍需要通过市场提供的体育产品和体育服务加以满足，体育企业在这一过程中发挥着市场主体的作用。针对体育企业这一组织形式，科技研发、营销策略、管理水平、企业家精神均关系着体育产品和服务的质量。此外，体育企业间既竞争又合作的产业链和价值链关系又构成了体育产业这一实体。在宏观层面上，随着大型体育赛事的影响力不断攀升，体育成为渗透人类生活、影响国计民生的关键元素。一方面，奥运会、国际足联世界杯等体育赛事的举办往往是举办国综合国力的直接体现。体育赛事筹办过程中的基础设施建设会通过财政政策、货币政策、金融市场、劳动力市场等渠道影响宏观经济的景气消长。另一方面，大型体育赛事的举办也具有国际政治经济学意义。这是因为赛事往往会带来旅游客流的大量涌入，从而能够对于举办国的国际形象和国际贸易收支平衡产生重要影响。

## 二、前古典经济学中的体育经济思想

在古典经济学诞生之前，人类关于经济事物和原理的思考主要体现于哲学中。其中，古希腊哲学被认为是西方现代文明的源头。古希腊人在奴隶社会时代就建立了灿烂的城邦文明。对内：随着农业和手工业劳动生产率的提升，商品交易逐渐繁荣；对外：得益于海洋文明的运输优势，与结盟城邦、附庸国和殖民地间的贸易往来较为频繁。因此，古希腊哲学家早在公元前6世纪就开始探讨商品、货币、贸易和资本生息等问题，他们的一些思想观点成为后世经济学学科建立的原点(表2-1)。

**表2-1　西方经济思想脉络概览**

| 阶段 | 时间 | 时代特征 | 代表人物或学说 |
| --- | --- | --- | --- |
| 前古典经济学阶段 | 公元前6世纪～17世纪 | 奴隶社会、封建社会的经济关系和社会问题，资本原始积累 | 色诺芬、柏拉图、亚里士多德等古希腊经济学家 |
| 古典经济学阶段 | 18世纪下半叶～19世纪中期 | 产业革命前夕到第一次产业革命完成和初期发展阶段的自由竞争，资本主义时期 | 亚当·斯密、李嘉图、萨伊和约翰·穆勒等人的经济学说 |
| 新古典经济学阶段 | 19世纪70年代初期～20世纪30年代末期 | 生产力空前发展，但贫困仍很普遍，财富和分配不平等等问题突出，资本主义向帝国主义过渡，经济发展至繁荣鼎盛，然后萧条衰退 | 边际革命、马歇尔经济学、马克思主义经济学 |
| 当代经济学阶段 | 20世纪30年代末期至今 | 20世纪30年代的世界性经济危机，国家干预经济出现；社会主义经济理论的不断成熟 | 凯恩斯主义经济学、转轨经济学、社会主义市场经济学说 |

在古希腊的哲学巨匠中，色诺芬(Xenophone，约公元前430～前354年)在直接意义上重视体育锻炼对国家、社会和个人的积极功能，也在间接意义上引申出体育促进经济发展的含义。柏拉图(Plato，公元前427～前347年)是古希腊时期影响力极大的一位哲学先贤，他的很多思想都为后世微观和宏观经济学的学科构建带来启迪，特别是柏拉图的劳动分工思想从社会关系的角度确立了体育的重要地位。亚里士多德(Aristotle，公元前384～前322年)对于体育的重视最为直观，他对健康和幸福的阐释为人们正确理解体育提供了思想依据。

色诺芬对于经济和财富的理解持有比较朴素的功利主义。色诺芬把财富界定为“有用的事物”，后世经济学的效用理论继承了他的这一观点。色诺芬对于体育的重视主要体现于他的农业思想，他提出了农业是“百业之母”的观点。一方面，色诺芬认为从事农业生产和劳动可以获得健康的身体，人们的寿命因此延长。另一方面，色诺芬又注意到身体健康的劳动者更适宜从事农业生产，具有更高的生产效率。在这里色诺芬没有对生产和闲暇的体育意义做出严格区分，但是他承认生产实践客观上具有体育锻炼的效果，这是由当时的生产力发展水平所决定的。

柏拉图出身于雅典贵族家庭，与色诺芬同为大思想家苏格拉底的学生，是古希腊时期极富建树的大哲学家，对后世的哲学、经济、政治和社会理论影响深远，其经济思想主要反映在《理想国》(*The Republic*)中。柏拉图是最早阐述了劳动分工思想的哲学家，这给后世的英国古典政治经济学和新兴古典主义经济学以极大的启发性。柏拉图认为，引起社会分工的首要原因是人生而具有的天然禀性，禀性不同的人从事不同的工作，从而形成了劳动分工。分工的好处在于，物品的生产能够变得更丰富、更方便并具有更好的质量。柏拉图的天然禀性决定分工的理论假说，为后世体育选材的天赋论提供了思想基础。此外，在柏拉图所描绘的理想国中，武士不从事生产性活动却能得到社会的尊重，这是因为他们通过严格训练后担负了守土抗敌、保家卫国的重责。柏拉图对于武士阶层参与社会分工的设想，体现了"体育的社会(国家)需求"。

亚里士多德是希腊雅典人，柏拉图的学生，亚历山大大帝的老师。亚里士多德是具有重要影响力的哲学家和博物学家，在自然科学、社会科学和人文科学领域建树广泛。在其经济思想中，"人类活动的目的是幸福，而幸福的意义之一是健康"这一观点构成了后世体育经济思想的重要源泉。亚里士多德认为，健康意味着机体良好且能够有效应对各种环境，参与摔跤、标枪、射箭等活动有利于肌体达成或保持健康状态。亚里士多德还指出，善具有多重维度，身体的善是一个重要方面，而幸福则是善的最高目的与追求。由此可见，亚里士多德不但在体育增进健康的意义上讨论了体育的工具理性，更从体育与幸福的关系角度认识到了体育的价值理性。

### 三、 古典经济学中的体育经济思想

亚当·斯密出版《国民财富的性质和原因的研究》(简称《国富论》)意味着作为独立学科的经济学的诞生，也标志着古典经济学阶段的开启。古典经济学阶段涵盖了从亚当·斯密到边际革命之前的众多经济学家和经济学理论。其中与体育经济思想关系最为密切的经济学家包括伯纳德·曼德维尔(Bernard Mandeville，1670～1733年)、大卫·休谟(David Hume，1711～1776年)、让·巴蒂斯特·萨伊(Jean Baptiste Say，1766～1832年)以及托尔斯丹·本德·凡勃伦(Thorstein Bunde Vedlen，1857～1929年)等。

伯纳德·曼德维尔是英国古典主义哲学家和经济学家，其经济学著作以《蜜蜂的寓言:或个人劣行即公共利益》最为知名。该书以一种悖论的姿态讨论了节俭问题。曼德维尔认为，尽管个人和家庭的节俭被视为一种传统美德，但整个社会的普遍节俭却意味着经济的灾难和崩溃。曼德维尔对宏观经济的这一认知具有超越时代的意味，与后世强调有效需求不足的现代经济学思想不谋而合。目前，举办奥运会等大型体育赛事的成本支出十分惊人，但各国在筹办赛事的过程中依然倾向于通过扩张性的财政货币政策加强场馆和基础设施建设，曼德维尔式的"刺激有效需求论"成为此类体育公共政策的思想依据。

大卫·休谟是英国古典时期重要的哲学家和经济学家，以提出人性论和不可知论而闻名。休谟指出在人的自然性情中"自私"是最主要的一种，这一观点被现代经济学借鉴为理性人假说的基本内涵之一。此外，休谟认为人总要追求三种福利:一是内心的满意，二是身体外表的优点，三是对凭借勤劳和幸运而获得的物品的享用。前两点对于我们认知体育功

能,理解体育产品和服务的价值内涵具有重要意义;而第三点不仅反映了当时新兴资产阶级的呼声和诉求,对于人类社会的商品经济发展具有推动作用,而且已经蕴涵了通过市场供给和体育消费满足效用的基本思想。

让·巴蒂斯特·萨伊是法国古典经济学家,最突出的理论贡献在于提出了“供给自发创造需求”(即萨伊定律)。萨伊明确提出:“有这样一种价值,它必定是实在的价值,因为人们非常珍惜它,愿以贵重和经久的产品交换它,但它自己却没有永久性,一生产出来,便立即归于消灭。我把它叫作无形产品。”萨伊的这一论断大大拓展了传统意义上的市场和产品边界,不但承认了服务业等无形商品的价值形式和交易可能性,也从间接意义上论证了医生、律师、艺术家等职业的经济和社会价值。事实上,从目前主要经济体的体育产业结构来看,体育服务业的重要性日益凸显,其生产和消费的基本经济学规律依然能够从萨伊的论述中找到理论原型。

托尔斯丹·本德·凡勃伦是美国经济学家,也是制度学派的创始人和主要代表人物。《有闲阶级论》是凡勃伦的代表作和制度经济学的奠基之作,该书阐明了习惯、文化以及制度如何塑造人类行为,以及人类行为的变化怎样影响经济。尤为难得的是,凡勃伦在该书中首次明确肯定了闲暇的积极作用,破除了传统经济学理论中生产与闲暇的固有对立,使闲暇正式成为经济学的研究对象。这样的观点和主张对于认识体育经济学中体育消费行为的类型和动机具有重要的历史意义,对于研究体育消费为整个经济社会发挥的积极影响提供了思想借鉴。

### 四、 现代经济学中的体育经济思想

现代经济学通常是指从边际革命以后直至目前的经济学发展阶段。体育经济学作为体育学与经济学的交叉学科,势必是经济学理论和方法储备达到一定发展阶段后的产物,事实上体育经济学正式诞生的时间点即处于现代经济学阶段。从这个意义上讲,一切适用于体育分析的经济学概念、命题、模型和研究方法均与体育经济学相关,因而穷举体育经济学的理论联系几乎是不可能的。但本节对体育经济学进行理论溯源,旨在重点介绍经济学相关流派对体育经济思想的贡献,而将体育经济学专门学科的建立与发展留待下一节集中讨论。

在现代经济学的理论流派中,影响力最大,同时与体育经济学关系密切的流派和经济学家是所谓的新古典综合派,其代表人物是保罗·萨缪尔森。现代经济学对体育经济思想产生深远影响的概念之一是“公共物品”。按照萨缪尔森对公共物品的严格定义,纯粹的公共物品具有两个重要特征:公共物品的使用人数增加并不会影响其品质或增加其成本,即非竞争性;一部分人对公共物品的使用并不会排斥另一部分人对相同物品的使用,即非排他性。在体育领域中,常见的公共物品有国家体育事业支出、城市范围内的马拉松比赛、卫星体育电视节目、社区范围内的公共体育设施等。利用公共物品的概念可以对体育产品和服务加以区分,对于无法或者不能完全提供市场供给的体育产品和服务,如全民健身场所、城市赛事产品等,需要公共财政的投入,以公共物品的形式加以提供。

在现代经济学的研究范式和研究方法方面，与体育经济学密切相关的一个新兴研究方向是“博弈论”的发展。博弈论诞生于第二次世界大战早期的大西洋海战。当时的兰德公司为美国海军提供了包括著名数学家冯·诺依曼在内的科研团队，研究如何对当时德国的潜水艇实施打击。冯·诺依曼在战后回到普林斯顿大学，把科研团队用于军事分析的数学研究成果加以整理，于1944年出版了《博弈论与经济行为》，从而颠覆了经济学的传统研究范式。在体育经济学的研究中，博弈论思想的渗透和运用已经十分广泛。例如，反兴奋剂过程中的政府博弈、体育彩票发行过程中的行为博弈，以及体育场馆建设中的演化博弈等。

体育经济学研究前沿

## 五、马克思主义政治经济学中的体育经济思想

### （一）马克思主义经典作家作品中的体育经济思想

研究社会主义市场经济国家的体育经济现象和问题，需要借鉴并吸收西方经济学中的合理成分，但更要坚持马克思主义政治经济学的科学理论指导。这是因为体育领域的经济关系从属于国民经济整体，研究社会主义社会中体育领域的经济活动和经济关系，势必要在能够科学诠释社会主义市场经济的理论框架下进行。具体而言，就是要坚持体育经济学服务于社会主义事业和最广大人民群众的阶级属性。任何针对社会主义国家体育领域的经济现象、经济活动的理论概括都必须要以马克思主义政治经济学作为理论基础，任何解决体育经济学基本理论问题和实践问题的尝试都必须坚持马克思主义政治经济学的科学指导。马克思主义经典作家作品所孕育的体育经济思想可以主要概括为以下四个方面。

#### 1. 人的全面自由发展理论

梳理马克思主义经典作家作品的原著可以发现，马克思和恩格斯的体育观呈现了两个最主要的理论指向：一是对资本主义社会中，资产阶级剥夺无产阶级休闲时间，高强度的劳动致使无产阶级身心受损、无暇开展体育运动的现象进行揭露和批判，相关的理论观点散见于《英国工人阶级状况》《资本论》《经济学手稿（1857—1858）》《临时中央委员会就若干问题给代表的指示》等。二是在解释阶级剥削的基础上，科学地指出体育是实现人全面自由发展的必要条件之一。如马克思在《资本论》中指出，“未来教育对所有已满一定年龄的儿童来说，就是生产劳动同智育和体育相结合，它不仅是提高社会生产的一种方法，而且是造就全面发展的人的唯一方法”。恩格斯在《反杜林论》中严词批判杜林关于“可以取消体育”的谬论时指出，“在社会主义社会中，劳动将和教育相结合，从而既使多方面的技术训练也使科学教育的实践基础得到保障”。

#### 2. 社会再生产理论

体育的经济功能是什么？体育在经济增长中发挥了怎样的作用？对这些问题的回答需要诉诸马克思主义政治经济学的社会再生产理论。马克思主义政治经济学认为，物质资料的再生产是人类社会存在和发展的基础，“不管生产过程的社会形式怎样，它必须是连续不断地，或者说，必须周而复始地经过同样一些阶段。一个社会不能停止消费，同样，它也不能停止生产。因此，每一个社会生产过程，从它的经常联系和它的不断更新来看，同时也就是再生产过程”。也即是说，社会再生产不仅是物质资料的再生产，也是劳动力和生产关系的再生产。在社会再生产过程中，作为实体产品和服务的体育不仅与社会再生产过程中的生产、交换、分配、消费均有联系，而且体育本身能够保障劳动者的生命健康、提升劳动者素质、对于劳动力的再生产发挥着显著的促进作用。

3. 关于生产劳动的理论

马克思在《剩余价值理论》一书中，深入研究了关于生产劳动与非生产劳动的理论及服务产品问题。尽管当时第三产业在资本主义生产中的比重还是“微不足道”的，但马克思已敏锐地把劳动产品分为实物产品和服务产品。他认为服务这种非实物形式、运动形式的使用价值是“服务形式上存在的消费品”，与“物品形式上存在的消费品”一道，构成社会消费品。马克思还从一般劳动过程和资本主义劳动过程的分析中，明确划分了生产劳动与非生产劳动，对生产劳动下了明确的定义。根据这一理论来分析社会主义社会的体育部门，就能够非常清晰地认识到体育部门的劳动提供的是体育服务这种特殊产品。体育服务也具有使用价值，如果进入交换环节转化为商品就会具有价值。体育服务可以满足人民群众的美好生活需要，体育部门的工人劳动也是生产劳动，这构成了社会主义市场经济国家发展体育产业的理论基础。

4. 关于社会生产目的和实质的理论

在社会主义市场经济国家，体育作为一种产业形态，其生产的目的和实质是什么？马克思关于社会生产目的和实质的理论为相关研究指明了科学方向。马克思主义政治经济学认为，社会生产的目的和实质不是由个人或某些人的主观意志来决定的，而是由社会经济条件，首先是由生产资料所有制决定的。在社会主义社会，体育部门无论是作为从属于社会生产的一种服务事业，还是作为第三产业的一部分，它的生产目的均应当与社会主义物质生产的根本目的相一致。这即是说，在以公有制为主体的基本经济制度下，不排斥单一的体育市场主体追求利润最大化，但作为整体的体育部门显然不是以利润为根本生产目的，而是要为满足人民群众的身心健康需求以及实现人的全面发展服务。

### （二）中国特色社会主义理论体系中的体育经济思想

1. 社会主义市场经济理论

随着改革开放和社会主义市场经济体制的建设，体育与市场的关系呈现出一系列亟待回应的新议题。例如，体育能不能进入市场？体育是否可以商品化、商业化？体育事业应采取什么样的运行机制？社会主义市场经济理论与实践为回答这些问题提供了根本遵循。党的十二届三中全会关于经济体制改革的决定确认：社会主义经济是有计划的商品经济。党的十四大进一步明确规定，我国经济体制改革的目标是建立社会主义市场经济体制。党的十九大提出：发挥市场在资源配置中的决定性作用，更好发挥政府作用。以市场在资源配置中起决定性作用为前提，我国的体育部门不仅不能远离市场、排斥市场，更要积极拥抱市场并善用市场，通过各类资源的优化配置提升我国体育产业的运行效率和经济效益。

此外，如何正确处理体育领域内国家、集体和个人之间的利益关系，是关系着我国体育改革与发展成败的关键。社会主义市场经济理论指出，在社会主义社会中，国家、集体和个人三者之间的利益关系在社会主义公有制基础上形成，因而三者的根本利益是一致的。人民的利益是社会主义体育事业的终极目的，也是国家利益和集体利益的基础和归宿，而国家利益和需要又代表着人民群众的长远利益。因此，正确处理三者关系、兼顾三方利益并使之正确结合，是社会主义体育事业繁荣与发展的关键，也是针对体育工作者的工资待遇和奖金福利做出制度性安排的重要原则。

2. 习近平新时代中国特色社会主义思想

习近平总书记关于推动体育强国建设的重要思想科学地继承和发展了马克思主义经典作家的体育观，是对马克思主义经典论述坚持一脉相承又与时俱进的典范，是全面建设社会主义现代化国家新征程中理解和处理体育经济问题的根本遵循。

习近平总书记强调体育在社会主义社会中具有促进人的全面发展这一重要作用，是对马克思主义经典作家体育观的科学继承和重要发展。2020 年 9 月 22 日，习近平总书记在教育文化卫生体育领域专家代表座谈会上发表的重要讲话指出"体育是提高人民健康水平的重要途径，是满足人民群众对美好生活向往、促进人的全面发展的重要手段，是促进经济社会发展的重要动力，是展示国家文化软实力的重要平台"。从而更加深刻地在理论上确证了新时代体育工作的指导思想，形成了马克思主义体育观中国化的最新理论成果。

习近平总书记关于推动体育强国建设的重要思想继承和发展了毛泽东思想所蕴含的体育观。1952 年 6 月 10 日，毛泽东同志为中华全国体育总会作"发展体育运动，增强人民体质"的亲笔题词，向全国人民发出了发展体育运动的伟大号召，并指出体育锻炼的根本目的是增强人民体质。这一著名观点生动体现了人民性是马克思主义体育观的最根本特性，并为习近平总书记关于推动体育强国建设的重要思想所继承和发扬。2016 年 8 月 25 日，习近平总书记在北京人民大会堂会见第 31 届奥林匹克运动会中国体育代表团全体成员时的讲话中指出，"'发展体育运动，增强人民体质'是我国体育工作的根本任务。希望同志们充分认识体育对提高人民健康水平的积极意义，落实全民健身国家战略，普及全民健身运动，促进健康中国建设"。习近平总书记这番重要表态，进一步明确和强调了体育强国建设、健康中国建设的人民性这一本质特征。

习近平总书记关于推动体育强国建设的重要思想继承和发展了中国特色社会主义理论体系的体育观。根据中央党史和文献研究院的归纳，"中国共产党在改革开放和社会主义现代化建设新时期推进富国大业"是 1978 年党的十一届三中全会召开到 2012 年党的十八大召开这三十多年的历史时期中极具代表性和重要意义的历史大事。在这一过程中，体育强国建设在党史文献中的两次提出具有至关重要的历史意义。其一，1983 年国家体委在《关于进一步开创体育新局面的请示》中提出，在 20 世纪末把我国建设成为"世界体育强国"，这是党和国家关于体育强国建设的最早官方表述。其二，2008 年胡锦涛在北京奥运会、残奥会总结表彰大会上的讲话指出，"进一步推动我国由体育大国向体育强国迈进"。由此可见，尽管"体育强国"这一理念并非严格出现于党的十八大之后，但真正得以贯彻落实却是在以习近平同志为核心的党中央治国理政时期。因此，习近平总书记关于推动体育强国建设的重要思想既是对中国特色社会主义理论体系既有体育观的科学继承与发扬，又是习近平新时代中国特色社会主义思想的重要组成部分和最新理论成果。

# 第二节　体育经济学在国外的产生与发展

## 一、体育经济学诞生的时代背景

体育作为一项产业活动是随着资本主义制度的产生和确立演进的。但是体育经济学作为一门独立学科的历史相对短暂，出现于20世纪60年代以后。第二次世界大战以后，和平与发展成为时代主流，促进了社会生产力的进步和人类生活水平的提升。在这一背景下，体育产业更加成熟，体育市场不断发育，体育消费的重要性日益显现，社会对体育的需要和体育市场的自身发展共同促进了体育经济学作为独立学科的诞生。

首先，经济发展和生产力水平的提高，对体育行为决策提出了更高的理性要求，呼吁系统性和科学性的理论指导。二战后由于科学技术的迅速发展和机械化、自动化生产的普遍实行，给人类社会带来两个直接影响：一是工作日缩短，一般实行5天40小时工作制；二是非体力劳动者（白领）人数不断增长，在发达国家已经超过就业人口的50%。非体力劳动者长期工作的后果是运动不足进而体质下降，产生了相应的"现代生活方式病"。一方面，人们愈发普遍地意识到，投资于健康人力资本具有独特的经济意义，对于体育锻炼的微观需求，特别是对于优质体育产品和服务的市场需求相应增长。但另一方面，时间的稀缺造成闲暇与劳动不可兼得，因此将时间和经济资源投入于体育锻炼将不可避免地面临机会成本。对于通过体育进行人力资本投资的深入思考和反复权衡，从微观意义上促进并推动了体育经济学的产生和发展。

其次，竞技体育运动向高水平化、商业化、国际化和竞争激烈化的方向发展，对于通过市场实现体育资源优化配置的具体问题，亟须专门化的理论体系予以回应。当代竞技体育运动具有三个显著特点：一是取得高水平竞技成绩愈加困难，这主要是因为人类竞技水平已经逼近生理极限，过往粗放和不计效率的资源投入越来越难以取得理想效果；二是在追求竞技体育成绩巅峰的过程中，运动员个人及其所代表的主权国家均意识到，需要投入的资金标准日益提高，即运动员培养由较为纯粹的天赋选材问题演化为目标多元化的资源配置问题；三是体育商业化趋势越来越浓厚，竞技体育运动员通过商业代言等形式和体育产品与服务的生产、交易、分配产生了更多的交集。竞技体育所呈现的上述特点，促使人们更多地从经济学视角研究体育问题，从而催化了体育经济学作为独立学科的产生和发展。

最后，体育产业的内涵与形式不断拓展，多元化的体育消费需求日益显现，为体育经济学的诞生孕育了实践土壤。如前所述，随着社会生产力的不断提高，自动化生产使工作日缩短、余暇时间延长，加之体育运动本身的不断发展，客观上为人们提供了参与体育消费活动的更多可能性，大众的体育消费意识随之不断增强。具体而言，运动器材、运动服装、运动鞋等各种体育实物消费市场，以及体育健身、健美、休闲、娱乐、咨询、辅导等各种体育服务消费市场，均经历了从无到有、不断壮大的发育过程，并由此形成了体育经济学专门研究的富矿。

## 二、国外体育经济学发展概述

丰富又充满趣味的体育经济学

目前,学术界对体育经济学呈现两种主流认知:一是指利用体育产业领域的经验证据,验证和发展经济学假说。例如,2017 年诺贝尔经济学奖获得者塞勒(Thaler)曾经利用美国职业橄榄球大联盟选秀的经验证据,论证了行为经济学中有关心理决策的若干重要假说;又如经济学家利希特尔(Lichter)曾经通过研究空气污染程度对职业足球比赛中球员技术表现的影响,进而将相关发现引申至环境经济学中空气污染对个体生产率的普遍影响。二是指利用经济学的理论、范式和研究方法来解释体育产业发展中的现象和问题。本书更加倾向于第二种含义,将体育经济学界定为体育学与经济学的有机融合,具体是指运用经济学的基本理论和研究方法阐释体育现象、分析体育问题、促进体育发展的一门新兴交叉学科。

从国外体育经济学的发展情况来看,作为独立学科的体育经济学发展历史相对较短。目前学术界公认的第一篇体育经济学专门文献是罗滕贝格(Rottenberg)于 1956 年发表在 *Journal of Political Economy* 上的针对职业棒球劳动力市场的研究论文。由此可见,作为独立学科的体育经济学肇始于 20 世纪 60 年代,在 20 世纪 70 年代以后呈现出快速发展趋势。特别是 1999 年国际体育经济学会(IASE)在法国正式成立,促使美国和欧洲的经济学家针对体育消费、体育参与和体育产业开展了更加广泛和深入的研究。

值得注意的是,社会主义国家的体育经济学研究几乎与美欧等国同步发展。苏联对体育运动中经济问题和体育经济学的研究始于 20 世纪 70 年代。苏联体育运动委员会和苏联体育科学研究所于 1975 年在莫斯科召开了第一届全苏体育运动经济问题科学会议,并讨论了针对体育学院制订的“体育经济学”教学大纲。1976 年,苏联的体育与运动出版社出版了由库兹马克和奥辛采夫合著的《体育与运动的社会经济问题》一书,比较系统地论述了与体育运动有关的经济问题。

从国外体育经济学的教材和课程建设来看,美国的 Butterworth-Heinemann、Random House、Pearson Prentice Hall、Fitness Information Technology 等几大知名出版社均出版过体育经济学的相关教材。其中,华裔学者李明等人主编的《体育经济学》教材为体育运动的商业性分析提供了新的经济思维方式。该教材首次以体育产业作为经济分析的主题,不仅系统论述了美国四大职业联赛,还针对美国大学联赛、休闲体育、体育用品业和未来体育产业发展等研究主题做出了宏观经济分析。另外,李明等人还尝试将不同的经济学理论用于分析各级各类体育市场:在微观经济学方面,主要涵盖了供给、需求、价格理论、垄断、寡头垄断、垄断竞争、完全竞争等诸多市场理论;在宏观经济学方面,主要涵盖了经济增长、国民收入、劳动力市场以及政府支出理论等;在国际经济学方面,主要涵盖了比较优势原则、全球化、创新与技术进步等经济学理论。此外,迈克尔·利兹主编的《体育经济学》教材同样具有较大影响力,该教材的主要优势在于向读者提供了有关体育市场、体育产业和体育消费的丰富多样的应用与案例。上述两本教材于 21 世纪初引入我国,并在国内若干体育院校和体育专业中加以推广,目前已成为体育经济学相关教材的经典。表 2-2 罗列了美国部分代表性体育经济学教材和工具书。

表 2-2　美国部分代表性体育经济学教材和工具书

| 书名 | 作者 | 出版年份 |
| --- | --- | --- |
| 体育经济学：前沿研究<br>(*Sports Economics: Current Research*) | 约翰·菲泽尔，伊丽莎白·古斯塔夫森<br>(John Fizel, Elizabeth Gustafson) | 1999 |
| 体育设施的政治经济学<br>(*The Economics and Politics of Sports Facilities*) | 威尔伯·里奇<br>(Wilbur Rich) | 2000 |
| 体育经济学<br>(*Economics of sports*) | 李明，苏珊·霍华斯，丹·马宏尼<br>(Ming Li, Susan Hofacre, Dan Mahony) | 2001 |
| 体育经济学<br>(*The Economics of Sports*) | 迈克尔·利兹，彼得·奥尔曼<br>(Michael Leeds, Peter Allmen) | 2002 |
| 体育管理业务<br>(*The Business of Sport Management*) | 约翰·比奇，西蒙·查德威克<br>(John Beech, Simon Chadwick) | 2004 |
| 体育经济学研究手册<br>(*Handbook of Sports Economics Research*) | 约翰·菲泽尔(John Fizel) | 2006 |
| 橄榄球经济学<br>(*The Economics of the National Football League*) | 凯文·奎恩(Kevin Quinn) | 2011 |
| 简明体育经济学<br>(*A Short Course in Sports Economics*) | 布拉德·汉弗莱斯<br>(Brad Humphreys) | 2014 |
| 体育经济学<br>(*Sports Economics*) | 戴维·贝里<br>(David Berri) | 2017 |
| 体育金融与管理：房地产、媒体和体育新业务<br>(*Sports Finance and Management: Real Estate, Media, and the New Business of Sport*) | 杰森·温弗里<br>(Jason Winfree) | 2018 |
| 体育金融<br>(*Sport Finance*) | 吉尔·弗里德<br>(Gil Fried) | 2019 |
| 体育商业管理<br>(*Sports Business Management*) | 乔治·福斯特<br>(George Foster) | 2020 |

## 第三节　体育经济学在我国的发展历程与现状

### 一、我国体育经济学科的创立

我国对于体育经济学的专门研究肇始于 20 世纪 80 年代，与改革开放和社会主义市场经济的建设进程同频共振。在改革开放以前，我国的体育相关部门是计划经济体制下面的事业单位，实行财政支持下的统收统支制度。也即是说，不需要通过市场调配体育经济资源，因而也不需要根据市场理论研究体育经济问题。在党的十一届三中全会的路线和方针指引下，受到经济体制改革浪潮的推动，我国体育相关部门的管理体制改革也经历了由破冰到深化的过程。随着我国体育治理改革的逐步推进，市场在配置体育资源的过程中发挥了越来越重要的作用，也伴随着体育经济问题在实践和研究层面的大量涌现。在此背景下，我国高等体育院校的理论工作者和体育相关部门的实践工作者开始回应和解答我国体育治理改革进程中出现的各类经济现象和经济问题。

1984 年，全国体育哲学社会科学论文报告会在福建省泉州市召开，与会专家学者交流了20余篇与体育经济学主题相关的学术论文，并首次提出了“创建我国体育经济学学科”的倡议。1988年，四川教育出版社出版发行了由张岩、张尚权、曹缔训等几位教授编著的《体育经济学》一书。这是我国第一本以“体育经济学”冠名的学术著作，该书的出版也标志着体育经济学作为一门独立学科在我国正式创立。

## 二、我国体育经济学的教育发展

经过30余年的发展，在体育治理改革和体育市场发育的实践推动下，我国体育经济学的教育教学发展取得了长足进步，主要表现在以下三个方面。

第一，我国的体育经济学学科体系已经初步建立。1998年发布的由国家科委和国家技术监督局制定的《中华人民共和国国家标准学科分类与代码》已将体育经济学列为体育科学所属的12个子学科之一。在当时国家教委的专家人才库，也已存入体育经济学的专家教授名录。在2003年颁布的《国家社会科学基金项目的分类法》中，已经可以找到体育经济学的学科分类代码。这些情况均表明体育经济学作为独立的学科已经得到国家权威部门的确认。

第二，我国涌现了一大批体育经济学教材成果。1988年，成都体育学院的张岩教授编写了国内第一部体育经济学教材，成为中国体育经济学教材建设的萌芽，拉开了我国体育经济学教育教学发展的序幕。在其后的30余年时间里，北京体育大学的靳英华教授、宁波大学的丛湖平教授、上海体育学院的钟天朗教授等相继出版了体育经济学相关主题的教材，对于我国体育经济学的教材建设产生了重要影响。随着2001年中国加入世界贸易组织，体育经济学教材建设更加国际化，国内出版的体育经济学教材数量亦明显增多。据不完全统计，截至2020年年底，我国市面在售的《体育经济学》教材教辅在50种左右。党的十九大以来，中国特色社会主义进入新时代，构建现代化经济体系、落实新发展理念、实现高质量发展等新目标、新理念、新成果对于体育经济学教材的编写提出了更高要求。2021年4月，习近平总书记在清华大学考察时指出，我国社会主义教育就是要培养德智体美劳全面发展的社会主义建设者和接班人。从习近平总书记关于体育的“四个重要”[①]论断到《体育强国建设纲要》《体育产业发展“十四五”规划》的发布，体育教材发展的时代背景更加明确、历史重任更加突出、育人目标更加具体。因此，编写紧扣时代脉搏、紧跟时代节奏、凸显时代特点的《体育经济学》教材成了现阶段教材建设的主要任务。

第三，我国的体育经济学人才培养步入快速发展阶段。从通识人才培养的角度来看，20世纪80年代末，体育经济学开始以必修课程或选修课程的形式列入我国高等院校的教学计划。目前，我国有数量众多的体育类、师范类、财经类高等院校将体育经济与管理、体育产业概论、体育市场营销等体育经济学相关课程纳入本科专业或研究生专业的课程体系，体育经济学已经成为学生培养方案的重要组成部分。从专业人才培养的角度来看，本科教育方面，据不完全统计，目前国内有将近30所高等院校招收体育经济与管理专业本科生。其中包括浙江大学等综合类院校，北京体育大学、上海体育学院等体育类专业院校，以

① 四个“重要”是指：体育是提高人民健康水平的重要途径，是满足人民群众对美好生活向往、促进人的全面发展的重要手段，是促进经济社会发展的重要动力，是展示国家文化软实力的重要平台。

及中央财经大学等财经类专业院校等。研究生教育方面，目前我国尚无独立的体育经济学一级学科，与体育经济学相关的研究生培养主要为学术型博、硕士研究生的体育人文社会学专业，以及体育专业型博硕士学位点。

## 三、我国体育经济学的科研发展

新中国成立70余年来，特别是改革开放40余年来，我国在不断摸索中取得了建设中国特色社会主义市场经济的一系列突出成就。就体育领域而言，既体现出集中力量攻坚竞技体育瓶颈的体制优势，又形成了依靠市场调配资源、满足体育产品与服务需求的丰富实践。遵循市场经济基本特征，但有别于西方体育市场的独特发展历程和重要成就，构成了我国体育经济学研究的富矿。在中国加入WTO前后，曾有学者将我国的体育经济学研究概括为九大热点。此后我国的体育经济学研究成果数量持续累积、质量大幅提升，但基本研究视野和格局并未发生本质变化，因此这一总结至今仍具有重要的参考意义。

第一，体育与经济增长的关系研究。在经历了以剩余劳动力转移和人口红利释放为动能的高速经济增长阶段后，中国经济已经进入追求全要素生产率提升和高质量发展的新常态。围绕体育能否成为国民经济新的增长点，涌现了三类较有代表性的研究成果。一是进行体育产业与传统行业的比较研究，通过分析二者的差异性探讨体育对经济增长发挥更大贡献的可能路径；二是针对体育产品和服务本身开展研究，讨论体育领域内消费和投资热点的形成和演变规律；三是着眼于体育产业的综合带动作用，从供应链和价值链的角度研究体育相关产业的转型升级和发展。

第二，体育与劳动力市场的关系研究。二战以后新古典主义经济学的均衡观表明，产品市场以外的金融市场和劳动力市场同样是关乎国民经济命脉的重要领域。就体育与劳动力市场的关系而言，从微观视角来看，越来越多的研究者开始关注个体如何通过参与体育锻炼、进行体育消费提升自身的健康人力资本，进而在劳动力市场竞争中取得优势地位。计量经济学的可信性革命和我国微观数据库的建设与发展为此类研究提供了基础条件。从宏观视角来看，研究者主要关注体育产业对GDP增长的贡献，以及这种经济贡献能否顺利转化为就业吸纳能力。基于此，探讨奥肯定律、菲利普斯曲线等理论命题在中国体育产业情境下的适用性具有不容忽视的研究潜力。

第三，体育产业结构研究。体育市场可以借由消费对象划分为体育物质产品市场和体育服务产品市场两类，其中后者又可以细分为7种市场，即健身娱乐市场、竞赛表演市场、体育中介市场、体育旅游市场、体育媒体市场、体育博彩市场、体育保险市场。面对体育产业的结构复杂性，研究者试图厘清我国体育市场的发展重点，大量研究成果将注意力集中于体育用品市场、健身娱乐市场、竞赛表演市场和体育中介市场等重点领域。此外，体育产业的结构内涵还表现为城乡之间、不同地域之间的发展主体能否立足于自身的要素禀赋特征建立比较优势，在这一视角下涌现了与京津冀一体化、长江经济带、粤港澳大湾区的特色体育产业相关，以及与体育的脱贫攻坚作用相关的大量对策研究。

第四，体育消费研究。经济学理论表明，需求结构的变化会带动消费结构和产业结构的变化，体育消费是顺应我国社会消费结构变化规律的、具有重要增长潜力的服务性消费。

特别是在中国已经进入上中等收入国家行列以及全面建成小康社会的大背景下，消费结构升级更加凸显了体育消费研究的实践意义和现实针对性。但值得注意的是，我国居民收入水平的持续增长，特别是收入分配状况的切实改善还具有较大潜力，体育消费全面提升的经济基础仍不牢固。因此对于现阶段体育消费的作用和影响因素的研究结论较为复杂，如体育消费可能对其他消费形式存在潜在的挤出效应等。

第五，体育经纪人制度研究。我国的体育经纪人制度经历了从无到有的实践演变过程。前期的研究热点主要集中于对欧美体育经纪人制度及其管理特点的梳理和借鉴，如国家体育总局政策法规司通过重点委管课题立项资助，开展了若干与体育经纪人制度相关的对策研究。后期随着我国《体育法》《合同法》《体育经纪人管理办法》的出台与完善，研究重点逐步向体育经纪人领域的制度影响评估以及相应的对策建议转移。

第六，体育与国际贸易的关系研究。随着中国加入 WTO，体育用品业、健身娱乐业和体育中介三个领域与国际贸易的关系愈发紧密。在 21 世纪初期，直接出口体育用品是我国体育产业参与国际贸易的主要方式，也是学者研究的主要对象。2008 年北京举办第 29 届夏季奥林匹克运动会，使体育旅游成为入境游的新亮点，也由此激发了学者对于体育服务贸易的研究热情。随着数字经济时代的到来，体育竞赛表演等服务贸易进一步成为体育经济学研究的前沿和热点。此外，国际贸易所引致的体育企业兼并、重组、公开募股等跨国资本运作也成了体育经济学和体育商科的新锐研究议题。

第七，体育无形资产研究。近年来，国内学者围绕体育无形资产开发做了多方面的研究，一是对体育无形资产内涵和外延进行了初步界定。大多数学者认为，所谓体育无形资产是指存在于体育运动中具有体育特质、受特定主体控制的、不具有实物形态、能持续地为所有者和经营者带来经济效益的资产。二是对体育无形资产的分类进行了初步的探讨，对体育无形资产的特征进行了归纳，对国有体育无形资产拥有权进行了界定。三是对体育赞助、体育活动的电视转播权、大型赛事无形资产开发等问题进行了一系列的实证研究。

第八，体育产业统计指标体系研究。缺乏体育产业统计指标体系是制约体育经济学学科发展的瓶颈。2019 年 3 月，在前期试点经验和探索性研究的支持下，国家统计局发布《体育产业统计分类(2019)》，形成了我国体育产业统计指标体系的最新成果和工作遵循。但是，鉴于新标准与旧有口径存在衔接和换算问题，加之全面推行新标准以获取在时间序列上具有完整性和延续性的数据难以一蹴而就，体育产业统计指标体系的推广与运用依然存在大量实践难点。

第九，体育俱乐部问题研究。在我国的体育治理框架下，职业体育俱乐部的诞生和营运具有不同于西方国家的特殊性。基于此，国内学者针对体育俱乐部的分类、国外体育俱乐部的现状及发展趋势、我国主流项目职业体育俱乐部的发展现状及存在的主要问题，以及职业体育俱乐部的产权界定、投融资等议题进行了大量的专门研究，为实现我国体育俱乐部治理体系和治理能力现代化做出了必要的理论准备。

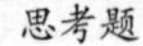

思考题

拓展阅读

# 第三章

# 体 育 市 场

**【导　读】**

党的十八届三中全会指出:“建设统一开放、竞争有序的市场体系,是使市场在资源配置中起决定性作用的基础。”2020年中共中央、国务院下发的《关于新时代加快完善社会主义市场经济体制的意见》中也提出:“构建更加系统完备、更加成熟定型的高水平社会主义市场经济体制。”作为社会主义市场经济的重要组成部分,体育市场的发展水平和质量影响着社会主义市场经济的水平和质量。体育市场是沟通体育消费与生产的桥梁,是满足居民消费实现体育消费商品化、市场化的需要,是推动体育产业发展的动力。那么体育市场下又有什么细分市场?体育市场是否遵循着市场经济的一般规律?体育市场有什么独有的特点?在社会主义市场经济建设的新时期,我们有必要了解体育市场,掌握体育市场的运行规律和特点。

通过本章的学习,我们将掌握体育产品市场中体育产品的特征、定价方法和定价影响因素,进一步了解体育要素投入品市场、体育服务市场,充分认识新兴体育市场。

**【学习目标】**

熟悉体育产品及其特征、定价方法和定价的影响因素;掌握体育要素投入品及其特征、供需和市场化配置;重点掌握体育服务市场结构、行为和绩效。

**【思维导图】**

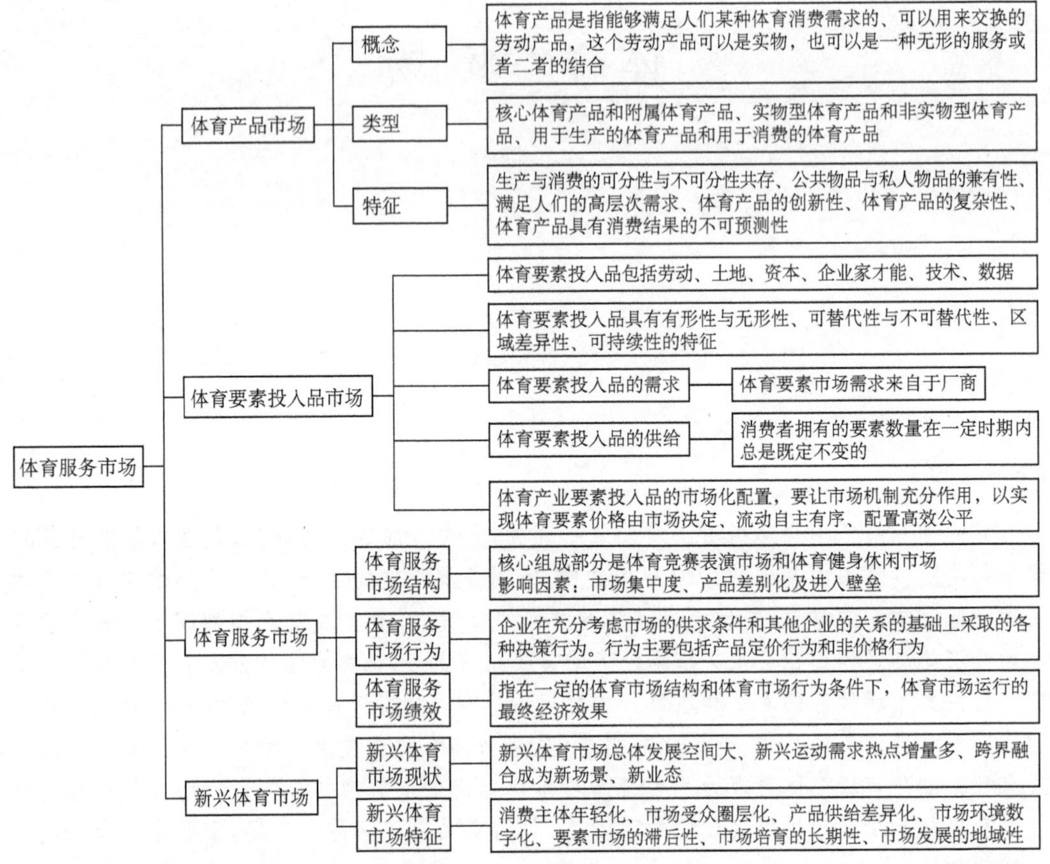


# 第一节　体育产品市场

## 一、体育产品及其特征

### （一）体育产品的概念

产品是指能够提供给市场，通过交换满足消费者需求和欲望的任何东西，它既包括有形的物品，也包括无形的物品。简单来讲，体育产品即是满足人们体育需求的物品。

体育产品必须要具备两个必要的条件：一是通过人们的劳动生产出来的；二是必须有一定的使用价值。因此，体育产品是指能够满足人们某种体育消费需求的、可以用来交换的劳动产品，这个劳动产品可以是实物，也可以是一种无形的服务或者二者的结合。只要这种劳动产品可以满足人们在体育消费方面的需求，我们就将其界定为体育产品。

（二）体育产品的类型及特征

1. 体育产品的类型

（1）核心体育产品和附属体育产品。根据不同体育产品满足不同市场的需要以及体育产品在市场中所处的不同地位，体育产品可以分为核心体育产品与附属体育产品。核心体育产品是为了满足体育市场的直接消费者（包括观众、参与者等）观赏体育比赛和参与体育健身、娱乐活动等所需要的产品；附属体育产品则是指包括除了体育核心产品之外的一切体育产品与服务。它们有的为体育比赛和活动的实现提供了物质条件，如体育竞赛场馆保证了体育赛事活动举行有良好的场所，各种体育用品如器材、服装、鞋类等的生产是为各种体育活动提供所需的装备。一些如体育经纪、竞赛活动组织策划、体育转播与报道策划等服务，则为核心产品的销售起到了宣传、运送的作用。正是有了这些服务，体育比赛能够最终与消费者见面，各种体育活动才能如期举行。

（2）实物型体育产品和非实物型体育产品。依据产品的有形性，可以将体育产品分为实物型和非实物型。实物型体育产品就是可以给消费者提供好处的有形物质产品，也就是体育用品，比如运动鞋服、运动器材、运动食品、运动饮料、体育纪念品等。体育用品具有一般物质产品的基本属性，它是体育消费的有机组成部分，是实现体育最终目的不可或缺的必需品。非实物型体育产品则是可以向消费者提供的不具有实物形态的体育产品。其种类繁多，主要以体育服务产品的形式存在，比如竞技体育赛事和体育技能培训课。就功能来看，体育服务产品主要可以分为：观赏类体育服务产品、指导类体育服务产品、自娱类体育服务产品。

（3）用于生产的体育产品和用于消费的体育产品。马克思把社会产品的使用价值划分为生产资料和消费资料两类。体育产品的复杂性和多样性，决定了它们除了作为消费资料满足人们在体育消费方面的需求，还有相当一部分体育产品作为生产资料被投入生产，其产品用于生产消费。

用于生产的体育用品指作为生产或营销的资本投入生产过程，以实现再生产的体育用品。比如，赛事转播权、冠名权、广告牌、博彩信息及体育赞助等都属于这类体育产品。以冠名权为例，企业购买冠名权是为了增加企业品牌的曝光度，从而达到宣传企业品牌进而提升品牌知名度的作用，最后获得利润。从生产经营的目的来看，企业为了获得最高的利润，总是以比较利益的原则寻求其再生产的生产资料，以实现高效率的再生产，冠名权已经成为各企业不惜花重金购买的生产资料。

用于消费的体育产品指作为消费资料供人们消费使用的体育产品。比如，消费者花费时间和金钱及精力看体育赛事，少数的消费者是为了投资，大部分的消费者是为了满足他们自身对于体育赛事的观赏需要，因此，这些过程是典型的消费过程。

另外，在体育产品中，还有些产品既可以作为生产资料，又可以作为消费资料。比如，当消费者购买体育器材设备，用于个人的健身休闲使用时，体育器材设备属于消费的体育产品，而当运动队购买其用于取得商业利益时，体育器材属于用于生产的体育产品。

2. 体育产品的特征

体育产品是指体育消费者向体育生产者购买的、体育活动中消费的体育实物和服务的总和。体育产品既有无形的形态，也有有形的形态。立足于现代服务和体育产业的主体特点,我们在这里主要论述服务形态的体育产品特征。

(1) 生产与消费的可分性与不可分性共存。体育产品具有服务或劳务的“活劳动”形式,不像物质产品的生产与消费在实践与空间上完全存在时序性的先后性。它的生产与消费在时间与空间上可以同时发生,也可以有先后性。首先,体育产品只能一边生产一边消费,比如看比赛、健身锻炼等,如果二者在时间和空间上不具有同一性的话,那产品的价值是很难实现的。其次,有一些体育产品随着现代技术的发展已经具有生产与消费的可分性,但这也绝对不可能使体育产品的生产与消费不可分性消失。比如,人们在进行体育锻炼的时候除了希望能够增进健康,在其中也包含人际交往的需要,所以体育产品的生产与消费是不可分的。

(2) 公共物品与私人物品的兼有性。从经济学的角度看,公共物品具有两个主要特征:非竞争性与非排他性。所谓非竞争性是指某产品提供给额外一个消费者消费的边际成本为零,也即一种产品可以提供给额外一个人享受而不会降低他人的享受水平。比如,由于我国的竞技体育具有事业性特征,政府投入大量的财力培养运动员,使运动员在各类国际大赛上取得金牌,这具有公共物品的特征,因为人们无须直接支付经济代价就可以享受此类产品,也不会因为额外多一个人享受而降低它带给其他人的享受程度。

私人产品是指一般生产要素供给者的物资产品或服务产品。这种产品与公共产品的特征不同:一是消费上的排他性,即一人消费了私人产品便会减少他人对同一产品的消费;二是消费上的有偿性,私人产品是用购买、付费的方式进行消费的。由于私人产品有上述基本特征,因此私人产品的价格是由市场供需关系决定的。

体育产品具有私人产品、公共产品和私人与公共产品兼有的属性。比如,购买体育服务产品主要为了进行自我的体育锻炼来提高身体的机能和健康水平,这种产品属于私人产品,具有排他性特征。体育产品兼有私人和公共物品的属性,主要是指政府投资组织的各类赛事。政府提供这种产品作为社会精神财富的一部分,是以丰富人们精神文化生活、满足大众社会性需要为主要目的的,所追求的是社会效益;同时为了补偿一部分政府的支出,也通过市场化运营要求消费者进行部分有偿消费。因此这类产品兼有私人和公共物品的特征。

(3) 满足人们的高层次需求。恩格斯认为,人的需要有三个层次,即生存需要、享受需要和发展需要,每一层次又包含对同属一个需要层次的不同商品的需要。需求结构是根据人的需要等级的前后顺序有机排列的,这里指的是有支付能力的需要,所以与人们的可支配收入之间存在着一定的关系。从现代体育消费的层面来看,人们在体育产品方面的消费主要是满足高层次的需要。

根据经济学理论,当人均收入达到一定水平时,其需求结构必将发生相应调整。当人们的需求结构包含了一定比例的对体育产品的需求份额时,参与休闲性体育活动以及高水平的体育竞赛观赏的消费,就会成为人们享受性消费的重要内容之一。同时,从人力资本投资及提升再生产能力角度看,体育产品的消费活动是一种人力资本投资过程。体育锻炼能有效改善人们的身体健康状况,提升人们的劳动能力,延长工作时间和人的寿命,从而可延长获取收入的时间,增加总收入水平。所以,体育产品的消费投资同教育投资类似,有着增加人力资本的功效,它是满足人们发展性需要的重要内容之一。

(4) 体育产品的创新性:体育产品的生产是需要较高智力的创造性活动。所谓创新性是指精神生产所创造的产品是以前没有的、与众不同的。创新性的劳动成果,可以吸收和利用前人的成果,但更多的是创造了前人和他人所没有的新东西。每一项体育运动,每一次体育比赛,都是独具特色、不相雷同的。体育产品尤其是体育赛事之类的产品,由于其结果的不确定性,更突显其生产的创新性。

(5) 体育产品的复杂性:表现在体育产品是个结构复杂、层次繁多的形态。体育产品是由多种资源、设施与服务构成的,不仅包括物质产品部分,还包括服务劳动部分。在现实社会中,人们在经济生活、道德风尚、精神情感等方面差别很大,对体育生活的需求必然会出现多样化的特点,客观上要求体育生产经营部门提供结构复杂、层次繁多的体育产品和服务。随着现代科技的发展和体育消费领域的拓宽,社会体育生活日益丰富,消费"热点"经常转移,新的体育消费诱惑力不断增强长。当下随着《全民健身计划 2021—2025 年》的推出,群众体育意识将不断被增强,体育需求呈现多样化、多角度、多层次的趋向,体育需求的选择性日益增强。因此,体育产品的种类、内容、形式,也必然是多种多样的。

(6) 体育产品具有消费结果的不可预测性:主要表现在第一,由于体育产品是以活劳动的形式和提供的,而活劳动的一个重要特点就在于不可完全重复性。因为每一次劳动过程都会受到劳动者本身以及外界环境等诸多因素的影响,因此很难保证有两次劳动过程是完全一致的。第二,体育产品最终是要作用于人这个复杂的主体,而每个人的情况又有很大的差别,比如同样是健身运动,但是由于每个人的体质状况以及生活方式等方面的差异,很难预测其最终结果。第三,高水平竞技体育比赛是最难预测的。当消费者购买到一场比赛的入场券时,比赛的激烈程度,比赛过程中可能出现的突发情况,消费者的心理预期和倾向,特别是比赛的最终结果都是难以在比赛前知道的。

## 二、体育产品定价方法

### (一) 成本加成定价法

成本定价法是一种基本的定价方法,这种方法多用于对实物型体育产品定价。该方法在产品单位完全成本的基础上,增加由企业利润目标确定的加成率,从而制定产品的价格。使用下列简单的公式即可算出产品的价格:

价格＝单位产品的成本＋预计获得的单位产品的利润

这个方法要求有准确的成本信息。例如,主办一场足球赛,组织者的利润目标是成本的 40%,通过预计销售的数量,组织者可能将比赛场内的饮料、食品和利润定为 100%,将门票、停车等的利润定为 20%,其总的目标是获得不低于 40%总成本的利润。同样的,健身俱乐部也可以使用这种方法进行定价,但管理者必须仔细估算支持理想数量会员的总的固定成本和可变成本。

成本加成定价法使用简便、运用广泛。成本加成定价法以企业成本数据为基础,实际上是一种供给定价,适用于体育产品销售有保障的情况,如体育器材、服装等的定价。按照此方法定价可以使企业获得预期盈利。其缺点是:忽视市场竞争和供求状况的影响,缺乏灵活性，难以适应市场竞争的变化形势。加成率的确定仅从企业角度思考，因而难以预知该价格水平下的销售量，使固定成本的分摊难保合理。而且加成率确定以后，产销量越大，固定成本分摊额越低，价格也越低，因此可能丧失一部分应得利润，反之亦然。

（二）差别定价法

差别定价法又称为价格歧视，指企业为了获得更高的利润，以不同价格向不同特征的消费者出售相同的产品，如某些健身房会为特殊的人群，比如学生，提供一定的折扣等。体育产品提供实施差别定价应该具备下列条件。第一，企业对于价格有一定的掌控能力；第二，存在不同的消费者群体，即企业产品存在不同的需求分市场，每个分市场的需求函数或需求弹性不同；第三，各分市场有效分割，产品与顾客都不能在分市场之间流动。

企业产品需求的分市场很常见，分市场不仅可以按照地域划分，还可以按照消费者收入差异、性别差异、年龄差异、消费时间差异、种族差异、偏好差异、议价能力差异等划分。

（三）顾客导向定价法

顾客导向定价法是以体育产品价值为基础的定价方法。这种定价方法参考的重要因素是体育消费者的价格公平感知，只有当消费者的理解与体育产品的价格一致时，消费者才会做出购买与否的判断。采用顾客导向定价法有利于体育产品公营企业在市场上获得最高利润，也有利于满足不同群体的需求，实现企业利润最大化。体育产品提供方需要通过调研，收集顾客对体育产品价值的认同感，并以此来设定目标价格，然后根据目标价格做出产品设计决策及成本决策。因此，使用这种方法指定的产品价格必须与消费者理解的价值匹配，其本质是根据市场需求状况和消费者对产品的感觉差异来确定体育产品的价格。

（四）价格协调行为

在大多数情况下，寡头垄断或完全垄断的体育组织为限制价格竞争，共同控制市场，以获得垄断利益，会采取价格协调行为。所谓价格协调行为是指体育企业或体育组织之间在产品价格决定和调整过程中相互协调而采取的共同行为。常见的价格协调行为有卡特尔和价格领导制两种。

卡特尔也称为企业或组织的共谋或串谋。这种共谋或串谋可以通过文字形式也可以口头协定，对某产品的生产数量以及价格进行限定。价格领导制是指在某产品生产的市场中某些大企业通过暗中串谋确定产品价格及变动价格的基本方式，以引导其他企业跟随其变动。某些生产企业或提供同类体育赛事产品的垄断体育组织，为获得垄断利益，就完全可能通过卡特尔和价格领导制方式协商赛事之间的间隔时间（即产品生产的数量，如国际奥林匹克委员会与国际足球联合会将它们所控制的两个赛事的间隔时间安排进行协商决定，这种做法不仅控制了赛事产品的生产数量，而且也避免了两个赛事的直接替代问题），以及对体育赛事的电视转播权、赛事标志使用权等无形资产的价格进行统一定价。

（五）新产品定价方法

当新的体育产品被引入体育市场时，此时体育组织更多地考虑竞争因素，此时的定价方法包括渗透定价法和撇脂定价法。

1. 渗透定价

渗透定价是指当新的体育产品被导入市场时制订比竞争者更低的初始价格。当消费者对价格比较敏感时，这种低价策略将鼓励消费者尝试新产品。此外，当需求具有相对的价格弹性时，也就是当对产品降低很小的价格就会有很高的需求增长时，渗透定价是非常适用的。例如，北美女子职业篮球联赛（Women's National Basketball Association，WNBA）多数俱乐部的门票最低6美元，最高25美元，与NBA的门票价格有很大的差距。作为新的体育产品，WNBA利用渗透定价把女子比赛展示给尽可能多的球迷，其目标是使消费者能够看到由女子运动员带来高质量和领先娱乐品牌的篮球运动。

2. 撇脂定价

撇脂定价则与渗透定价几乎相反，体育组织设定了一个比竞争者更高的价格或更高的收费标准。撇脂是指撇取市场顶层油脂的活动，其目标是针对市场上对价格不太敏感的高端消费者。这时价格应该高到可诱导一定的市场消费者消费新产品。当然体育组织必须确保其市场营销与价格一致，也就是说产品质量、形象知觉和促销战略必须有助于形象的提高。如2010上海网球大师赛也设立了包厢票价，豪华贵宾包厢的价格高达26万元。撇脂定价的一个主要缺点是超额利润可能吸引其竞争对手很快进入市场。

## 三、体育产品定价的影响因素

### （一）国家的法规政策

企业在经营定价时不能只顾本企业的利益，而不顾国家和人民的利益，要考虑国家的法规政策。体育企业在定价时首先要遵守《体育法》《体育强国建设纲要》《全民健身计划（2021—2025年）》等政策法规，以提高和推动体育运动水平和全民身体素质为重要目标。

### （二）产品成本

成本是产品价格的基本组成部分，成本越高，价格就应当越高。成本低的产品，即使市场需求量很大，也不应该定得太高。一般情况下，价格应当高于总成本。有时，价格可能低于总成本，但是必须高于变动成本。如果价格低于变动成本，除特殊情况外，企业应当立即停止这类产品的生产。

### （三）市场供需情况

价格影响市场的供求情况，市场的供求情况也影响价格。当产品在市场上供不应求时，价格应该定得高一些；反之，就应该定得低一些。

### （四）产品的需求弹性

经济学中的弹性是指经济变量之间存在函数关系时，因变量对自变量变动的反应程度，其大小可以用两个变量变动的比率之比，即弹性系数来表示。弹性系数等于1时，表示需求无弹性，这类产品需求量随价格等额变化，因此价格策略不应该是首选的营销策略；弹性系数大于1的产品，则需求弹性大，表明价格的微小变动会引起需求量的较大变化，为了增加销量，价格可以定得适当低一些，薄利多销，增加企业的总利润；弹性系数小于1的产品，则表示产品缺乏弹性，价格的变动只引起需求量较小的变化，那么在国家政策的允许下，价格可以定得高一些。

### （五）市场经营组合的其他因素

价格与产品、促销方法、销售渠道组成了产品的市场经营组合策略，所以，在对某些产品定价时，必须考虑其他三大因素。例如，当产品性能好、质量高、包装美观大方、品牌响亮时，价格可以定得高些；反之，就应该定得低一些。处于介绍期、成长期的产品，价格要定得高些；处于成熟期、衰退期的产品，价格应该定得低些。广告和其他费用支出多时，价格可以定得高些；反之，价格就应该定得低些。

（六）行业因素

由于体育市场是一个垄断竞争市场，体育产品的定价会受到行业因素的影响。所谓垄断竞争市场是指一个市场中有许多厂商生产和销售有差别的同种产品。具体地说，垄断竞争市场的条件主要有以下三点：第一，在生产集团中有大量的企业生产有差别的同种产品，这些产品彼此之间都是非常接近的替代品。比如体育市场中各类运动鞋是有差别的同种产品，二者具有较密切的替代性。第二，一个生产集团中的企业数量非常多，以至于每个厂商都认为自己的行为的影响很小，不会引起竞争对手的注意和反应，因而也不会受到竞争对手的任何报复措施的影响。第三，厂商的生产规模比较小，因此，进入和退出一个生产集团比较容易。体育市场中的企业并不是市场价格的制定者，而是影响者，所以体育产品的定价会受到行业因素的影响，如企业之间的竞争战略等。

## 第二节　体育要素投入品市场

要素市场和产品市场是密切相关、相互依存的两个子系统，任何体育产品生产过程的起点都是生产要素的投入。投入何种生产要素、投入多少生产要素、生产要素价格如何变化、生产要素如何组合，都是在生产活动开始前必须考虑的问题。本节在经济学的生产要素理论基础之上，介绍体育要素投入品的类型及特征、体育要素投入品的供需以及体育产业要素投入品的市场化配置。

### 一、体育要素投入品及其特征

（一）体育要素投入品

生产要素(factor of production)指用于生产物品与服务的投入。西方经济学中，认为劳动、土地、资本、企业家才能是四种最重要的生产要素。随着科技水平发展和知识产权制度建立，技术开始作为独立的要素投入品类型。当前数字经济正在引领新经济发展，数据作为信息的重要载体，是数字经济的核心驱动力，也成为关键的生产要素。体育产品的生产同样离不开上述几类基本的生产要素。

1. 劳动

劳动指人类在生产过程中体力和智力的总和。体育劳动力包括运动员、教练员、裁判员、体育科学研究人员、体育教学人员、体育医疗保健人员、体育记者、体育经纪人、体育经营管理者等。

2. 土地

体育生产活动必须借助一定的空间载体开展，因此土地要素是必不可少的生产要素。

经济学中，认为土地是“自然供给”的原始要素，但在体育生产活动中，土地要素常常需要人为“改造”，并与其他资本品相结合，转化为另一形式的投入品——体育场馆。需要注意的是，土地价格指的是使用土地的价格（地租），而非土地本身的价格。

3. 资本

资本指由经济制度本身生产出来并被用作投入要素以便进一步生产更多的产品和劳务的物品，广义的资本也包括货币和金融资本。用作体育生产的实物资本品有：体育场馆、运动器械、体育机器设备（如造雪机、压冰机）等。

4. 企业家才能

企业家才能指企业家经营企业的组织能力、管理能力和创新能力。无论是体育竞赛表演业、体育健身娱乐业、体育用品制造业还是其他任何一种体育业态，都需要优秀的组织者，他们往往是稀缺的，供给弹性并不充足。

5. 技术

作为体育生产要素的技术包括竞技技术、体育科研成果、体育用品制造技术、体育转播技术以及虚拟现实、增强现实、人工智能等各种科技在体育领域的应用。技术进步是推动体育产业发展的最活跃、最积极的因素。技术不仅是独立的生产要素，同时也联系着其他各种生产要素。更重要的是，技术的投入通常能创造出新的体育需求和产品市场，电子竞技这一新兴项目就是最好的例子。

6. 数据

数据是信息的载体和表现形式，可以是符号、文字、数字、语音、图像、视频等。数字技术应用于体育产业，使得数据成为驱动体育产业发展的关键生产要素，推动体育企业在生产设备方面的数字化改造，在体育产业投入端实现要素的数字化。体育产业正朝着数字化、智能化方向快速发展，加快数据要素与传统要素渗透结合从而促进要素升级，对提升体育生产力有显著作用。

（二）体育要素投入品的特征

1. 体育要素投入品的有形性与无形性

体育要素投入品中，除有形的自然资源外，存在着大量无形要素，他们是与人类社会密不可分的各种社会资源，包括社会、经济、技术的方方面面，如制度、规则、科学理论、训练技术、文化、风俗习惯等。这些无形的生产要素，往往是创造产品价值的关键。人们在进行体育消费时，购买的不仅是产品本身，更是凝结在产品中的观念、理论、情感、知识和技能等。

2. 体育要素投入品的可替代性与不可替代性

生产一种体育产品，需要投入多种生产要素。有时，这些要素投入品是可替代的，通过改变生产要素的质量、数量、形式及组合关系，实现增加产量或者降低成本的目标。比如，普通的商业健身会所和由闲置工厂改建的体育综合体，都能实现健身娱乐功能，但土地成本却相差甚远。如今，要素的可替代性很大程度上得益于技术的进步，如通过虚拟现实技术，将足球场、滑雪场、攀岩场地等运动空间搬进家中，实现宅家运动，这便是以技术要素替代了特定的运动场地。要素的不可替代性是指某些体育要素的投入组合具有较强的固定性。若发生要素更改，产品价值就会大打折扣，其本质是要素的稀缺性。以赛事产品的生产为例，一般来说，任何两个不同项目的运动员都难以相互替代。并且，明星运动员的竞技水平与赛事精彩程度息息相关，所以即便他们拥有天价薪酬和转会费，俱乐部也会欣然接受。

3. 体育要素投入品的区域差异性

不同的区域，在地理、经济、文化、历史等方面的差异，导致体育生产要素呈现出截然不同的特征，从而深刻影响着体育产业的布局。人们通常根据本区域的要素特征，因地制宜生产体育产品。例如，东北地区依靠降雪丰富的山地地形，布局滑雪旅游产业；海南凭借优越的海岸和浪流资源，大力开展冲浪、帆板、潜水等水上项目。体育活动对自然要素的强依赖，虽然一定程度上限制了某些地区的体育发展，但有时也可以另辟蹊径生产出独特的体育产品，如在不适宜生产生活的沙漠地带开展徒步和户外探险。2017 年，国家体育总局公布了首批 96 个国家级运动休闲特色小镇试点名单。体育特色小镇和休闲旅游正是利用本区域的要素禀赋，走特色化发展之路。

4. 体育要素投入品的可持续性

体育生产要素从数量上看是有限的，但从开发和利用潜力来看，是无限的、有可持续性的。有时一种体育生产要素可被反复投入使用，这意味着要素的边际成本很低，比如体育传媒公司买入赛事版权后，可以利用同一场赛事内容策划各类体育节目，创造出源源不断的媒介产品以获得收益。体育要素的可持续性还与体育的性质密切相关，体育是改造人的自身自然的活动，运动训练技术会不断进步迭代，运动者会不断超越自身极限，即使运动员每天的劳动供给时长是一定的，但劳动所生产出的价值却是难以预测的。

## 二、 体育要素投入品的供需

### （一）体育要素投入品的需求

1. 需求的特点

在产品市场中，需求来自消费者；而要素市场则恰恰相反，需求来自厂商。厂商对生产要素的需求呈现出两个特征。

(1) 派生需求

派生需求又称引致需求，指厂商对生产要素的需求不是直接需求，是由于消费者对产品的需求引起的。俱乐部购买球员，并非为了满足自身消费，而是为了生产出球迷和观众需要的竞赛产品，实现利润最大化。

(2) 联合需求

联合需求指厂商的任何生产行为都需要两种以上的生产要素，单一生产要素无法生产出任何产品和劳务。在一定的范围内，各种生产要素也可以互相替代。生产要素联合需求的特点，使得厂商必须权衡使用哪种要素组合能够带来较高的利润。

2. 影响需求的因素

(1) 市场对产品的需求及产品的价格

市场对某种产品的需求越大，该产品的价格越高，则生产这种产品所用的各种生产要素的需求也就越大；反之，就越小。

(2) 生产要素的价格

各种生产要素之间有一定程度的替代性，一般厂商会用低价格的生产要素替代高价格的生产要素，因此生产要素的价格对其需求量就有重要影响。

(3) 生产技术状况

生产技术水平决定了对某种生产要素需求的大小。例如，一般性体育用品的生产技术基本实现标准化，原材料选配及工艺流程没有秘密可言，其扩大再生产主要以投入劳动力为主，属于劳动力密集型产业，因而对劳动要素需求最大。一些科技含量很高的体育用品，如奥运会选手装备等，这类产品的生产主要依靠技术的研发和创新，属于技术密集型产业，因而对技术要素需求量更大。

3. 要素需求曲线

边际生产力(marginal productivity, MP)是指在其他条件不变的情况下，每增加一个单位生产要素的投入所增加的产量。如果以实物来表示生产要素的边际生产力，称为边际物质产品(marginal physical product, MPP)；如果以收益来表示生产要素的边际生产力，称为边际收益产品(marginal revenue product, MRP)，指变化单位投入要素给企业带来的收益变化。边际要素成本(marginal factor cost, MFC)指每变化单位投入要素所导致的企业总成本的变化值。厂商为了实现利润最大化，需要使投入要素的边际成本和边际收益相等，即 MFC＝MRP。根据边际收益递减规律，生产要素的边际收益曲线是一条向右下方倾斜的曲线，这条曲线也是要素的需求曲线(图 3-1)。随着要素价格($W$)的上升，生产要素的需求量($L$)下降。

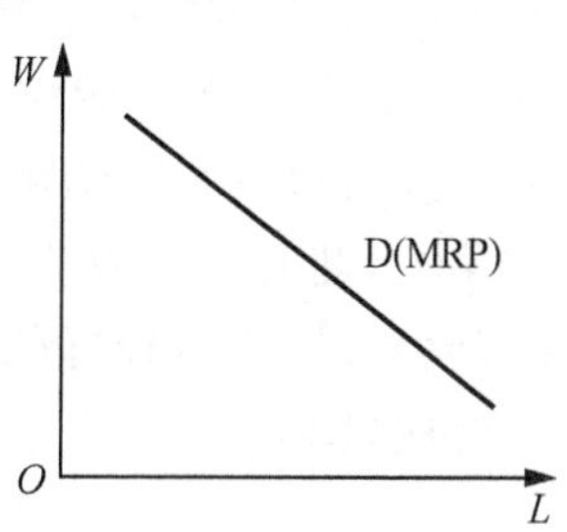

**图 3-1　市场的要素需求曲线**

(二) 体育要素投入品的供给

1. 要素供给原则

消费者拥有的要素数量在一定时期内总是既定不变的，可以选择将其作为生产要素投入市场，也可以保留自用。消费者需要在“要素供给”和“保留自用”两种用途中将全部资源进行分配，以获得最大效用。为了实现效用最大化，作为“要素供给”的资源的边际效用要与作为“保留自用”的资源的边际效用相等。

2. 要素供给曲线

(1) 要素供给曲线

一般来说，如果某种生产要素的价格($W$)提高，这种生产要素的供给($L$)就会增多；如果某种生产要素的价格降低，这种生产要素的供给就会减少，其供给数量与价格呈同方向变化。所以，生产要素的供给曲线表现为一条向右上方倾斜的曲线($S$)(图 3-2)(注意：图 3-2 为市场的要素供给曲线，在完全竞争市场下，由于要素价格是既定的，因此单个厂商的要素供给曲线应为一条与横轴平行的线)。

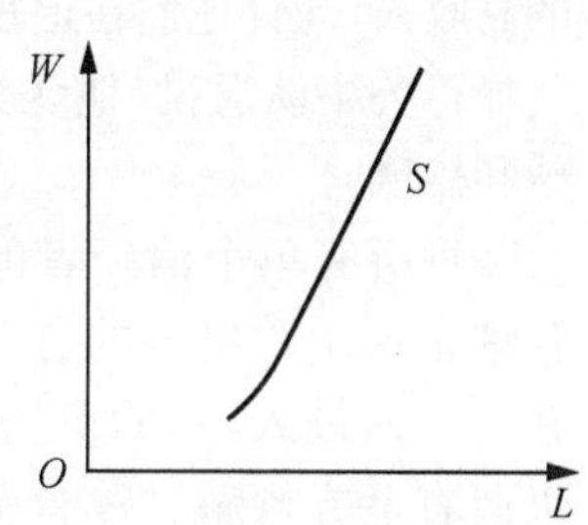

**图 3-2　市场的要素供给曲线**

(2) 劳动供给曲线

劳动供给涉及消费者对其拥有时间的分配，消费者($W$)根据个人偏好和工资率来决定多少时间投入“劳动”，多少时间用作“闲暇”。一般随着工资上升，人们愿意多增加劳动供给($L$)换取更多收益,因此个人的劳动力供给曲线将像大多数供给曲线那样向上倾斜(图 3-3)。正如许多人难以理解,为什么美国职业橄榄球大联盟(National Football League, NFL)的总收入以绝对优势位居第一,几乎是第三大联盟 NBA 收入的两倍以上,但其球员平均工资水平却远低于 NBA。一方面 NBA 每支球队最多只有 15 名球员,而 NFL 球队平均拥有 50 多名球员,NBA 球员的边际产量更大;另外一方面 NBA 球员一年要打 82 场常规赛,NFL 球员每个赛季却只打 16 场常规赛,薪酬更高的 NBA 球员所供给的劳动量也是更多的。

但是,工资变化存在替代效应和收入效应,消费者在工资率水平不同的情况下做出的个人选择会有所差别。替代效应指工资率变动对于消费者选择闲暇和劳动的替代关系的影响,随着工资上升,不工作的成本上升,因此消费者选择放弃相对昂贵的闲暇,增加劳动时间。收入效应是指工资率变动对消费者收入的影响,工资越高,收入越高,消费者就可以选择闲暇减少劳动。显然,工资率较低时,工资率提升对劳动者的收入影响不大,此时替代效应大于收入效应。但当工资率上升到一定程度以后,工作较少的时间就可以维持较好的生活水平,此时收入效应大于替代效应,使得劳动供给曲线向后弯曲(图 3-4)。

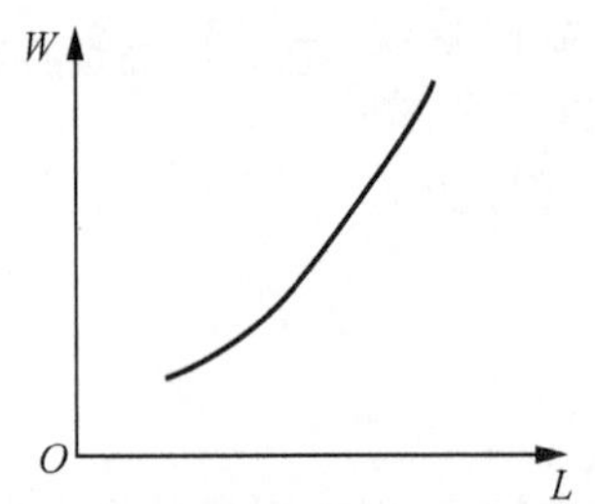


图 3-3 向右上方倾斜的个人劳动供给曲线

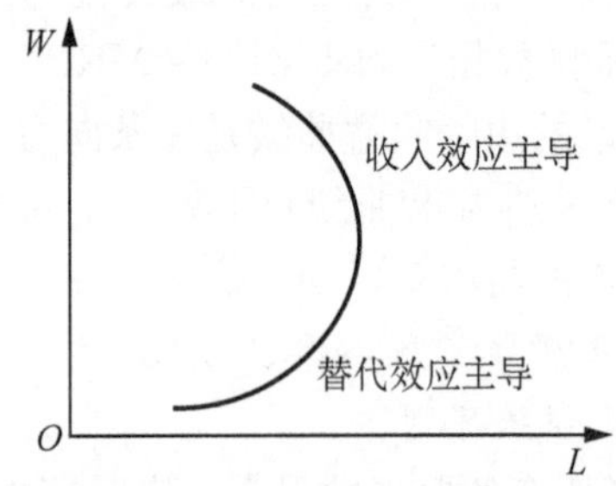


图 3-4 向后弯曲的个人劳动供给曲线

欧美许多体育明星在退役后,都将会更多地与家人共度时光,这正是因为运动员时期的高收入,允许他们在退役后极少工作或不工作。如迈克尔·乔丹,1997～1998 赛季后从芝加哥公牛队退役,他认为自己已经获得足够多的荣誉,因此选择投入更多精力于高尔夫球和棒球。

将所有单个消费者的劳动供给曲线加总,就能得到整个市场的劳动供给曲线。尽管许多单个消费者的劳动供给曲线可能会向后弯曲,但较高的工资水平也会不断吸引新的工人进入,总的市场劳动还是会随工资上升而增加的,整个市场的劳动供给曲线仍向右上方倾斜。体育劳动市场中,运动员、教练员、裁判员等都拥有特殊的知识和技能,他们的供给弹性都小于 1,越优秀的劳动力,供给弹性越小,供给曲线更加陡峭(图 3-5)。

明星运动员往往是天才型选手,他们天赋异禀且带有明显的个人特质和魅力,极为稀缺,替代弹性为 0,其市场劳动供给量($L_0$)并不会因为工资率的提升而增多(图 3-6)。

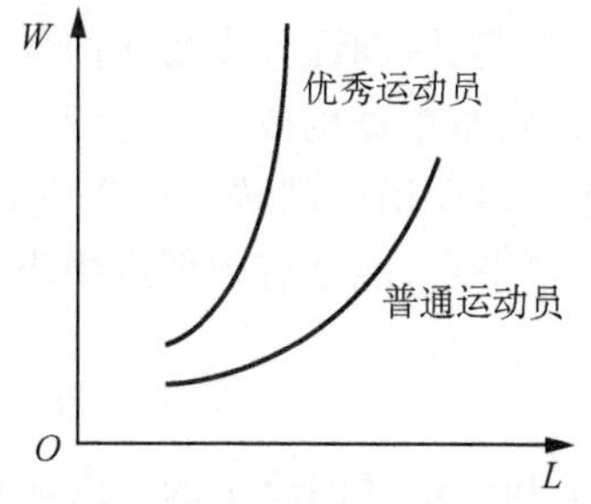


图 3-5　普通运动员和优秀运动员的市场劳动力供给曲线

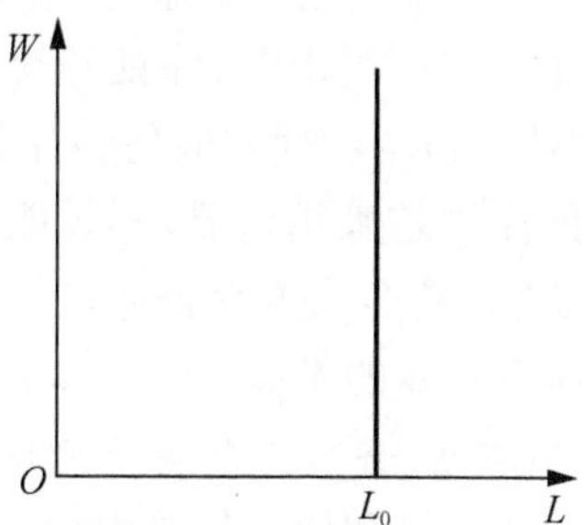


图 3-6　明星运动员的市场劳动力供给曲线

(3) 土地供给曲线

消费者拥有一定数量的土地，为了达到效用最大化，必须使地租收入达到最大，就需要将全部土地资源供给市场。无论土地价格($P$)为多少，土地供给的量($Q_0$)都是一定的(图 3-7)。

对于体育产业而言，土地要素非常重要，任何的体育项目及体育生产活动都离不开土地这个基本要素，因此政府不断加大对体育产业新增建设用地的支持力度。但毕竟自然资源的数量是有限度的，近些年政府鼓励盘活存量土地资源，利用老旧厂房、建筑物屋顶、滨水空间、桥下空间、地下空间等一系列“金角银边”区域，改造为体育空间。目前，这类探索已经形成了许多成功案例，如首钢旧工业园区改造而成的冬奥地标、珠三角绿道网以及许多商业中心顶楼的天空足球场、旧工厂改造的体育综合体等，对存量土地的挖掘大大增加了体育场地的供给。

(4) 资本供给曲线

资本与土地和劳动力不同的地方在于，其数量可以改变，当消费者保留自己收入的一部分进行“储蓄”而非消费时，他的资本数量就有所增加，资本源于储蓄。利息是资本的价格，是资本所有者的收入。资本的供给，就是资本的所有者在各个不同的利率水平上愿意而且能够提供资本的数量。只有相应地提高利率($I$)，人们才愿意提供更多的资本($K$)，所以，资本的供给是一条向右上方倾斜的曲线，它表示利率与储蓄呈同方向变动(图 3-8)。

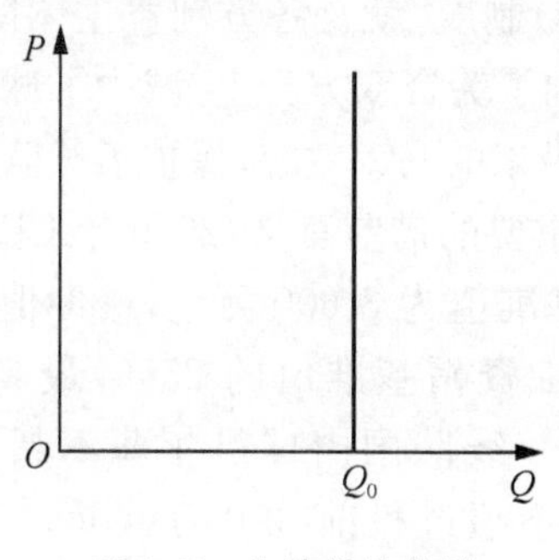


图 3-7　土地供给曲线

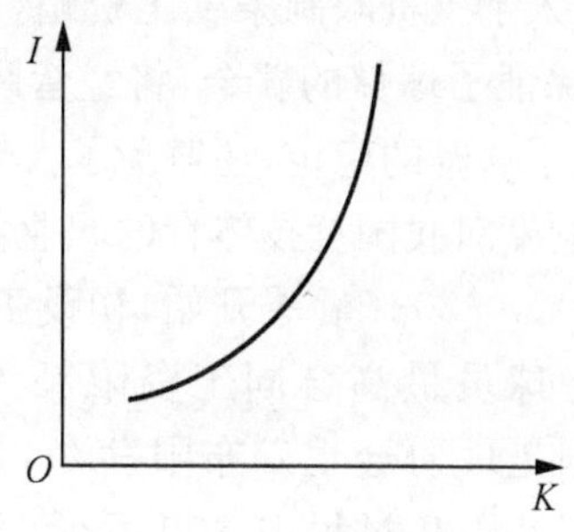


图 3-8　资本供给曲线

体育产业资本市场是一种金融创新与体育产业相结合的一系列资金运作模式。目前，我国体育产业资本市场由沪、深证券交易所的主板市场、深圳证券交易所内部的中小体育企业板块、创业板市场和代办股份转让系统等多层次资本市场构成。体育资本市场在体育产业发展中的作用越来越重要，不仅能为体育企业和运动俱乐部解决资金短缺问题，也具有驱动创新功能，是推动体育企业市场化运作的重要平台，能够有力促进中小体育企业尤其是高科技体育企业的发展。

### （三）体育要素投入品市场的均衡

生产要素的价格和使用量是由生产要素的需求和供给共同决定的。以体育劳动力市场为例，运动员和教练员的均衡工资（$W_0$）及数量（$L_0$），就是劳动供给曲线（$S_L$）和劳动需求曲线（$D_L$）的交点（图 3-9）。

当市场条件发生变化时，运动员和教练员的工资也会发生相应变化。假设某项运动的流行程度上升，更多观众对其产生兴趣，赛事的整体收入提高，从事这项运动的运动员和教练员的边际收入产品也有所增加，就会导致对劳动需求量的增加，需求曲线向右移动，这时工资水平（$W_0$，$W_1$，$W_2$）随之上升（图 3-10）。这可以解释为什么市场化（$L_0$，$L_1$，$L_2$）和商业化程度高（$D_1$，$D_2$，$D_3$）的项目，运动员收入更高。

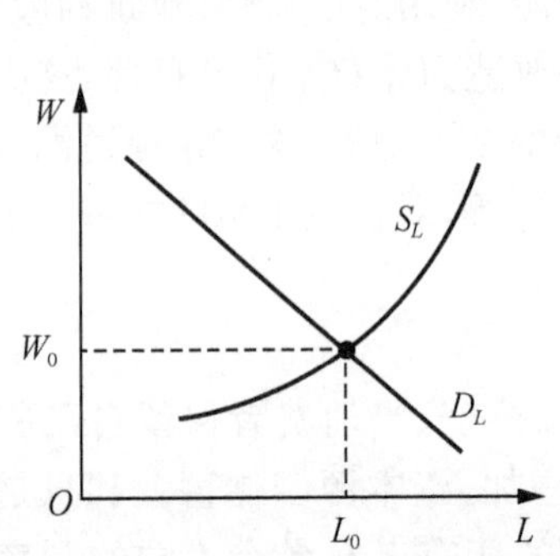


**图 3-9　体育劳动市场的均衡工资和数量**

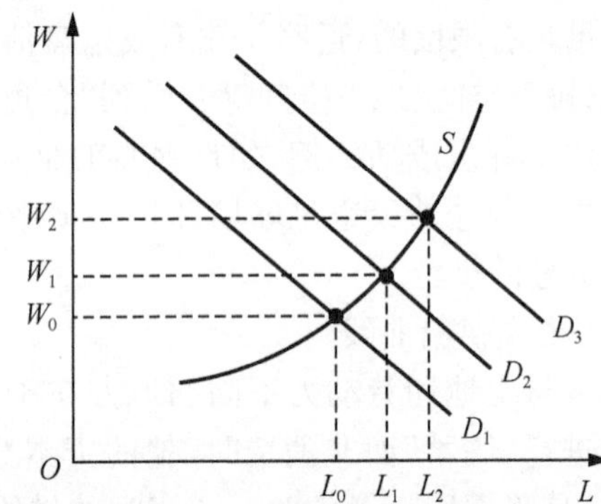


**图 3-10　需求的增加导致运动员教练员工资上升**

体育劳动力市场的均衡由供给和需求共同决定，可以理解为劳资双方的博弈。NBA 在 1984 年引入了工资限制条款工资帽（salary cap）制度，就是各方利益主体博弈的结果。该制度不仅保证了球员的薪金，将经营风险分散到了劳资双方身上，减少了球员和老板间的冲突，保证了联赛的稳定，还避免了大规模投资带来的马太效应，保护了球队间的均衡竞争。工资帽制度对我国竞技体育的职业化改革有重要的借鉴意义，2019 年 CBA 宣布工资帽改革，自 2020～2021 赛季开始，初设工资帽的基准值为 3 600 万元，缓冲值为 1 200 万元，其中单一球员最高合同工资限额为该赛季工资帽基准值的 25%，最高 900 万元。2020 年，中国足球协会也发布限薪令，规定中超一线队国内球员年薪不超过税前 500 万元，平均年薪不超过税前 300 万元，外援年薪不超过税前 300 万欧元。工资帽制度对于球员个人、俱乐部及联赛都有积极意义，应尽快弥补政策漏洞，推出更完善的执行细则。

## 三、体育产业要素投入品的市场化配置

### (一) 体育产业要素市场化配置的内涵

体育要素市场化配置,就是要让市场机制充分作用,以实现体育要素价格由市场决定、流动自主有序、配置高效公平。改革开放前,我国的体育资源主要依靠政府的行政化配置。随着社会主义市场经济体制确立,体育由事业向产业转变,逐步打破以国家财政拨款为主导的资源配置方式,体育产品市场基本实现了市场化,体育消费市场日益成熟,但体育要素市场发展却相对滞后,成为制约体育产业发展的重要原因之一。

### (二) 体育产业要素市场化配置与供给结构优化

产业经济学中,供给结构是指作为生产要素的自然资源、劳动力、资本和技术等在国民经济各产业之间的供应比例。2019 年,我国体育服务业总产出占体育产业总产出的 50.6%,体育用品及相关产品制造业总产出占比为 46.2%,体育服务业总产出首次超越体育产品制造业,这表明我国体育产业的供给结构有所优化。但是,随着大众消费需求升级,体育产业的需求呈现出多层次结构,不仅体现在大众对体育服务的需求快速提高,也体现在大众对高端体育产品与服务的需求快速增长,现有的体育供给仍无法满足大众日益增长的体育消费需求。有学者将体育产业的供需矛盾概括为:供给端的中低端体育产品与服务供给过剩,高端体育产品与服务供给不足;需求端的中高端体育产品与服务需求旺盛,低端体育产品与服务需求较弱。造成这种“供需失衡”现象,与体育产业内部各要素的不合理配置密切相关。一方面是部分要素没有完全流入体育市场,另一方面是要素的错配和低效率组合。以体育劳动力市场为例,过去我国对于竞技体育的关注程度远高于大众体育和学校体育,体育产业需求的运动员、教练员、管理人员等大部分由政府统包统配,僵硬的人事管理制度使体育产品的生产经营和体育管理活动处于被动的地位。劳动力市场竞争机制和价格机制未能有效运行,相当长一段时间内,体育产业中急需又缺乏大量既懂体育又懂经营管理的综合型人才,严重制约了体育产业化进程。

促进体育产业要素市场化配置,有助于各种要素按照市场需求流动和组合,把大量滞留在低效率企业中的生产要素解放出来,流向高效率的体育企业当中,实现供给结构优化,把稀缺的要素合理地分配到不同的体育生产活动中,最大限度满足大众需求,从而解决由要素错配带来的体育产业供需失衡问题。

### (三) 体育产业要素市场化配置与全要素生产率提升

全要素生产率(total factor productivity, TFP)又称索洛余值,是指各要素(如资本和劳动等)投入之外的技术进步和能力实现等导致的产出增加,是剔除要素投入贡献后所得到的残差。通俗来讲,各种要素都有生产率,包括劳动生产率、资本生产率和土地生产率等,各种要素集合所产生的生产率之和大于各单个要素投入的生产率之和,其中的差额就是全要素生产率。全要素生产率被视为要素投入水平之外驱动经济增长的重要引擎,是衡量经济高质量发展的核心指标,也是经济长期持续增长的关键。我国供给侧结构性改革的重要目标就是:“优化现有生产要素配置和组合,提高生产要素利用水平,促进全要素生产率提高,不断增强经济内生增长动力。”通过要素配置提升全要素生产率有

两种方式，一种是直接方式，比如企业作为要素投入水平既定的微观市场主体，可以直接通过科技创新提高技术水平，进而提升全要素生产率；另一种是间接方式，即生产要素可以通过资源重置，从低效率的经济主体向高效率的经济主体合理流动，间接地提升经济效率和全要素生产率。这两种方式必须建立在要素自由有序流动的基础之上。在市场经济中，所有推动全要素生产率提高的因素，包括技术进步、规模经济、制度创新、人力资本投入等等都要靠市场机制作用。因此，要素的市场化配置是提升全要素生产率的必要前提。

我国体育产业仍处在发展的初级阶段，产业规模较小，面临创新和人力资本投资不足等突出问题。促进体育产业高质量发展，必须从要素投入数量驱动转向技术进步等效率驱动的全要素生产率的提升上来。建立完善的体育产业要素市场，使劳动力、土地、技术、资本、数据这五种促进体育产业发展最重要的生产要素全面畅通有序流动，是提高体育产业生产效率的关键。

## 第三节　体育服务市场

改革开放以来，随着我国经济社会的快速发展，体育服务业成了推动体育产业转型升级和结构优化的重要抓手，出台大量利好政策，有效刺激体育消费，不断扩大体育服务业的市场规模，体育服务业既是服务业的重要组成部分，也是体育产业的核心，体育服务业发展水平已成为衡量经济发展水平和体育产业成熟度的重要标志。

### 一、 体育服务市场结构

#### （一）我国体育服务市场结构

2020 年全国体育产业总规模（总产出）为 27 372 亿元，增加值为 10 735 亿元。从内部构成看，体育服务业增加值为 7 374 亿元，占体育产业增加值的比重为 68.7%，比上年提高 1 个百分点。从理论上看，体育服务市场的核心组成部分是体育竞赛表演市场和体育健身休闲市场。体育健身休闲活动是为社会公众提供参与性体育消费的各种健身休闲活动，2020 年体育健身休闲活动的总规模为 1 580 亿元，占体育产业总规模的比重仅为 5.8%。体育竞赛表演活动是为社会公众提供观赏性体育消费产品的活动，2020 年我国体育竞赛表演活动总规模仅占体育产业总规模的 1%。从增长速度看，受新冠疫情影响，多数体育产业类别增加值出现下降，其中，体育场地和设施管理增加值下降 20.2%，体育经纪与代理、广告与会展、表演与设计服务下降 16.9%。以非接触性聚集性、管理活动为主的体育服务业增加值保持增长，其中，增速最高的是体育传媒与信息服务，增长 18.9%，其次是体育教育与培训，增长 5.7%。但此类在体育产业市场的份额占比相对不大（表 3-1）。

表 3-1 2020 年全国体育产业状况

| 体育产业类别名称 | 总产出 | | 增加值 | | |
|---|---|---|---|---|---|
| | 总量（亿元） | 构成（%） | 总量（亿元） | 构成（%） | 增速（%） |
| 体育产业 | 27 372 | 100.0 | 10 735 | 100.0 | −4.6 |
| 体育服务业 | 14 136 | 51.6 | 7 374 | 68.7 | −3.2 |
| 体育管理活动 | 880 | 3.2 | 459 | 4.3 | 1.5 |
| 体育竞赛表演活动 | 273 | 1.0 | 103 | 1.0 | −15.6 |
| 体育健身休闲活动 | 1 580 | 5.8 | 736 | 6.9 | −11.5 |
| 体育场地和设施管理 | 2 149 | 7.9 | 808 | 7.5 | −20.2 |
| 体育经纪与代理、广告与会展、表演与设计服务 | 316 | 1.2 | 98 | 0.9 | −16.9 |
| 体育教育与培训 | 2 023 | 7.4 | 1 612 | 15.0 | 5.7 |
| 体育传媒与信息服务 | 847 | 3.1 | 339 | 3.2 | 18.9 |
| 体育用品及相关产品销售、出租与贸易代理 | 4 514 | 16.5 | 2 574 | 24.0 | 0.5 |
| 其他体育服务 | 1 554 | 5.7 | 645 | 6.0 | −8.8 |
| 体育用品及相关产品制造 | 12 287 | 44.9 | 3 144 | 29.3 | −8.1 |
| 体育场地设施建设 | 948 | 3.5 | 217 | 2.0 | 2.4 |

注：增速为现价增长速度，未扣除价格因素。若数据分项合计与总计不等，是由于数值修约误差所致。

（二）体育市场结构影响因素

贝恩在经验性研究中认为市场结构在时间上是稳定的，是可观察的变量，决定市场结构的因素主要包括买卖双方的市场集中度、产品差异化程度和进入壁垒的高低。

1. 市场集中度

市场集中度是决定市场结构最基本、最重要的因素，集中体现了市场的竞争和垄断程度，一般由企业拥有的生产要素或其产销量占整个产业的比重来表示。集中度反映的是在某产业中少数企业拥有的经济控制力或垄断力。

赛事作为体育产业链上游，能够直接辐射影响下游的体育培训、体育用品等服务业和制造业，并间接影响旅游、娱乐等周边产业。2018 年，国务院办公厅印发的《关于加快发展体育竞赛表演产业的指导意见》明确，到 2025 年，体育竞赛表演产业总规模达到 2 万亿元。根据国家统计局、国家体育总局公布的最新数据，2019 年，我国体育竞赛表演活动的总产出为 308.5 亿元。我国体育竞赛表演产业仍有不小提升空间。职业体育联赛作为竞赛表演产业的重要组成部分，已经形成了完全垄断或寡头垄断的市场结构，这些垄断组织或寡头垄断组织不仅可以控制赛事产品的生产数量、规格，而且可以决定活动中相关产品以及相关的无形产品以什么价格进行销售，例如中国足协、中国篮协等组织。

目前国内健身房行业格局未稳，行业集中度较低，尚未产生具有绝对优势的全国化龙头。目前，国内门店数量较多的健身品牌主要包括中田健身、乐刻、金吉鸟、快快智能健身、英派斯健身等。2020 年底，终端门店数量排名前十的国内健身品牌门店总数达到

2 722家，数量占同期国内健身房门店总数的6.1%；其中中田健身门店总数最多，达到671家，数量占比仅为1.5%。

2. 产品差别化

产品差别化是反映产业内产品之间是否存在可替代性及其差别程度。如果产品差异化程度高，则说明产业内存在的产品的可替代性弱，市场价格容易被控制，易形成垄断市场结构；反之，如果产品差异化程度低，可替代性强，则会形成竞争程度较高的市场结构，随行就市定价。

在竞赛表演业，虽然国内一些思想敏锐的商家似乎已经看到体育联赛消费市场的良好前景，并且已经有人开始有意识地创立品牌和开发商业化的体育赛事，群众性体育赛事数量不断增多，但还是存在投入不足的弊端，打造不出高、精、尖的体育赛事。在职业体育市场所提供的观赏类产品具有较小的差别性，例如中国职业足球联赛有全国足球超级联赛、全国足球甲级联赛、中国足协杯赛等，在赛程、赛制的设置上差别性不大，没有突出的代表性，产品间的替代性很高。

传统健身俱乐部提供面面俱到的健身场所，如操房、单车房、有氧区、器械区、自由力量区甚至游泳池等，依靠丰富和先进的健身器材吸引会员。但由于竞争壁垒小，俱乐部缺乏技术优势，同质化严重。国内健身行业在经历洗牌后，目前大型俱乐部和小型工作室正不断提升市场份额，中端品牌因同质化严重难以为继。高端健身俱乐部和个人工作室都注重提供特色服务形成差异化：高端健身房提供丰富的健身设备选择和高水平私教、团体课程吸引会员，并注重设备维护和人员管理，进一步提升用户体验从而提高续卡率，获取更多后续收入；而健身工作室则放弃了传统的会员制，通过按次计费的收费模式，主打细化定位的个性化训练。

3. 进入壁垒

进入壁垒是影响市场结构的重要因素，是指产业内既存企业对于潜在进入企业和刚刚进入这个产业的新企业所具有的某种优势的程度。换言之，是指潜在进入企业和新企业若与既存企业竞争可能遇到的种种不利因素。进入壁垒具有保护产业内已有企业的作用，也是潜在进入者成为现实进入者时必须首先克服的困难。

从国外体育竞赛市场来看，国外体育竞赛发展时间长、体育商业活动复杂，企业进入和退出市场自由，能够随时展开。而国内体育竞赛市场，职业化改革时间较短，政府管理严格，企业进入和退出市场都受到较大限制。2014年12月国家体育总局出台的《体育总局关于推进体育赛事审批制度改革的若干意见》正式规定“取消审批，依法管理”。赛事审批权的放宽极大地激发了社会办体育的积极性，以马拉松赛事为例，马拉松的赛事组织形式开始从2014年全由政府办赛的模式发展至2015年新增24场由体育公司、社会团体主办的赛事。为了进一步规范市场、完善规章制度，2020年3月18日国家体育总局官网正式发布《体育赛事活动管理办法》，并于2020年5月1日起实施。国家体育总局坚决贯彻党中央、国务院的部署和要求，通过研究制定《体育赛事活动管理办法》，持续推进体育领域“放管服”改革，在取消相关体育赛事活动审批的基础上，不断加强监管、优化服务，确保体育赛事活动规范有序开展，切实保障体育赛事活动各方的合法权益，进一步调动社会力量举办体育赛事活动的积极性，不断提高体育治理体系和治理能力现代化水平。

商业健身行业竞争壁垒小，市场品牌分散。健身行业不依赖上游设备供应商，投入资金量可大可小，除了设备投入外只需要合适的选址和员工，行业进入障碍低，日益扩大的消费群体又吸引了大量新加入者。大量竞争者导致国内健身房市场品牌分散。

## 二、体育服务市场行为

市场行为是企业在充分考虑市场的供求条件和其他企业的关系的基础上采取的各种决策行为。行为主要包括产品定价行为和非价格行为，非价格行为又包括产品决策、广告策略、研究开发和排挤竞争对手等行为。伴随体育活动的日益丰富和信息技术的高速发展，体育服务市场行为也变得越来越多样化和专门化，进一步推动了我国服务经济的发展。

### （一）产品定价行为

体育竞赛表演市场所从事的内容是服务性经营，门票以及赛场广告是这一市场中服务性经营的主要内容。在目前我国体育产业还不是很完善的情况下，体育竞赛表演市场的市场化程度还是比较高的，其赛事门票和赛场广告为完全市场化行为，其定价行为主要受竞赛观赏性、知名度、规模、上座率等因素的影响。所以定价模式及方法各不相同，所定价格也不尽相同。

体育健身休闲市场包括的范围比较广：如健美运动、台球、游泳、各种球类、气功、网球、射击、攀岩、棋牌等都属于此市场范畴，和体育竞赛表演市场一样，我国目前体育健身休闲市场定价行为也完全市场化，一般采取成本加成定价和需求定价相结合的定价方法，价格随市场价格的波动而波动，经营者的定价不会脱离市场价格。以传统健身房为例，由于传统健身房同质化现象严重，俱乐部只能采取价格战的方式吸引更多顾客，摊薄庞大的固定成本。而依靠低价格收取了大量预收款项后，健身会员数量猛增，俱乐部的后续管理和服务缺失，造成会员流失并失去了赚取后续更多收入的机会，难以长期获利。

体育培训服务作为体育服务领域中的重要组成部分，在市场经济及社会转型为背景的大环境中脱颖而出，摆脱了体育培训长期存在于学校体育课的固化模式。长期的政府资金支持成为对我国众多人口进行体育培训赖以生存的大动脉，而面向社会的全民性体育培训服务近年来才得以全面发展，我国体育培训服务行业尚处于起步阶段。体育教育培训市场的服务供给主体呈现多样化趋势，一般有企业、事业单位和个人进行培训。但无论服务主体是法人还是个体，其价格的制订都必须遵循一定的规律并选择一定的模式，可以用公式表示：体育培训市场价格＝费用＋利润＝师资层次附加费＋培训损耗费＋税费＋利润。

### （二）非价格行为

在营销行为方面，2014 年以来，职业体育领域有一些大手笔的投资发生：马云以 12 亿人民币入股恒大足球俱乐部 50％的股份；微软前 CEO 鲍尔默以 20 亿美元的价格收购了著名的 NBA 劲旅快船队，这些事件表明在智能互联网和大数据时代，职业体育的商业价值骤然提升。因此，联赛和俱乐部的营销战略也应有重要调整。以中超为例，2019 赛季中超联赛持权名单共达到 23 家，传统媒体与新媒体合计可到达 10 亿+的收视用户，在宏观经济增速放缓的环境下，中超联赛赞助商的数量、质量和金额仍稳中有升，中超联赛作为中国体育赛事头部 IP 之一备受社会资本关注，近 15 年来中超联赛赞助商数量、质量和金额不断攀升，赞助商所涉及行业持续延展，中超联赛作为足球以及体育赛事最为稀缺 IP,"吸金"能力显著。2006 年之前中超联赛商业化程度有限，2006 年中超公司成立之后，赞助商及合作伙伴涉及行业呈多样化发展，2019 年已覆盖 13 个不同行业类别，赞助总金额达到 6.14 亿元，近十三年赞助金额复合增速达到 32%。

在产品创新方面，我国体育服务业处于快速发展阶段，随着 5G、大数据、人工智能等技术的广泛应用以及世界产业经济结构向服务型转变，推动体育服务业与数字技术的融合，成为体育产业发展的一大趋势，并逐渐成为一大新增长点，以健身休闲产业为例，在智能健身装备的个性化运用方面，在 38 届中国国际体育用品博览会上，深圳市好家庭实业有限公司推出了智能健身房体质监测模式，在使用智能健身房进行健身前，运动者可以通过 APP 或微信小程序扫码进行体质综合评估。数据自动上传后，监测系统会利用物联网、互联网数据、显示、储存、分析个人的体质数据，自动生成个性化的运动指导处方，将不同需求和状况的运动者分别引导至心肺功能区、力量训练区进行有氧锻炼或抗阻训练，并测试运动者的爆发力和灵敏度。在健身完成后，再进入到拉伸训练区进行柔韧性和平衡性指标评定。通过这种反复性的体质监测和锻炼，能够形成检测—锻炼—再检测—再锻炼的闭环，最终实现智能健身、科学健身。

## 三、体育服务市场绩效

体育市场绩效是指在一定的体育市场结构和体育市场行为条件下，体育市场运行的最终经济效果，主要从产业的利润率水平、技术进步和产品的质量水准、款式、变换频度和多样性等方面，直接或间接地对市场绩效优劣进行评价。

### （一）企业利润率

企业利润率是指企业一定时期的利润总额对有关经济指标值的比率。是表明企业利润水平的一种相对指标。企业利润率可以综合反映企业整个生产经营活动的经济效果。对于体育服务产业来说，体育产业的营业收入主要来自体育竞赛表演业、体育培训业、体育健身休闲业等。以体育竞赛表演业为例，我国体育竞赛表演业的规模近年来不断扩大，《关于加快发展体育竞赛表演产业的指导意见》中提到，到 2025 年，体育竞赛表演业总规模将达到两万亿元。从事体育服务的企业盈利能力与服务的质量息息相关，随着消费者需求的多样化和个性化，体育服务的供给更要适应时代发展的要求，作为市场微观主体的体育企业才能迎来更好更快的发展。

### （二）企业成长性

企业成长性是企业附加值不断增加、企业不断增值的能力，既包括长期盈利能力，也包括企业资产包括无形资产的不断增值能力。2021 年 8 月 3 日，《全民健身计划（2021—2025 年）》就促进全民健身更高水平发展、更好满足人民群众的健身和健康需求提出了五年发展计划。还明确提出，到 2025 年，带动全国体育产业总规模达到 5 万亿元的目标。自2015年我国体育产业增速在14%以上,增速远远超过了国民经济的增长速度。至2020年底,我国体育产业总规模已达三万亿,其每年净增长至少达四千亿。中国体育服务市场蓄势待发,为体育服务类企业、社会团体创造了良好的成长环境。

## 第四节 新兴体育市场

### 一、新兴体育市场现状

汉语词典中,“新兴”一词的意思是新近建立的、处于生长或发展时期的。因此,新兴体育市场可以理解为近年来在体育产业新旧动能转换中不断涌现出新产品和服务及其新形态的交换活动和交换关系,具有成长性和可持续性。

#### (一)新兴体育市场总体发展空间大

我国新兴体育市场刚刚起步,发育程度落后于主流体育市场、国外相同类型的成熟市场是必然的,在规模、结构、质量和效益方面发展水平还不够高,但是发展速度快,关注度越来越高。新兴体育市场潜力得到挖掘,提供了新增长空间。

新兴体育市场的发展主要得益于以下两方面。一方面是市场政策环境利好。近年来,关于鼓励发展新兴体育市场的支持政策陆续出台。其中产业结构政策主要调整体育产业资本结构、确定体育产业发展重点,丰富体育消费业态、推动新兴运动成为目前体育产业的发展重点之一。另一方面是体育消费升级,新兴体育市场需求大。2014～2019年,中国居民人均教育、文化和娱乐消费支出由1 536.0元增长至2 514.0元,期间年复合增长率达到10.4%。2019年我国体育消费市场规模达到11 654.8亿元。这意味着人们在体育方面的消费水平和发展趋势不断提升。体育消费者新需求的形成由内在和外在的刺激引起,而新兴体育市场的产品和服务契合了最主要增量消费人群如女性消费者、千禧一代等群体的需求,越来越受到青睐。

#### (二)新兴运动需求热点增量多

在中国体育市场发展至今,足球、篮球等传统项目在参与型和观赏型体育市场中占据主导地位。近年来,一些新兴的运动项目开始走进大众视角,拓展新兴体育市场。

1. 电子竞技

电子竞技是指利用信息技术为核心的软硬件设备作为器械进行的、在体育规则下实现的、人与人之间的对抗性运动。从《体育产业统计分类(2019)》来看,电子竞技运动已经与传统体育项目同属类型。电子竞技的出现顺应“互联网+体育”的新形态,伴随新兴技术、主流网络游戏的推动以及体育观念与方式的改变,成为最具潜力的新兴项目。《2020年中国游戏产业报告》显示,中国电子竞技游戏市场收入从2019年的947.27亿元增长至2020年的1 365.57亿元,同比增长44.16%,是全球最大的电竞市场。其中,移动电竞作为主要增长引擎带动整个电竞市场发展,2020年中国移动电竞规模市场达到889.7亿元,移动电竞产品越来越丰富、用户消费水平大幅提升。腾讯、京东、苏宁易购等大型企业开始进入,深度布局电子竞技领域。

2. 冰雪和极限运动

冰雪和滑板、障碍跑、攀岩等极限运动最大的特征是具有挑战性，充满速度和激情，这与年轻消费者的需求契合，也与西方成熟的体育市场示范效应有一定关系。以滑雪运动为例，《中国滑雪产业白皮书》中的数据显示，2019 年国内滑雪场的滑雪人次达到 2 090 万，滑雪市场规模稳定增长整体接近 900 亿元，2020 受疫情影响数据有所下滑，但长期依旧向好。

（三）跨界融合成为新场景、新业态

体育产业经过一系列的发展与扩张，已经形成较为完整的产业链。体育产业与其他行业的跨界融合所构建新消费场景和消费业态，成为新兴体育市场。主要有以下几个内容。

1. 体育＋科技

体育与科技的融合代表体育产业发展新趋势和新方向，主要可以分为线上和线下两类。在线上，居家健身课程、运动社交平台、体育电商涌现，成为最具发展空间的新兴体育市场之一。例如目前健身市场内上千款与健身相关的 APP 运用互联网技术，为用户提供专属运动指导服务，挖掘不同受众群体。线下体验式与沉浸式的互动成为消费者热衷的新场景，科技运动娱乐馆、体验馆通过 AR 和 VR 技术、全息投影等，实现电子竞技、模拟运动、智能互动、智慧健身等功能。

2. 体育＋商业

人们运动健身活动的增加，让体育消费已经不再局限于传统意义的体育场馆或场地。人们运动健身的消费量明显提升、消费目的性强也给购物中心变革提供了方向。体育综合体、运动商业中心以运动体验为主题，结合服饰零售、餐饮、休闲配套服务等业态，产品更具特色、功能更加丰富、选择更加多样化。

3. 体育＋旅游

体育＋旅游是体育和旅游两大产业客源市场共同需求的产物。体育旅游一般以运动体验或赛事观看为主，加入城市文化、节庆活动，配套娱乐等功能为不同客群提供针对性的体验项目，拉动整个城市的经济发展。2015 年，体育旅游以井喷之势进入大众视野，根据国家旅游局统计体育旅游市场正在以每年 30%～40%的增速发展，马拉松、越野跑、滑雪等受到大众欢迎的体育＋旅游项目。

## 二、新兴体育市场特征

（一）消费主体年轻化

逐渐成长起来的 90 后、Z 世代成为新兴体育市场最重要的消费增量空间，也是体育产业未来拓展和衍生的方向。时代特征塑造了这批年轻受众以“兴趣”为导向的个性化差异性消费，在拥有经济基础和闲暇时间的前提下年轻消费者具有鲜明的特征，包括注重新鲜感、追求自我、充满激情与冒险精神、乐于挑战等，影响他们的消费和购买行为，因此在新兴体育市场中的产品以及交换方式受到空前关注。

（二）市场受众圈层化

圈层化是拥有共同的兴趣爱好或价值观，通过某些介质在特定的时间或空间形成了社群圈。体育的价值和含义在新的时代重新书写，受众选择运动、体育消费，不仅是选择一个强身健体的方式，而是选择一个圈层、社会标签，选择一个对自我认知的肯定。因此新兴体育市场并不一定首先到达所有的用户群体，而是首先针对特定人群。但这不意味着新兴体育市场仅仅是瞄准固定的受众，大家的共识在于只有当体育内容转化为更容易被其他圈层用户所接受的事物，才能吸引新的圈层，进而引发更广泛的人群关注和参与。通过泛化营销触点、娱乐化等方式成为吸引泛体育人群的重要手段。

（三）产品供给差异化

产品差异化是指市场内不同企业生产的同类商品在质量、款式、性能、服务等方面存在差异而导致产品之间不能够完全替代的状况。新兴体育市场是介于完全竞争市场和完全垄断市场之间的一种市场，具有两者的特征但比较接近完全竞争市场。进入新兴体育市场的相关企业逐渐增多、彼此之间有竞争，主要通过提高产品质量、提高品牌知名度等非价格竞争手段形成产品差异化，满足个性化需求。以运动主题商业中心为例，其主题类型从游泳、篮球等传统项目到轮滑、攀岩、卡丁车、滑雪等新兴运动项目。

（四）市场环境数字化

新技术革命的出现不断改造着传统产业，数字化正在改变消费者参与体育消费的固有方式，重构生产、交换和消费各个环节，因此数字化成为新兴体育市场最重要的特征。具体有三方面：一是数据化，通过数字化管理将收集到的用户和数据集成，并且进行再分发，帮助企业提高管理效率和商业收益；二是智能化，给多个细分领域带来变革，不论是硬件还是现实设备的应用，目的都为帮助消费者便捷高效进入到体育场景和消费中，提升市场竞争力；三是虚拟化，通过硬件、软件实现用户与体育运动项目互联，实现用户与用户之间互联，实现用户与品牌之间互联，具有人性化、沉浸式、交互性、可视化的特点。总之，数字化进程正在将体育与科技、内容、服务深度融合，培育新兴体育市场的增长极。

（五）要素市场的滞后性

核心生产要素的供给数量和质量将影响到新兴市场的整体发展水平，但是由于培养周期高、制度性约束等因素的影响，要素市场发展往往落后于新兴体育市场的整体发展。以人才为例，目前新兴体育市场的人才缺口非常大，冰雪市场中高学历、高素质、高水准、多经验的“三高一多”人才极其匮乏，储备严重不足；人社部中国就业培训技术指导中心发布报告显示未来 5 年电子竞技人才缺口巨大，其中电子竞技员缺口近 200 万、电子竞技运营师缺口近 150 万。

（六）市场培育的长期性

市场培育的长期性包括需求端消费人群和供给端消费市场培育的长期性。消费者是新兴体育市场的基础，关系到未来的发展前景。但新兴体育市场是新近形成、处于发展时期，覆盖面相对其他成熟的体育市场低，滑雪、极限运动等产品具有一定门槛和专业性，因此培育足够规模的体育消费者不是一蹴而就，知识、技能和消费理念的培养都需要相对漫长的过程。新兴体育市场的成长和发展也是一个渐进过程，以冰雪市场为例，其市场正在探索合适的盈利和商业化发展模式，并提升综合影响力。

（七）市场发展的地域性

地域性是指某类事物局限于某一地理区域的情况。我国土地广阔、人口众多，为新兴体育市场的发展提供了条件，但是也使得新兴体育市场具有地域性的特征。无论是从供给还是需求端来看，新兴体育市场的进入都有一定的条件，因此往往首先开始于契合新兴体育市场的地区。例如自然条件造成的地域性差异，冰雪运动首先在东北、华北地区兴起，而南方地区受限于地域自然资源发展相对落后。再比如经济条件的地域性，经济水平较高的地区为电子竞技、极限运动、体育综合体的发展创造有利的条件。

市场机制是市场运行的实现机制，描述供需、价格、竞争等要素之间联系和作用的机理，是一种经济运行机制。在新兴体育市场的运行中也同样遵循相似的机制，通过供求的变化、价格的波动以及各个主体的竞争来调节市场内经济运行的机制，主要受价格机制、供求机制、竞争机制的影响。

### （一）价格机制

体育市场的价格机制是指，体育市场上某种商品价格的变动受该种商品供求关系变动的影响。体育商品属于正常品，通常来说，在其他因素保持不变的情况下，体育商品的价格和需求量呈反方向变动，即某种体育商品的价格上升时，对该商品的需求量会减少；体育商品的价格和供给量呈同方向变动，即某种体育商品的价格上升时，对该商品的供给量会增加。

新兴体育市场中，如电子竞技、冰雪运动、极限运动等，由于自身的运动项目特点以及市场发展的成熟程度较低，因此价格与相关体育服务的质量、消费水平和地区差异等紧密相关。第一，由于体育商品消费的目的以追求身体的变化和健康的改善为基础，含有较大的消遣娱乐成分，因此体育服务的质量对于体育商品的价格影响较大，体育服务质量较高，例如服务周到、环境优美，适当提升商品价格不会导致需求量的大幅下降，甚至能够带来较高的消费需求。第二，新兴体育市场中的体育商品价格受区域消费水平的影响较大。新型体育项目如电子竞技、冰雪运动等的兴起，伴随着人们物质生活的极大丰富、思想观念的进步以及受教育程度的提高，因此消费水平越高，对于新兴体育商品和服务的需求量越大，价格有更大的提升空间。第三，不同地区对新型体育项目的认知有差异，市场供给和市场需求呈现出较为明显的地区差异，对体育商品及服务的价格产生影响。

新兴体育市场的价格机制有助于淘汰供给过滥或者不适应社会需求的产品，推动供给的优化和需求的改善。

### （二）供求机制

体育市场的供求机制是指，体育市场中的商品、劳务、各种社会资源的供给和需求的矛盾运动影响生产要素的组合，供给和需求的不平衡状态导致体育商品形成动态的、不同的市场价格，并通过价格、供给量和需求量等信号调节社会生产和需求，最终实现供求之间的基本平衡。体育市场的供求矛盾运动符合供求定理，即在其他条件不变的情况下，体育市场需求变动分别引起均衡价格和均衡数量同方向变动；体育市场供给变动引起均衡价格反方向变动，引起均衡数量同方向变动。

新兴体育市场中，体育商品的供给、需求、价格的变动同样符合供求机制。目前，我国体育市场中体育服务业增长迅速，2019 年体育服务业增加值占比达到 67.7%。但相比于体育需求的个性化转变而言，新兴体育市场的有效供给不足，导致体育消费需求难以充分释放。《第六次全国体育场地普查数据公报》显示，我国人均体育场地面积仅有 1.46 $m^2$，发达国家英国、美国、日本、澳大利亚分别是我国的16.4倍、11倍、13倍和13.7倍。构建有效体育市场，提升体育市场发展效率仍然是亟待解决的命题。

供给侧与需求侧之间的矛盾是新时代新型体育市场主要矛盾的表现形式。从需求侧来看，体育产业是幸福产业的重要组成部分，积极响应人民对于更多样的新兴体育项目的需求，充分发展、加快推进冰雪、航空、电子竞技等新兴运动项目的产业化和市场化，特别是对于一些发展前景良好的小众体育项目进行开发，对于改善大众消费结构具有积极作用。从供给侧看，推进体育产业供给侧结构性改革，改善体育有效供给，体育产业具有需求弹性大、产业链条长的特点，便于因地制宜、结合地域特色发展体育活动，有助于适应社会主要矛盾的转化。

### （三）竞争机制

体育市场的竞争机制是指体育市场各主体在市场经济的条件下争夺自身经济利益的方式，它是市场机制的内在属性和固有规律，也是推动经济进步的主要因素。在新兴体育市场中，企业是独立的经济利益竞争主体，为了保障生存、实现企业利益最大化，开展各种类型的竞争是必然要求，竞争内容包括争夺客户、体育资源、扩大市场占有率等。对于整个市场来说，竞争能够刺激企业提高劳动生产率，促进生产力发展。

新兴体育市场的竞争手段主要包括：第一，改变体育商品结构，实行多元化经营。相比于传统体育市场，新兴体育市场加强相关体育基础设施和服务配套供给，延长体育产业的链条，扩大体育产业的范围和规模，将更多的产业内容集聚到体育产业框架中；第二，为体育消费者提供优质服务。相比于传统的体育市场，新兴体育市场更看重体育服务质量，具体体现在新科技驱动体育消费者从单纯体验到深度参与，体育社交为体育消费增添了动力，个性化体育消费增量明显；“互联网＋”“体育＋”的延伸和拓展促进了骑行、健身等运动商城和APP平台经济的增长，同时也带动体育场馆、运动装备、体育培训等的智慧化发展。

思考题

拓展阅读

# 第四章

# 体育投融资

**【导　　读】**

2014年《关于加快发展体育产业促进体育消费的若干意见》指出："进一步拓宽体育产业投融资渠道"。体育投融资是指与体育行业相关的主体通过各种方式进行资金筹集和运用的过程。体育产业的发展离不开资金的支持，例如，体育场馆需要资金来保障其建设和运营，体育赛事需要资金来保障其成功举办，体育企业需要资金来维持其生产经营活动的正常运转等。体育投融资对体育行业的发展有着重要的作用，我们应掌握好体育投融资的相关知识，让体育投融资更好地促进体育行业的发展，助力体育强国目标的实现。

本章首先介绍体育投融资的目的及体育投融资工具，包括股权融资、债权融资和衍生品融资方式，并引入体育投融资的经典场景，包括体育场馆建设及运营融资、体育小镇建设及运营融资、体育赛事举办方融资、体育企业融资、体育俱乐部融资、体育彩票中的投融资的6个场景，将投融资知识与体育行业实践相结合。通过学习本章内容，会对体育投融资的手段形成一个整体性的认识，并提升体育投融资的实践能力。

**【学习目标】**

熟悉体育投融资的目的；掌握体育股权和债权融资工具；了解体育衍生品融资工具，熟悉体育投融资典型场景。

**【思维导图】**

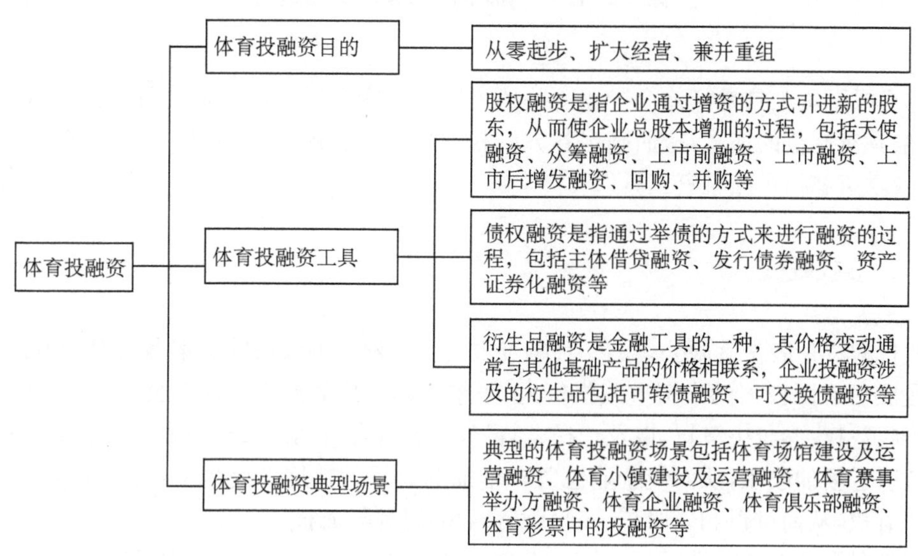


# 第一节　体育投融资目的

融资即为资金筹集的过程，投资即为资金运用的过程。体育投融资是指与体育行业相关的主体通过各种方式进行资金筹集和运用的过程。

企业是体育投融资中的重要主体。在企业的发展过程中，资金是其重要的生产要素之一。企业的生产经营和长远发展都离不开资金的支持。如何为企业进行有效的融资是企业管理者需要考虑的一项重要议题。融资是企业财务管理的重要部分，从其融资目的来看，企业融资的目标可以视为与企业财务管理的目标一致。例如，有观点认为企业财务管理的终极目标可以视为追求利润最大化或股东利益最大化等。

在企业不同的发展阶段，其融资活动也会有具体的融资目的，包括从零起步、扩大经营、兼并重组。从零起步：企业在其日常的生产经营过程中需要资金的支持。例如，企业将资金用于租用厂房、租用或购买机器设备、购买原材料、进行临时资金周转等。扩大经营：随着企业的发展，企业的规模不断扩大。企业在扩大生产规模的过程中需要资金的支持。例如，企业利用资金来添加设备、引进技术、开发新产品等。兼并重组：企业可以通过吸收其他企业的方法进行扩张，即采用兼并或收购的方法。兼并是指两家以上的独立企业合并成一家企业。收购是指一个企业以现金、证券等代价，来获取其他企业的控制权的过程。重组是指企业所制定的，改变企业经营范围、经营方式或组织形式的计划实施行为。在并购和重组的过程中，企业也需要进行资金的运作。例如，将资金用于购买其他公司的股票或资产等。

## 第二节　体育投融资工具

体育投融资工具是指体育行业相关的主体进行资金融通时形成的具有法律效力的契约,一般具有规范的格式,从而确定各方的权利与义务。体育投融资工具主要包括股权融资、债权融资和衍生品融资工具。

### 一、股权融资

股权融资是股份有限公司的一种融资方式。股份有限公司的资本是由股份所组成的。股东是股份有限公司的出资人或投资人,股东以其认购的股份为限对公司承担责任,并享有资产收益权、参与决策权,以及选择、监督管理者权等权利。股权融资是指企业通过增资的方式引进新的股东,从而使企业总股本增加的过程。在这个过程中,新股东获得企业的部分所有权,从而可以和老股东一起分享企业的赢利与成长。

股权融资具有长期性、不可逆性、无负担性的特点。长期性是指由股权融资所筹集的资金是长期资金,而且是没有到期期限的;资金无须在未来某一时刻进行归还,即资金是永久性的。不可逆性是指股东以股权的形式进行投资之后,这笔资金是无须还本的;投资者如需收回本金,可采用在流通市场上进行出售的方式。无负担性是指对于股东而言,股权投资不存在固定的股利,公司可以根据其经营需要来决定是否分配股利以及分配的数额。

股权融资在企业经营与成长方面具有如下优势:第一,为企业带来长期资金。股权融资具有长期性的特点、没有固定的利息负担,这利于保障公司在长期生产经营中的资金需求。第二,完善公司法人治理结构。股权融资之前,公司需要建立股份制,这有利于公司完善其治理结构。在完善的法人治理结构中,各部分之间可以形成风险约束和权力制衡机制,这有利于企业进行管理优化和控制经营管理风险。第三,提高信息的公开性。股票是一种证券。证券市场的交易是在比较广泛的制度化的交易场所进行的,在其中进行交易的金融产品通常是标准化的。证券市场具有一定的市场准入、公平竞价交易、信息披露、市场监督机制。因为证券市场具有如上特点,所以在信息公开性方面具有优势。作为比较,在贷款市场中,贷款者和融资者的交易是通过直接协议的方式进行的,可见证券市场的信息公开性是优于贷款市场的。第四,降低企业借款的道德风险。在借款者持有较大公司股份份额的情况下,在进行借款资金运用的决策时会更加谨慎,更加注意控制投资风险。这是因为借款资金的损失会损害公司和自己的利益。从而股权融资促使借款资金运用的道德风险程度降低,降低公司债务违约和债务损失的可能性。

股权融资方式的缺点在于:第一,股权融资的融资成本通常较高。例如,在上市融资的过程中,公司需要支付较高的发行费用,且上市过程需要一定的时间跨度,企业无法得到快速的融资。股利分配也不能在税前利润中进行支付。第二,股权融资具有分散公司控制权的风险。当公司进行股权融资时,会引入新的股东,从而易导致公司的控制权发生稀释。

按照资金募集的来源渠道不同,股权融资可以分为公开市场发售和私募发售。

公开市场发售:公开市场发售是在股票市场上以发行股票的方式进行资金的筹集的,其筹资对象是公众投资者。例如,企业在股票市场上进行上市,即初次在股票市场上售卖股票,是一种公开市场发售。企业在上市之后,还可以通过增发和配股的方式,在股票市场上进行再融资。公开市场面向公众投资者,一次公开市场的募集可以为企业筹集到大量的资金。股票上市之后,还可以通过增发等方式进行后续融资。在上市过程中和上市之后,可以利用股票市场的信息披露机制使投资者对公司进行关注,提高公司的知名度。企业若想进行公开市场发售,需要满足一定的条件,例如公开市场发售对企业的规模和收益情况有所要求。由于公开市场发售相比私募发售而言,对企业要求的条件具有较高的门槛,通常企业发展到一定阶段之后才可能采用公开市场发售的形式进行股权融资。

私募发售:私募发售的筹资对象并非面向公众投资者,而是面向特定的投资者。特定的投资者通过出资获得企业的股权。私募发售的投资者包括个人投资者、风险投资机构、产业投资机构和上市公司等。私募发售并非在股票市场上进行发售,无须受到如公开市场发售的监管条件约束。这在很大程度上降低了企业在股权融资中的交易成本。因此,民营的中小型企业通常采用私募发售的形式进行股权融资。私募发售的投资者不但会为公司注入资金,而且有的投资者会参与到公司经营之中,成为新的合作伙伴。

在股权融资中,处于不同成长阶段的公司,其规模、盈利等特征不同,进而其股权融资的方式也不同。多层次的资本市场体系可以满足企业对股权融资的多样化需求。本部分按照企业的发展历程来阐述资本市场的多层次的股权融资方式。

### (一) 天使融资

天使融资是指发生在企业初创阶段的股权融资,其投资方通常是富有的个人。企业通过天使融资获得的资金可以从几百万元到几千万元。在天使融资中,企业刚刚创立,甚至企业仅处于构思项目的阶段,其业务或产品尚未成型。投资人从企业的构思中对企业未来发展的潜力进行预判,寻找具有较大潜力的公司,为其带来资金。公司需要具有一个好的构思,且在进行投资决策的时候,初创企业团队的能力是投资人所要考虑的重要因素。天使投资在企业初创期便进入企业,如果企业未来成长良好,天使投资者可以获得丰厚的回报。

根据投资人类型的不同,天使融资可以分为五种形式。

#### 1. 天使投资人

天使投资人中多数是成功的企业家、风险投资等。此外,天使投资人还包括具有一定财富积累的企业高级管理者、会计师、律师、专家等。天使投资人不但为企业提供资金,还在投资之后积极地提供增值服务,对初创期的企业发展起到了重要的支持作用,例如制定公司战略、提供人才和人脉资源等。

#### 2. 天使投资团队

天使投资团队是由多个天使投资人聚集在一起形成的天使俱乐部或天使联盟。例如,上海天使投资俱乐部就是天使投资团队模式。与单个天使投资人相比,天使投资团队可以汇集多个投资人的资源,因而具有优势。例如,在天使投资团队中,成员们可以汇集投资项目、扩大资金实力、分享投资经验等。不同天使投资团队之间也可以联合起来共同对企业进行投资。

3. 天使投资基金

天使投资基金以机构的形式对天使投资进行专业化运作。有的天使投资基金形式与VC相同,但投资规模较小。天使投资基金从个人、企业等处获得资金来源,在资金规模上可达几千万元。从单笔投资来看,其数额可达几百万元。天使投资基金可以和VC联合起来,对初创期的企业进行投资,通常会以领头人的方式展开投资活动。天使投资基金一般也会要求进入公司的董事会。

4. 孵化器型的天使投资

创业孵化器服务于创业企业,为初创公司提供多种资源支持。创业孵化器一般位于各地的科技园区,不但可以为企业提供资金,还可以提供价格优惠的研发或经营场地、良好的配套共享设施、优质的人力资源等。创业孵化器还可以为创业企业提供多种服务,如在政策、法律、财务、管理等方面开展辅导、咨询等。创业孵化器可以降低企业的经营成本,提升企业的经营经验,提升创业企业存活概率并加速创业企业成长。例如,我国中关村国际孵化园可以为企业提供创业辅导、天使投资、融资对接、担保贷款等服务。

5. 平台型天使投资

随着移动互联网迅速发展,产生了多种多样的接口对外开放的应用平台。多种应用平台涌现,如微博平台、微信公众号平台等。这让创业者看到了基于应用平台进行发展的新的商机。一些平台为了吸引更多的创业者,设置了平台型天使投资基金,用于对有发展潜力的企业进行投资。平台型天使投资基金还可以为创业者提供平台资源。

(二)股权众筹融资

股权众筹是指普通投资者基于互联网渠道,通过出资获得公司股份的股权融资形式。股权众筹融资是一种较新型的股权融资渠道。与传统的股权融资渠道相比,企业进行股权众筹融资的门槛较低,受到了创业者们的欢迎。

股权众筹运营模式包括凭证式众筹、会籍式众筹、天使式众筹。在凭证式众筹中,投资者出资之后并没有成为公司的股东,而是获得相关凭证,这种凭证会与企业的股权相挂钩。在会籍式众筹中,投资者在互联网上通过熟人介绍而对公司进行出资并成为公司股东。天使式众筹的运营模式与天使投资类似,投资人借助互联网来寻找优质的企业进行股权投资。

从投资对象来看,股权众筹的投资对象一般是处于种子期或者天使期融资的企业。经过天使融资后的企业,就到了A轮融资阶段。这时企业已经具有较高的估值,股权众筹的成功率就会下降。股权众筹融资一般对众筹项目的估值有一个最高限的要求。股权众筹一般不针对发展期或者发展后期的企业进行投资。

从投资的单笔数额来看,股权众筹融资的投资金额是较小的,投资金额一般在几十万元到几百万元之间。公司法对非上市公司股东人数提出了要求,人数不能超过200人。股权众筹融资是面向普通投资人的,在公司或项目需要的融资金额较大的情况下,由于存在股东人数的限制,就需要单个投资人提供较高的出资。如果投资人无法负担,就将导致股权众筹的失败。控制单笔投资金额,也可以降低股权众筹的投资风险。

从投资人来看,股权众筹的参与者是普通的投资者,人数较多,投资的专业水平不高。在投资的过程中,股权众筹平台会在线上发布需要融资的企业或项目,投资人可以对项目进行挑选。投资人根据线上提供的项目的信息,来判断是否对项目进行投资。可见股权众筹的投资决策依靠投资人的自行分析,在决策过程中缺少专业投资机构或人员对项目进行分析。由于缺乏专业性,如果一些项目根据投资者的知识不能被理解,就会导致投资者难以做出投资决策。

(三) 上市前融资

上市即企业发展到一定阶段之后,在公开市场上进行股权融资。在天使融资和股权众筹之后,企业上市之前,企业还可以经过风险投资(venture capital, VC)和私募股权投资(private equity, PE)进行股权融资。

1. 风险投资

风险投资又可以简称为风投,是对初创企业进行股权投资的一种投资方式。顾名思义,风险投资是具有较高投资风险的,同时也伴随着投资的高回报。

风险投资的投资对象是初创期和成长期的未上市企业,企业经营范围一般属于高新技术领域。风险投资参与的融资阶段主要是天使轮、A 轮、B 轮等后续轮次。风险投资投资于其认同的企业,通过企业的成长获得股份增值,从而追求利润。风险投资按照运作模式不同可以分为以下四种。

(1) 风险资本家:在风险资本家中,企业家占大多数。他们通过风险投资方式对企业进行股权投资从而获得利润。与风险投资公司不同,风险资本家用于投资的资本不是受托管理的,而是风险资本家个人所有的。

(2) 风险投资公司:是一个专业性的投资机构,其人员对投资行业、财务管理等方面具备知识与经验。风险投资公司向企业投入资金,并获得企业的股份。风险投资公司不但为企业提供资金,而且为企业提供一系列增值服务,为企业带来专业性的经验,帮助其获得更大的利润。风险投资公司不但可以提供行业技术方面的经验,还可以提供公司经营管理方面的经验。风险投资公司主要以风险投资基金的模式存在。风险投资基金一般采用有限合伙制,关于有限合伙制在 PE 的部分进行详细说明。

(3) 产业附属投资公司:一般由实体行业中的公司进行控制。产业附属投资公司从事风险投资业务时,一般投资于一些特定的行业。产业附属投资公司的收益情况也影响着其母公司的利益。

(4) 天使投资人:其可以参与到 VC 的投资之中,具体可见天使投资部分的说明。

2. 私募股权投资

私募股权投资采用私募的方式对非上市企业进行股权投资。在投资的过程中,私募股权投资会考虑未来的退出机制,如采用上市、兼并与收购或者由管理层进行回购等方式出售股份以获得收益。在注入资金之后,PE 会协助公司进行发展,使公司能够上市或可以达到其他退出方式。

从广义上来看,PE 的含义是对尚未上市,即尚未首次公开发行股票的公司进行的权益投资。广义上的 PE 包含的投资阶段非常广泛,其投资对象包括处于种子期、初创期、成长期、扩展期、成熟期和 Pre-IPO 时期发展阶段的企业。从狭义上来看,PE 的投资对象主要是成熟期的企业,企业在这时已经形成一定的经营规模,现金流也比较稳定。相比之下,VC 多投资于成长期企业,这时企业的商业模式尚未成熟。后文讨论的 PE 指狭义上的 PE。

在投资对象上,PE倾向于选择市场前景较好的企业。这包括企业所处的行业是一个成长期或成熟期的行业,企业自身也处于成熟期,在行业中处于领先甚至领导地位。PE还倾向于投资商业模式较好的企业。这样的企业具有清晰的盈利模式,可能在某种资源上具有竞争优势。此外,PE也青睐具有好的管理团队的企业,高水平的团队有利于PE对企业的后续管理。

在投资的流程上,PE大致可以分为融资、投资、管理、退出等几个步骤。具体来看,PE从投资者手中获得资金,挑选具有成长潜力的未上市公司进行投资。PE不仅会为公司注入资金,还会对公司进行投后管理,为企业带来多种资源,帮助企业进行重要决策,协助解决企业所面临的问题。投后管理有助于企业的成长与扩张。PE会选择合适的时机和方式进行投资退出。

从PE的组织形式上来看,主要有信托制、公司制、有限合伙制。

(1) 信托制PE:在信托制PE基金中,信托公司对资金进行募集,投资者进行出资,成为基金的持有人。基金管理人作为受托人,对基金的财产进行运作。因为信托制PE基金需要有信托公司参与,所以信托制PE的组织形式会受到更为严格的监管。

(2) 公司制PE:公司制PE基金需要注册并成立公司,再通过公司进行对外投资。投资人通过出资成为公司的股东,依法享有股东的各项权利并承担股东的义务。在税收方面,由于采用公司制,公司需要上缴企业所得税,股东需要缴纳个人所得税。

(3) 有限合伙制PE:在有限合伙制PE中,合伙人分为普通合伙人和有限合伙人。普通合伙人(general partner, GP)对合伙公司承担无限连带责任。在国内,普通合伙人一般担任了基金管理人的角色,其出资额占整个基金数额的小部分。普通合伙人承担了基金的投资与管理工作,从中获取基金管理费。有限合伙人(limited partner, LP)对合伙公司承担有限的连带责任,以其出资金额作为上限。有限合伙人的出资额占整个基金数额的大部分。有限合伙人不承担基金具体的投资管理工作,享有知情权等权利,分享基金的投资收益。

### (四) 上市融资

上市融资是指企业将股份通过公开发行实现上市流通。随着企业的发展,企业逐渐具有一定的生产经营规模,其收益也达到一定的规模。发展较好的企业也可以考虑进入证券交易所进行上市融资。企业上市之后,公众投资者可以参与到企业股票的买卖,企业上市融资是一种公开市场融资。由于公众投资者可以参与到企业的股权融资之中,这也使得上市融资的监管更为严格,这样可以控制公众投资者的投资风险。

在我国,企业可以选择在不同层次的资本市场中进行融资,主要包括新三板、科创板、创业板、主板、中小板等。

#### 1. 新三板

三板市场是指于2001年7月正式开办的代办股份转让系统。在三板市场中进行股份流通的公司包括退市的公司,以及在原STAQ、NET系统进行挂牌交易公司。由于新三板的出现,该三板市场也被称为旧三板。北京的中关村科技园区为新三板的起源之处,2006年园区的非上市企业可以通过代办股份系统进行股份转让试点。不同于以往的挂牌公司,这些挂牌交易的公司属于高科技领域,所以这个市场被称为新三板市场。随着新三板的不断发展,其挂牌公司来源也不断地扩大。2012年起,挂牌企业从北京中关村,扩展到天津滨海、武汉东湖以及上海张江等试点地的企业。2013 年 12 月 31 日以后全国的非上市股份有限公司都可以在新三板市场进行挂牌交易,新三板市场的规模也在几年内不断扩大。到 2022 年 12 月,新三板市场中挂牌公司数量已达 6 500 余家,总市值达 2 万多亿。

从企业特征来看,与 A 股市场的定位不同的是,新三板市场服务于科技型的中小微企业的股权融资,这体现了金融市场为科技创新行业提供的支撑作用。新三板市场对小微型企业意义重大,解决了它们的融资难题。

从进入门槛来看,新三板市场的挂牌门槛较低。例如,企业如果希望在创业板、中小板或主板市场上市,其利润需要达到一定的条件,而新三板市场却没有对挂牌企业在利润上进行硬性的要求。新三板企业挂牌的主要条件如表 4-1 所示,符合条件的公司可以到新三板市场上进行挂牌,其股票可以通过新三板市场进行交易。对一些高新技术企业而言,在尚未盈利的阶段,可以考虑在新三板挂牌进行融资。

**表 4-1 新三板企业挂牌主要条件**

| 条件维度 | 具体条件 |
|---|---|
| 时间 | 依法设立且存续(存在并持续)满两年 |
| 业务 | 业务明确,具有持续经营能力 |
| 管理 | 公司治理机制健全,合法规范经营 |
| 股权 | 股权明晰,股票发行和转让行为合法合规 |
| 券商 | 主办券商推荐并持续督导 |

从融资方式来看,企业在新三板挂牌的过程中并没有进行新的融资。在挂牌新三板之后,企业可以通过定向增发的方式进行融资,这也是企业主要采用的融资方式。投资人需要满足一定的准入条件,如要求自然投资人需持有一定的证券账户和资金账户资产,且具有一定的证券投资经验。此外,新三板企业还可以通过发行优先股的方式进行融资。

从新三板市场的作用来看,新三板市场可以通过定向增发的方式为中小微企业提供融资便利。企业的股份也可以通过新三板市场进行转让,优秀的企业还可以通过股票价值的升值实现资产增值。企业还可以通过新三板挂牌来提升企业的知名度、规范公司发展等,有利于企业的长期发展。达到转板条件的企业,还可以通过转板机制在科创板、创业板进行上市。

2. 科创板

2019 年 6 月我国科创板正式开板,科创板的设立在强化我国资本市场功能、提高市场的包容性等方面具有重要意义。科创板的服务对象主要是科技创新型企业,这使资本市场更好地服务于科技创新、推动高质量发展。在科创板内已进行注册制试点,这是一项重要的资本市场基础制度创新,可以更加充分地激发市场活力。科创板的上市股票代码以 688 为开头。截止到 2023 年 1 月,在科创板上市的股票达 500 余只,总市值达 6 万亿有余。

从企业特点上来看,在科创板上市的企业能够与国家战略相符合、大多具有专业的核心技术。在行业分布上,科创板对战略性新兴产业发展予以大力支持,包括新能源、新材料、生物医药、新信息技术等。

从上市条件来看,科创板对上市条件进行了差异化安排,体现出对创新型公司的包容性。例如，作为科创板的上市条件之一，科创板对发行人在预计市值、盈利能力等方面制定了差异化的条件安排，如表 4-2 所示。发行人可以从不同的上市标准中进行选择，需要至少符合一项标准。

**表 4-2　科创板上市的部分主要条件**

| 条件说明 | 具体条件 |
| --- | --- |
| 至少符合下列上市标准中的一项 | 预计市值不低于 10 亿元，最近两年净利润均为正且累计净利润不低于 5 000 万元，或者预计市值不低于 10 亿元，最近一年净利润为正且营业收入不低于 1 亿元 |
|  | 预计市值不低于 15 亿元，最近一年营业收入不低于 2 亿元，且最近三年累计研发投入占最近三年累计营业收入的比例不低于 15% |
|  | 预计市值不低于 20 亿元，最近一年营业收入不低于 3 亿元，且最近三年经营活动产生的现金流量净额累计不低于 1 亿元 |
|  | 预计市值不低于 30 亿元，且最近一年营业收入不低于 3 亿元 |
|  | 预计市值不低于 40 亿元，主要业务或产品需经国家有关部门批准，市场空间大，目前已取得阶段性成果。医药行业企业需至少有一项核心产品获准开展二期临床试验，其他符合科创板定位的企业需具备明显的技术优势并满足相应条件 |

科创板引导投资者进行理性投资，进行了投资者适当性管理，参与科创板交易的个人投资者在证券资产数量、参与证券交易时间等方面需满足一定条件。

3. 创业板

创业板，即深圳创业板。是主板市场的补充，又称二板市场，其股票代码以 300 为开头。对于一些暂未达到主板上市条件的企业，可以通过创业板市场进行股权融资。截止到 2023 年 1 月，在创业板进行上市的股票达 1 200 余只，总市值 12 万亿有余。

从企业特征上来看，在创业板上市的公司大多属于高科技领域的成长型企业，这些公司的规模大多不大，但是在技术、经营模式等方面具有较高的自主创新能力，企业的发展潜力较大。

从上市条件来看，创业板对企业有一定的硬性要求，主要体现在企业股本规模、经营时间、盈利情况等方面，如表 4-3 所示。相对于主板而言，创业板在股本总额方面的要求是更为宽松的，这为业绩良好的中小企业提供了融资便利。

**表 4-3　创业板上市主要条件**

| 条件维度 | 具体条件 |
| --- | --- |
| 主体资格 | 依法设立且持续经营三年以上的股份有限公司 |
| 盈利情况 | 发行人为境内企业且不存在表决权差异安排的，市值及财务指标应当至少符合下列标准中的一项：<br>(一) 最近两年净利润均为正，且累计净利润不低于 5 000 万元<br>(二) 预计市值不低于 10 亿元，最近一年净利润为正且营业收入不低于 1 亿元<br>(三) 预计市值不低于 50 亿元，且最近一年营业收入不低于 3 亿元 |
| 股本及发行比例 | 发行后股本总额不低于 3 000 万<br>公开发行比例须≥25%；发行后总股本>4 亿股，公开发行比例须≥10% |

4. 主板

主板市场又称一级市场，是在一个国家或地区中证券发行和交易的主要市场。作为资本市场结构中的重要组成，主板市场在一定程度上可以作为经济发展的晴雨表。我国的主板市场分为上海证券交易所和深圳证券交易所市场。主板、中小板、创业板、科创板等市场板块组成了我国多层次的资本市场，其中主板市场是我国最早开始营业的市场，市场规模最大。上海证券交易所成立于 1990 年 11 月，主板股票代码以 60 为开头。至 2023 年 1 月，在上海证券交易所主板上市的股票有 1 700 余只，总市值达 42 万亿有余。深圳证券交易所于 1990 年 12 月开始营业，主板股票代码以 000 开头。至 2023 年 1 月，在深圳证券交易所主板上市的股票有 1 500 余只，总市值达 22 万亿有余。

从上市公司特征来看，在主板公司上市的企业大多规模较大，处于成熟期的发展阶段，具有稳定的盈利能力。主板市场中包括行业的龙头企业以及骨干企业。在股票术语中，主板市场中的优质股票也有蓝筹股一说。蓝筹股公司通常资本雄厚、业绩优秀，可以进行稳定的股利支付。公司一般从事传统工业行业，或者金融行业，在行业内具有支配性的地位和良好的公司形象。以 2023 年 1 月上海证券交易所中股票市值排名前五的公司为例，分别为贵州茅台、工商银行、农业银行、招商银行、中国石油。

从上市要求来看，主板市场对企业具有较高的上市要求，具有一系列的硬性指标规定，例如在持续经营时间、净利润情况、现金流量、股本情况等方面进行了规定，如表 4-4 所示。

**表 4-4 主板发行上市主要条件**

| 条件维度 | 具体条件 |
| --- | --- |
| 主体资格 | 自股份公司成立后，持续经营时间在 3 年以上 |
| 盈利、现金流量情况 | 最近 3 个会计年度净利润均为正数且净利润累计超过 3 000 万元<br>最近 3 个会计年度经营活动产生的现金流量净额累计超过 5 000 万元或最近 3 个会计年度营业收入累计超过 3 亿元 |
| 股本及发行比例 | 发行前股本总额不少于 3 000 万元<br>发行后总股本＜4 亿股，公开发行比例须≥25%<br>发行后总股本＞4 亿股，公开发行比例须≥10% |

5. 中小板

中小板，即中小企业板，2004 年 5 月在深圳证券交易所设置该市场板块，其股票代码以 002 为开头。2021 年 4 月，深圳证券交易所的中小板与主板进行了合并。从市场结构上来看中小板属于主板的一部分。

从企业特征上来看，中小板企业具有较强成长性的特征。与创业板相比，中小板企业发展更为稳定。与主板相比，中小板的企业成长性更强，在行业中具有一定的市场地位。多数企业拥有自己的生产技术，创新能力较高。在地理位置上，中小板上市企业中大部分企业地处经济发达区域，如浙江、江苏、广东等东南沿海地区，优良的经济环境利于企业的成长。

从上市条件上来看，作为主板市场的一部分，中小板的上市基本条件和主板的上市条件是相同的，中小板上市的企业也需要遵照主板的市场法律法规。

（五）上市后增发融资

股票增发是指已经上市的公司再次通过发行股票的方式进行融资的行为。上市公司可以通过股票增发的方式来进一步地募集资金。股票的发行价格可以设定为最近一个阶段的股票平均价格的一定比例。股票增发根据募集资金对象的不同，可以分为公开发行与不公开发行。公开发行是面向社会大众进行资金募集的，而不公开发行是面向特定的对象进行股票增发的。

（六）上市后回购、并购、市值管理

1. 上市后回购

股票回购是指公司在上市之后将本公司发行在外的股票进行购回的行为。回购的股票将不在股票市场上进行流通。在计算每股收益时，回购的股票不在股票份额的计算之内，这使每股收益的数值得到提高。流通股份的减少也利于提高公司股票的价格，维护公司形象，减少公司被收购的风险。回购的股票大多被公司保留为库藏股，也可以被公司注销。库藏股有多种用途，如果公司在未来需要资金，可以将库藏股进行出售获取资金；库藏股也可以用于发行可转换公司债券，或用于实施股权激励计划。

2. 并购

并购是两家或者大于两家的企业合并成一家企业的过程。在并购的过程中，企业的权利主体会发生变化，表现在企业的规模、股权结构、实际控制权等会发生变化。通常由一家处于占优地位的企业对其他企业实施并购，获取其他企业的部分或全部控制权。并购一般指兼并与收购。兼并又称吸收合并，是指由一个公司以现金、证券或其他代价形式吸收其他公司的过程，兼并后被兼并的企业将丧失法人资格。

企业在发展过程中可以采用并购的方法实现扩张。扩张的途径包括内部扩张和并购两种方式。相比于内部扩张，并购可以使企业规模得到较为迅速的拓展。并购利于企业形成规模效应，使资源得到充分利用，降低企业的生产经营成本。随着企业规模的扩大，企业产品的市场份额得到提高，利于企业行业地位的提升，也有助于企业产品和品牌知名度的提高。企业还可以通过并购获取各类资源，如被收购企业在生产技术、人力、管理、销售等方面的资源，从而提高企业的整体实力。企业也可以采用并购的途径来涉入新的行业领域，实现公司的多元化经营，行业分散化也有利于降低公司的经营风险。

根据并购过程中公司的产业特征，可以将并购分为横向并购、纵向并购和混合并购。在横向并购中，并购与被并购企业所生产和销售的产品是类似的。企业通过横向并购可以快速扩大业务规模，产生规模经济。在纵向并购中，企业之间通常具有纵向协作关系，它们在生产或者经营过程中具有密切的联系，是对属于同一个产业的上下游企业进行的并购。纵向并购可以使企业的业务向前或者向后进行拓展，将原本需要通过市场进行的交易转化成企业内部交易，这可以降低企业的交易成本。在混合并购中，并购与被并购企业是处于不同行业的，它们生产经营着不同种类或性质的产品，企业之间也不存在明显的上下游关系。企业可以通过混合并购来涉足其他市场或行业，拓展自己的产品或服务种类，实现企业的多元化经营，即在多个基本互不相关的行业部门同时进行生产经营。混合并购利于企业进入新行业，也可以使企业的经营进行行业分散化，进而降低经营风险。

### 3. 市值管理

市值管理是指公司在上市之后，通过采用一定的合规手段，来达到公司的价值创造、经营与实现的过程。市值管理中的市值是指上市公司股票的市场价值，市值的大小反映了市场对公司的定价，反映了上市公司的综合实力情况。市值较大的公司，具有反收购能力较强、易于以较低的成本进行贷款等优势。2005 年股权分置改革之后，上市公司也越来越注重对市值进行管理，以实现股东价值的最大化。

## 二、 债权融资

债权融资是指通过举债的方式来进行融资的过程。在债权融资中，借入资金的一方为债务人，借出资金的一方为债权人。债务人在借贷活动中获得的是资金的使用权，而非所有权。以债权形式借入的资金，一般有一定的还款期限。到期后，债务人需要向债权人支付借贷的本金，以及借贷资金所产生的利息。

债权融资和股权融资是两种不同的融资方式。对于企业而言，股权融资和债权融资在一些方面具有不同的影响。债权融资对企业的积极影响包括：第一，企业通过债权的方式进行融资，会使企业的负债增加。在一般情况下，债券的持有人无权参与企业的经营管理决策，发行债券也不会对企业的控制权产生影响，不会引起股权稀释。这一点与股权融资是不同的，企业在进行股权融资时，可能会改变企业的股权结构。所以，企业在进行股权融资时会更加慎重。对于一些建设周期较短、风险较低的投资项目，企业可以选择通过债权的方式进行融资。第二，债务融资中产生的利息可以作为费用在税前进行扣除，股权融资中产生的股息需要在企业利润扣除所得税之后再进行分配。第三，债权融资可以产生财务杠杆效应，放大企业的所有权资金的回报率。例如，企业由借贷获得的资金可以投入到生产和经营之中来赚取利润，但是在计算每股收益的过程中，这一部分资金却不体现在分母，即公司发行在外的普通股数量之中。

企业通过举债的方式进行融资也会产生一定的融资风险。若企业经营不善，就可能丧失债务偿还能力，给股东利益带来损失。债权融资需要在债务到期时进行还本付息，具体而言，债务人需要对债务进行如数偿还、支付利息，并且还要进行按期偿还。债务的偿还不受企业经营情况的影响，这意味着即使企业的经营状况不佳，企业仍需对债务进行偿还。这一点与股权融资是不同的，企业是不需要偿还股权融资的注入资金的。企业若不能对债务进行如数偿还，就会影响企业的持续经营。企业还需保持一定的现金流量，来维持对债务的如期偿还。若企业因为经营不善等原因，未能按期如数偿还债务，将有损企业信誉，甚至还要承担赔偿责任，通过变卖企业资产的方式来保证债务偿还。因此企业在进行债务融资之前，需要考虑未来是否能够如期还本付息，对融资风险进行衡量。

按照融资方式的不同，债权融资可分为主体借贷融资、发行债券融资、资产证券化融资等。

### （一）主体借贷融资

主体借贷融资是指企业从某一主体中以债权的形式借入资金的行为。根据借出资金主体的不同，又可分为银行融资、民间信贷、商业信用等。

银行融资指企业从银行获得融资，是企业一种重要的债权融资方式。企业主要以贷款的形式从银行获得资金。企业通过与银行签订协议获得贷款，并约定期限进行还本付息。银行贷款形式比较灵活，银行可以提供不同类型、不同期限的贷款供企业选择。从期限上来看，银行贷款可以分为短期贷款、中期贷款和长期贷款。短期贷款是指期限在一年（含）以内的贷款，中期贷款是指期限在一年至五年（含）之间的贷款，长期贷款是指期限在五年以上的贷款。从担保情况上来看，银行贷款可以分为信用贷款和担保贷款。在信用贷款中，企业不需要提供担保，信用贷款是以企业的信誉发放的贷款。担保贷款需要企业提供担保，这有利于企业顺利获得银行贷款。担保贷款根据其担保方式可以分为保证贷款、抵押贷款和质押贷款。保证贷款中存在企业外的第三方，当企业不能偿还贷款时，第三方将按照约定承担连带责任。抵押贷款和质押贷款都需要企业提供贷款抵押物。在抵押贷款中，抵押物由抵押人负责保管，其占管形态不被转移。在质押贷款中，抵押物由质押权人负责保管，其占管形态有所改变。

企业若要成功申请银行贷款，需要满足一定的条件。第一，企业需要具有良好的信用水平。企业的现金结算情况应未出现异常，如未出现票据无法兑现、罚款等不良情况。第二，企业主具有良好的资质情况。银行还会对企业主的资质进行调查，例如企业主个人收入状况、信用水平等。第三，企业具有可靠的财务报表。财务报表可以反映企业的财务状况，银行也会通过企业的财务报表来调查企业在财务管理上是否存在问题。第四，企业的资产负债情况。资产负债率水平反映了企业的偿债能力，如果企业的资产负债率水平过高，可能会影响企业的偿债能力。资产负债率也是银行在评估企业偿债能力时的参考指标。企业最初申请贷款时，银行会对企业进行调查，需要企业提供财务报表等资料，以评估贷款收回的可行性，减少贷款发放的风险。

### （二）发行债券融资

企业可以通过发行债券的方式进行债权融资。债券是一种为筹集资金而发行的、承诺在约定期限进行还本付息的有价证券。债券反映了投资者与发行债券的企业之间的债权债务关系，是一种法律凭证。债券的发行企业是债务人，也是资金的借入者；债券的投资者是债权人，也是资金的出借者。

债券上通常会记载一些基本的要素，来反映债权债务关系中的主要约定。债券的基本要素包括债券面值、偿还期、付息期、票面利率、发行人名称的部分。债券面值是指在债券票面上标明的货币价值，这也是在债券到期时企业需要偿还给债券投资人的本金额。这里需要注意，债券面值并不等同于债券的发行价格。偿还期是指企业从发行债券至债券到期偿还本金日之间的期限。付息期是指企业需要进行利息支付的时间，债券的付息期可以有不同的选择，例如半年一付、一年一付、到期一次性支付等。票面利率是用利息除以债券面值获得的比率，由此可见，债券利息是以债券面值为基础进行计算的。票面利率会受到诸多因素的影响，例如借贷市场利率水平、发行债券公司的资信水平、偿还期等。发行人名称记录了债券发行公司的名称。

债券具有偿还性、流动性、安全性和收益性等特征，满足了部分投资者的需求，同时也为企业通过发行债券进行融资提供了重要保障。偿还性是指债券具有偿还期和付息期，公司需要在约定的期限向债券投资者进行还本付息。流动性是指在债券存在二级市场，债券投资者可以在债券到期之前将债券转让，从而获得流动性。安全性是指债券通常在发行时即约定了还本付息方式，这使得投资债券未来的收益不会受公司经营状况的影响。收益性是指投资者可以通过购买公司债券获取一定的收益，具体来源于三个主要方面：一是投资债券的利息收入，二是债券价格变动所产生的买卖债券的价差收入，三是债券现金流的再投资收入。

银行贷款融资与发行债券融资都是采用债权的方式进行融资的，企业在其中作为债务人承担相应的权利与义务。银行贷款融资与发行债券融资也具有不同的特点，具体来看：第一，在资金成本方面，银行贷款融资方式是间接融资，发行债券的融资方式是直接融资。一般而言，从利率来看发行债券的资金成本小于银行贷款的资金成本，尤其是资信度较高的大企业可以以较低利率发行债券进行融资。第二，在融资规模和期限方面，债券的投资者范围较广，相较而言发行债券可以集中筹集到数量较多的资金，企业也可以设计期限较长的债券。第三，与银行贷款相比，发行债券的手续一般较为复杂、一般需要得到监管部门的许可，需要支付一定的发行费用。

### （三）资产证券化融资

资产证券化是资产的一种运营方式，是可交易的资产支持证券的发行过程。在这个过程中，基础资产在未来所能产生的现金流将作为偿付的支撑，采用证券形态进行资产运营。以往证券发行是以企业作为基础的，而资产证券化的过程可以以资产池作为发行证券的基础，资产证券化是一种创新性的金融工具。近年来，资产证券化也得到了迅速发展。

在广义上，用作资产证券化的基础资产可以有不同的种类。根据基础资产种类的不同，资产证券化可以分为实体资产证券化、信贷资产证券化、证券资产证券化、现金资产证券化等。具体来看，实体资产证券化中，基础资产是实物资产或无形资产，如不动产，证券化过程就使得这些基础资产可以转化为证券资产进行交易。在信贷资产证券化中，基础资产通常是流动性较差的信贷资产，如企业的应收账款。这类资产可以在未来产生较为稳定的现金流，这就成了资产证券化的偿付基础；通过资产证券化过程，将信贷资产转化为流动性较好的债券型证券。在证券资产证券化中，基础资产为证券或证券组合产生的现金流或相关变量。现金资产证券化是以现金作为基础资产的。在狭义上，资产证券化的基础资产一般指信贷资产。

企业可以作为发起人，即基础资产的所有者，进行资产证券化融资。企业通过资产证券化的方式进行融资具有如下优势。第一，提高流动性。在资产证券化的过程中，基础资产最终转化为证券资产，可以把原本流动性较低的资产转化为流动性较强的证券。资产证券化产品可以在金融市场上进行交易，通过发起资产证券化企业可以补充资金。第二，降低融资成本。对于信用等级较低的企业，其融资成本较高。企业可以通过资产证券化的形式，使证券具有较高的信用等级，从而获得低成本的融资，摆脱企业自身信用等级的限制。第三，降低风险资产。企业可以通过资产证券化过程将一些风险资产进行出售，从而在资产负债表中得以排除，改善企业的财务指标，有利于企业声誉的提高。

## 三、衍生品融资

衍生品是金融工具的一种，其价格变动通常与其他基础产品的价格相联系，即由基础产品所衍生。企业投融资涉及的衍生品包括可转债融资、可交换债融资等。

（一）可转债融资

可转债即可转换公司债券，是一种特殊的公司债券，即在一定的条件下，这种债券可以转换成公司的股票。可转换债券既具有债券的特征，也具有股票的特征。与一般的债券类似，可转换债券也具有偿还期、利率等要素。投资者可以选择以债券的形式持有可转换债券到期，从而获得本金和利息。与一般债券所不同的是，可转换债券具有转股权，在发行时企业会对转股条件进行约定，例如对转换价格、转换时期进行约定。投资者也可以在约定的条件下将债券转换为公司股票，从而获得公司的股权，例如可以参与公司分红、参与公司决策等。

由于可转债的双重属性，可转债对于投资者和企业都具有一定的优势。对于投资者而言，如果投资者对公司的发展前景看好，认为公司股票未来有增值空间，就可以将可转换债券转换成公司的股票。对于公司而言，由于可转换债券与一般债券相比具有转股权，其利率低于一般公司债券的利率水平，从而降低了企业的融资成本。

（二）可交换债融资

可交换债券，即可交换他公司股票的债券，是上市公司的股东以其所持有的股票进行抵押而发行的债券，且投资者具有按照约定条件将债券转换为股东所抵押股票的权利。

可交换债券与可转换债券具有类似的要素，如它们都具有债券的特征，都可以在一定条件下转换成股票。与可转换债券类似，投资者可以通过购买可交换债券获得转换股票的权利。与同等条件下的一般债券相比较，可交换债券具有更低的利率，通过发行可交换债券企业可以降低融资成本。

可交换债券与可转换债券的不同之处在于：从股票来源上看，可转换债券中转换的股票是公司本身的未来新股；在可交换债券中股东用于抵押的股票并不是上市公司的股票，上市公司一般为控股母公司，抵押的股票一般为子公司的存量股票。从转换后的影响来看，可转换公司债券转换成股票后，会使公司的总股份增加；可交换债券在完成转换后，对母公司的总股本不产生影响，但母公司对子公司的持股比率会下降。

## 第三节　体育投融资典型场景

### 一、体育场馆建设及运营融资

体育场馆是与体育相关的专业性场所，用于大众运动锻炼及娱乐休闲、体育教学训练、运动竞赛等。按照融资资金来源的不同，体育场馆的投融资模式可以分为三大类：政府资本、社会资本和公私联合资本投入融资模式。政府资本，指的是体育场馆的融资资金来源于政府资金。政府资本投入方式的筹资效率较高。例如，体育场馆可以采用政府财政拨款、财政补贴、体育彩票公益金等方式进行融资。社会资本，指的是体育场馆的融资资金来源于社会私有资本。采用社会资本投入的方式进行筹资具有较为灵活的特点。例如采用股权融资、债权融资、衍生品融资等方式为体育场馆建设和运营筹集资金。公私联合资本，是指政府部门和社会私有部门展开合作为体育场馆建设和运营过程提供资金来源。采用公私联合资本投入的方式可以使合作双方共同承担风险和分享投资回报，发挥各方优势，同时能够减少政府的财政支出负担，降低公司的投资风险。例如，在政府和社会资本合作(public-private-partnership，PPP)模式中，为了提供产品和服务，政府与私人部分签订特许权协议来建立伙伴合作关系。

## 二、 体育小镇建设及运营融资

体育特色小镇是指以体育为核心的空间区域，可具有多种功能，如运动、休闲、健康、培训等。体育特色小镇的建设周期较长，需要投入大量资金。从融资资金来源来看，体育小镇建设及运营资金可以来源于政府资本、社会资本和公私联合资本投入。在政府方面，近年来，政府加大了对体育特色小镇建设的支持力度，例如在国家发展改革委等部门支持下，特色小镇可以申请专项建设基金；地方政府可以采用财政支持、补助等方式对体育小镇建设予以资金上的支持。在社会资本方面，在国家政策的引导下，银行业对体育小镇的发展予以支持政策，如可以围绕体育小镇的建设设立重点支持项目和优先支持项目。在公私联合资本投入方面，我国体育小镇 PPP 融资模式得到了迅速发展，财政资金的引导作用得到发挥，社会资本积极参与到小镇建设，资源配置得到了优化。研究表明，截至 2018 年 3 月，在我国 PPP 融资模式已被超过半数的体育特色小镇启用。

## 三、 体育赛事举办方融资

体育赛事是指以体育运动为内容的比赛。充足的资金是体育赛事能够顺利举办的重要保障之一，如何迅速便捷地获得办赛资金，使体育赛事能够成功地举办，是赛事举办方所关心的问题。随着体育赛事的不断发展，举办方探寻出多种手段为体育赛事进行融资。

体育赛事资金来源的主要方式包括股权融资、债权融资、赞助筹资、转播权经营、政府资助、门票收入等。体育赛事赞助是赛事举办方与赞助商进行利益交换的一种商业行为，其中赞助商以资金、实物、服务等形式为赛事提供赞助，并获得体育赛事的商业推广权，如冠名权、标志使用权、特许销售权等。转播权经营是指体育赛事的举办方允许他人对体育赛事进行转播，从而获得报酬的行为。在以往，电视是体育赛事的主要转播渠道，转播权也主要指电视转播权。随着传媒业的不断发展，如今体育赛事的传播渠道呈现多元化，如电视端、网络端、手机端等，赛事举办方可以开发和运用这些赛事转播权以扩大体育赛事的资金来源。

## 四、 体育企业融资

体育企业一般以盈利为目的，运用生产要素开展生产提供体育类产品或服务。体育企业多为中小型企业。体育企业的融资渠道可以分为债权融资、股权融资、衍生品融资等。债权融资具有偿还性等特点，主要用于解决体育企业营运资金短缺的问题。股权融资的长期性、不可逆性特点使其不但可以用作体育企业的运营资金，也可以用于体育企业的投资活动之中。

在债权融资中，银行可以为体育企业提供贷款，银行通常希望企业对贷款进行抵押或担保。如果体育企业为中小型企业，无法提供抵押品或者第三方担保，会影响到银行贷款的申请。中小型的体育企业也可以采用民间信贷、商业信用等方式获得贷款。在股权融资中，在体育企业成长的初期可以采用私募股权融资方式获得资金，例如引入天使投资、风险投资等。当体育企业成长到一定阶段，可以利用我国多层次的资本市场进行融资，如在新三板、创业板、中小板，甚至主板上市融资。有一系列公司如安踏体育、李宁、滔博、春风动力、中体产业等目前已通过上市在资本市场获得融资。

## 五、 体育俱乐部融资

俱乐部是兴趣相同的人们相聚集来开展社交、文化、娱乐等活动的团体或者场所。俱乐部通常由企业经营者进行组织，会员自主参加并承担一定的权利和义务。体育俱乐部分为业余俱乐部和职业俱乐部。业余体育俱乐部为会员提供体育活动的场地和器材，通过收取设施出租费和会员费来获得资金收入。职业体育俱乐部雇用或租用职业运动员参加比赛或表演，并从中获得收入。职业体育俱乐部的资金来源主要包括股权融资、门票、赞助、转播权、办理会员、商品销售、体育彩票等。

在股权融资方面，研究发现我国职业足球俱乐部中的中超俱乐部具有股东数量较少、股权比较集中的特点。中超俱乐部一般由企业控股，控股企业既有国有企业，又有民营企业；从行业特征来看，中超俱乐部的控股股东主要为房地产行业，一般为非体育行业，体现出跨界经营的特点。以广州恒大淘宝足球俱乐部的股权融资为例，2010 年 3 月恒大集团付出了一亿元购买到广州足球俱乐部全部股权，获得俱乐部的控制权；2014 年，阿里巴巴集团对广州恒大足球俱乐部进行了增资扩股，电商资本进入到俱乐部领域之中。2015 年，广州恒大淘宝足球俱乐部在新三板市场进行挂牌上市，顺利进入资本市场进行融资。

## 六、 体育彩票中的投融资

彩票是一种印有图形、号码、文字、面值等的凭证，其发行目的是筹措资金，购买人可以自愿地依据规则购买和确认是否获奖。体育彩票在广义上是指在发行目的方面与体育有关的彩票；体育彩票一词在狭义上指竞猜型体育彩票，是依托于体育比赛而发行的彩票。体育彩票可以为体育事业发展筹集资金，可以对体育事业起到宣传作用。体育彩票筹集的资金也可以用于助力社会公益事业发展。体育彩票还有助于创造和扩大就业。

体育彩票资金来源于体育彩票的销售额。体育彩票资金可用于彩票奖金、彩票发行费和彩票公益金等部分。奖金是依据体育彩票规则得到中奖资格的购买者奖励金。彩票发行费是在体育彩票发行和销售等过程中所产生的费用，例如彩票发行、印制、代销费用，以及设施和设备租赁、购置、保养维护等费用。彩票公益金是用于国家公益事业的彩票资金，是按照相关规定以一定比率从体育彩票资金中提取的。彩票公益金体现了体育彩票的公益性，可用于教育、医疗、体育等公益事业。

在我国，中国体育彩票是一种国家公益彩票，其发行机构是国家体育总局体育彩票管理中心，所筹集的公益金被用于助力社会公益事业和体育事业发展，“来之于民、用之于民”。自发行以来，中国体育彩票积极为社会保障、医疗卫生、教育助学、脱贫攻坚、全民健身计划、奥运争光计划等提供支持。

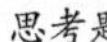
思考题

拓展阅读

# 第五章

# 体育无形资产

**【导　读】**

近年来,我国体育产业市场主体持续壮大、产业链加快完善、产业基础不断夯实。2019 年,全国体育产业总规模已达到 29 483 亿元,增加值占当年 GDP 的比重为 1.1%,经济贡献凸显,初步起到经济新引擎和发展新动力的角色。随着体育产业迈入全新的发展时期,体育行为主体借助其自身资源优势尤其是具有竞争优势的无形资产完成了较高层次的商业运作,由此产生了十分可观的经济效益和社会效益。明星运动员的广告权及其非实物性劳动成果的经济价值和商业潜能得到了重视与开发,也暴露了各投资主体对产权归属和利益分配问题的矛盾。从这个角度讲,以资源开发为视角,对我国体育无形资产的使用和管理情况进行深入观察,借助审计监督等职能保证其合理开发,对促进我国体育产业的发展具有重要的现实意义。

通过本章的学习,学生需要系统熟悉体育无形资产的概念、主要分类和基本内容,了解体育无形资产与有形资产的主要区别,掌握不同类型体育无形资产的主要运营模式和典型案例,并熟知体育无形资产的价值评估体系。

**【学习目标】**

掌握体育无形资产的概念和运营管理;在明确体育无形资产概念的基础上进一步熟悉体育无形资产价值评估指标;了解影响体育无形资产的发展趋势。

【思维导图】

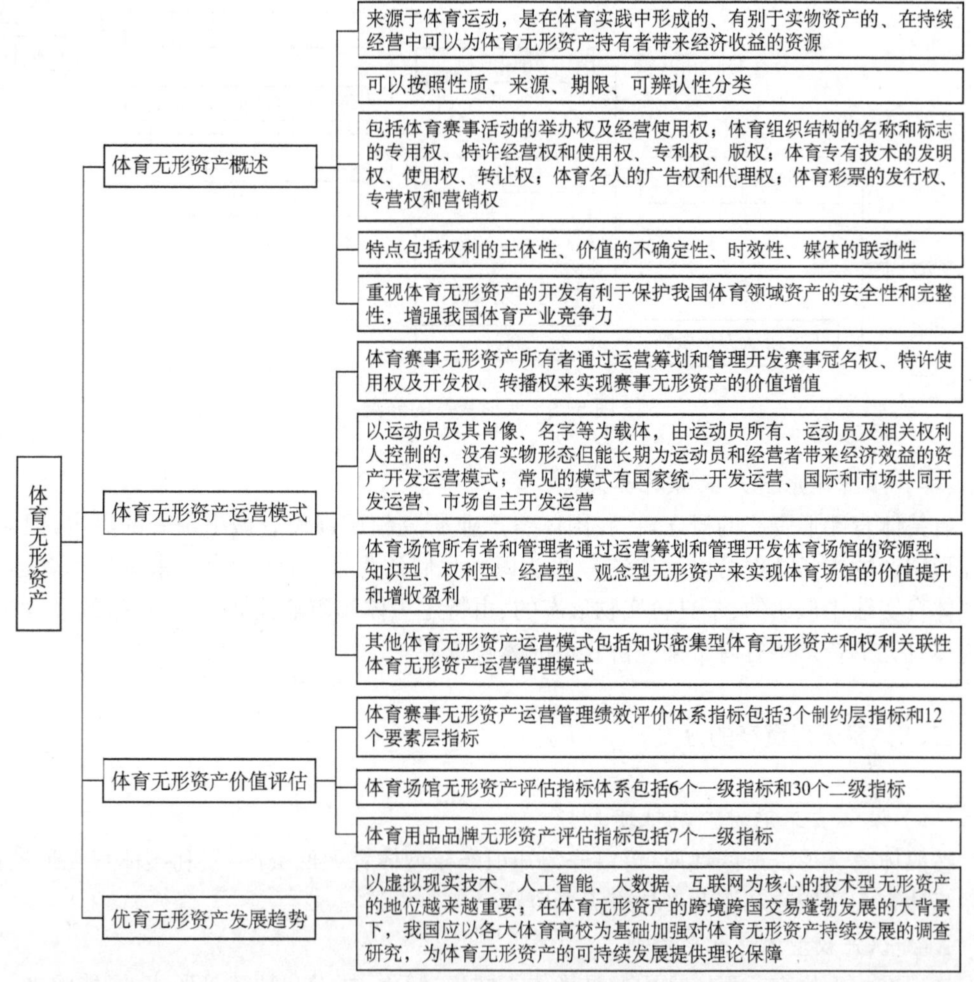


# 第一节　体育无形资产概述

## 一、体育无形资产的概念

### （一）无形资产

关于无形资产的概念目前国际上众说纷纭，多以无形资产包括的内容来说明其概念。在我国，无形资产的界定主要是从其存在形态、基本性质和作用效果等方面来分析，侧重于从问题的实质来加以区分。一般认为：无形资产是指不具有实物形态而主要以知识形态存在的经济资源，是能够为其所有者或合法使用者提供某种权利或优势，并带来经济收益的固定资产。

无形资产主要包括可辨认无形资产和不可辨认无形资产两大类(图 5-1)。

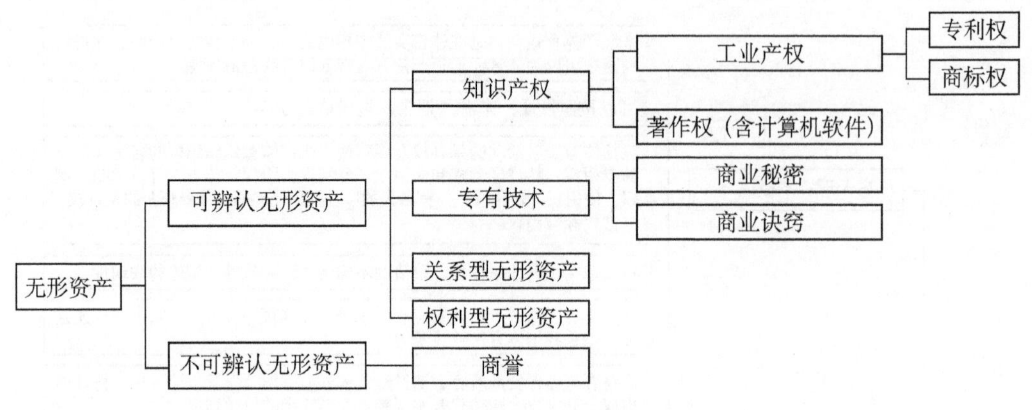


**图 5-1　无形资产的分类**

（二）体育无形资产的概念界定

有关体育无形资产的概念，在我国体育产业研究领域都没有做出统一的界定，但对体育无形资产的内涵基本可以达成统一的认识。我们认为，体育无形资产来源于体育运动，是在体育实践中形成的、不具备实物形态的、由特定主体实质掌控拥有的、在持续经营中可以为体育无形资产持有者带来经济收益的体育资源。

## 二、 体育无形资产的分类

（一）按体育无形资产的性质划分

按照体育无形资产的性质，可以分为知识产权型体育无形资产、权利型体育无形资产、关系型体育无形资产和资源型体育无形资产。

1. 知识产权型体育无形资产

知识产权型体育无形资产主要是指依靠知识、智力、技术和技巧等形成的，能够在一定时期内为所有者带来垄断性利润的资源，如运动员独家训练方法、独创技术动作、运动饮食配方或是运动队管理心得等体育专有技术。这些难以被他人所复制的能力，往往构成知识产权型体育无形资产。

2. 权利型体育无形资产

权利型体育无形资产主要是指依靠特许权形成的、受法律保护的资源，包括体育组织、团队的名称、标志的特许使用权和经营权、赛事的举办权和承办权、进出口许可证、生产许可证、优惠的购销合同等。我国体育无形资产以权利型体育无形资产为主。

3. 关系型体育无形资产

关系型体育无形资产是在体育企业长期的生产、经营和销售活动中所形成的无形资产，包括有组织的职工队伍、稳定的客户关系、销售网络和原材料、零部件供应关系等。能为企业赢利创造条件。

4. 资源型体育无形资产

资源型体育无形资产依靠一定的资源而形成，如人力资源等。对体育组织来说，明星运动员、教练员等都属于资源型体育无形资产。

（二）按取得体育无形资产的来源划分

按照体育组织取得无形资产的来源，体育无形资产可以划分为外购体育无形资产、自创体育无形资产和股东投资入股体育无形资产。

1. 外购体育无形资产

企业以一定的代价从外部购入的无形资产，如外购专利权、商标权等。外购无形资产分为两类：一类是购入所有权，另一类是购入使用权，两者所付出的代价不一样，一般来说，前者要高于后者。另外，购入价格的确定，还要考虑是独家许可或普通许可，并要考虑有效期限。

2. 自创体育无形资产

自创体育无形资产指体育企业本身研制、创造、开发、设计、发明或由于某种客观原因而形成的无形资产，如专利权、商标权、商誉、著作权、特许经营权和技术秘密等。自创体育无形资产的权益归该体育企业或体育组织所有，该企业应当维护其自身的利益，同时应履行自身相应的义务。

3. 股东投资入股体育无形资产

股东投资入股体育无形资产指体育企业股东以各种知识产权、专利权、商标权等作为投资，投入体育企业的无形资产。股东投入的无形资产的数额和占全部股东出资额的比例，应尽量由专业资产评估机构进行评估后再确定。

（三）按体育无形资产的期限划分

按照体育无形资产是否有期限，可以分为有期限体育无形资产和无期限体育无形资产。

1. 有期限体育无形资产

有期限体育无形资产是指由法律规定或者自身的性质决定的具有有效期限的体育无形资产。超过有效期限的体育无形资产进入公共领域，任何人使用都不会算是侵权行为。各类体育赛事活动的冠名权、电视转播权，竞赛活动名称、会徽、吉祥物等标志的特许使用权，以及体育场馆的租赁权，这些都属于有期限体育无形资产。

2. 无期限体育无形资产

无期限体育无形资产是指没有具体有效期限的体育无形资产，或有效期限可以延长的体育无形资产。体育组织、团队的名称、标志的专有权及体育名人的广告权等都属于无期限体育无形资产。

（四）按体育无形资产的可辨认性划分

1. 可辨认体育无形资产

可辨认体育无形资产指那些具有专属名称，可以单独转让并脱离组织个体而独立存在的体育无形资产，如体育技术专利权、体育组织名称和标志的使用权、著作权资产、商标资产、特殊标志资产、域名资产、专利资产、商业秘密资产、合同权益资产、客户关系资产、特许经营权资产和受到专门法律保护的其他体育无形资产等。

2. 不可辨认体育无形资产

不可辨认体育无形资产指与整个体育组织不可分，不能具体辨认，也不能单独取得的体育无形资产。这是在组织长期经营和运作过程中逐渐沉淀积累下来的无形资产，属于商誉，如奥运冠军的声誉和名望、体育组织优越的地理位置、三大球类运动中默契的团队配合、不同运动项目拥有的独特的组织文化等与同行相比具备的优势就是典型的不可辨认无形资产。

## 三、体育无形资产的内容

体育自身有着丰富的内涵，相应地，体育无形资产的内容也十分丰富，主要有以下几个方面。

### （一）体育赛事活动的举办权及相应的经营使用权

赛事举办权其实就是一种特许经营权，各级体育赛事主办方将赛事承办权授予其他机构时，该机构同时也拥有了该项赛事举办权之下的各项无形资产的特许经营权及使用权，包括冠名权、冠杯权、广告发布权，以及赛事名称、会徽、吉祥物等标志的特许使用权、体育赛事活动合作合同权益、运动员、教练员入队协议、体育赛事无形资产市场开发合同权益、体育赛事的赞助商资源信息资产、体育赛事组织与会员或者供应商建立的客户关系信息资产、奥运会中奥林匹克标志权利人拥有的专用权益形成的奥林匹克标志资产等。

### （二）体育组织机构、企业、团体的名称和标志的专有权、特许经营权和使用权

体育组织机构、企业、团体的名称标志其实就是厂商名称和“字号”，体育组织的网络域名、体育活动的网络域名、体育产品的特许经营、体育赛事特许商品开发与销售、体育健身俱乐部的特许加盟权也是知识产权的一种。所以其主体拥有受法律保护的专有权，同时主体自身享有此种无形资产的特许经营权和使用权，也可以将这种特许经营权授予其他社会机构或企业。

### （三）体育专利权、版权

体育专利权主要与各种体育用品的研发有关，包括运动器材和体育生物用品等的发明专利权、外观设计专利权等；版权主要包括体育相关作品的著作权，即发表权、署名权、修改权、保护作品完整权、使用权和获得报酬权，体育赛事的电台广播权、电视转播权和信息网络传播权，体育组织开发或者购买的计算机软件。

### （四）体育专有技术的发明权、使用权、转让权

体育专有技术具有十分广泛和丰富的内容，主要分为技术秘密、经营秘密和数据秘密三大类。技术秘密包括教练员行之有效的训练方法、技术动作的编排方案、运动队的管理秘诀和运动员竞技状态的控制手段等。经营秘密包括大型运动会的组织策划方案、体育俱乐部的经营管理方案和俱乐部发展战略规划等。数据秘密包括体育组织拥有的会员名单、体育运动数据、日常采集的体育训练和运动的绩效数据等。

### （五）体育名人的广告权和代理权

明星运动员作为社会公众人物，有着极强的商业影响力和号召力。国内外很多体育明星都有着很高的广告收入，如勒布朗·詹姆斯、里奥·梅西、朱婷、马龙等。

（六）体育彩票的发行权、专营权和销售权

体育彩票的发行权、专营权和销售权是一种特殊的体育无形资产，由国家行政管理部门直接负责管理。

## 四、体育无形资产的特点

（一）权利的主体性

体育无形资产从整体上是以权利型为主体，也就是说体育无形资产的所有权、经营权、使用权、收益权、让渡权等均归属于某一主体，而该主体有权开发并从中获利，受法律的保护。其他主体如要使用必须经过契约手段以特许经营权的形式有偿或无偿转让后，才能开发和利用。

（二）媒体的联动性

大众媒体，特别是电视媒体和网络媒体具有普及性高、时效性强、传播速度快、覆盖面宽的特点，使体育无形资产迅速产生、扩大，并得以广泛的传播。体育赛事实况转播、新闻报道、衍生品销售等等，都离不开大众媒体的宣传。

（三）价值的不确定性

体育无形资产依附于体育赛事本身。若赛事质量高、运动项目受欢迎、体育组织声誉好、体育场馆使用率高、体育明星声誉形象及运动成绩好，则相应地，关于赛事、场馆、体育明星和体育组织等体育无形资产的开发前景就较为理想，反之则相反。因此，体育无形资产在开发时的实际价值能否反映其理论价值，具有较大的不确定性。

（四）时效性

体育竞赛表演活动的举办权、冠名权、冠杯权、电视转播权以及各类标志的特许使用权一般都有特定的时限，如果超过规定时限，相应的商业价值将会大打折扣。

## 五、体育无形资产的重要性

体育组织拥有的体育无形资产是组织的巨大财富，是综合实力的重要标志。

（一）有利于保护我国体育领域资产的安全和完整性

在经济全球化的背景下，我国体育无形资产流动加快，大量的体育技术和专业人才不断输出到国外，如果忽视了体育无形资产，就会给国家体育经济、专有技术和安全等方面造成严重的损失。例如，少林寺在国际化扩张的过程中遇到别的国家亦有注册的“少林寺”，结果无法在该国发展业务。对我国体育事业来说，是一个很大的损失。另外，国内的体育无形资产流失问题也很严重。如在我国体育场馆由事业型向经营型转变的过程中，就出现了体育场馆使用权低价转让及无偿转让等问题。更有甚者，一些非国有经济实体或个人低价甚至无偿获得土地使用权。因此，我们要充分认识到无形资产的价值，规范体育无形资产的管理并加强保护力度。

（二）有利于增强我国体育产业的竞争力

体育无形资产虽然依附于体育赛事本身，但其商业价值不容忽视。以体育标志权、专有技术等为代表的体育无形资产，其重要性是体育有形资产无法取代的。

目前国外许多知名体育赛事和体育组织看重中国体育市场，纷纷进入中国。我国各级各类体育组织和企业面对如此激烈的竞争，体育无形资产将成为有力武器。通过发挥本地优势，创造并发展体育品牌，有助于企业掌握市场竞争的主动权，带来良好的经济效益，促进体育产业发展。体育无形资产持有者一方面可以通过开发、利用或转让某些无形资产以获得更多资本，另一方面也可以以体育无形资产作为资本和纽带，进行投资和进一步扩张。通过资本积累和扩张，能够形成足够的经济实力和竞争力，有助于其走出国门，进行跨国经营。

## 第二节　体育无形资产的运营管理

### 一、体育赛事无形资产运营管理

体育赛事无形资产运营是指体育赛事无形资产所有者为实现体育赛事无形资产的增值而进行的各种运营筹划和管理活动。

（一）体育赛事无形资产运营管理途径

奥运会转播权的开发

1. 媒体传播

对体育赛事承办者来说，为扩大赛事影响力和知名度，在赛事举办前可以充分利用网络媒体，宣传赛事的主题和理念，强化人们观看体育赛事的心理动机，扩大商机。体育赛事举办过程中，通常选择与主流视频网站合作，实时转播、报道赛事的最新动态。体育赛事场馆有限的座位难以满足全部体育爱好者的观赛需求，因此大众媒体成了消费者了解赛事信息的核心渠道。

2. 事件运营

事件运营是指赛事组织者立足于赛事自身文化，组织、策划具有良好新闻价值的活动，并通过相关运作使之成为公众关注热点，从而塑造赛事正面形象，打造优秀赛事品牌，提高赛事影响力和知名度，并最终实现赛事无形资产增值。2019 年中国网球公开赛（以下简称“中网”）开赛前夕，“中网西藏公益行”来到西藏拉萨市当雄县，并为当地小学捐赠了 400 套网球训练器材，并通过培训选出 6 位球童，亮相 2019 年中国网球公开赛慈善赛赛场。此次活动不仅推动了青少年网球运动的普及与发展，同时也侧面塑造了中网赛事品牌的正面形象。

3. 体验运营

体育赛事消费实质上是一种体验消费。体育爱好者观赛时为喜爱的运动员加油打气，为他们的胜负得失而悲喜不已，体现出体育赛事是一种参与程度极高的活动。而当消费结束的时候，这些体验都将使消费者印象深刻。因此赛事承办方在筹办赛事时，主要从消费者的感官和情绪入手，设计体育赛事的运营方式。围绕观众体验改善，不同的体育赛事也采取了不同的措施。

以乒乓球运动赛事为例，在使用旧规则的时期，大多数运动员选择主动进攻，并且用力击球得分，比赛节奏过快，原有的攻防平衡关系受到冲击，难以为观赛者提供足够的观赏性。于是国际乒联通过增加球的直径并更换球拍材质来降低球速，从而放大了削球等防守打法的作用，比赛中的相持板数因此大大增加，中远台的大力对拉、对冲提高了比赛的精彩程度。同时国际乒联推出了发球不得遮挡这一规则，限制了运动员的发球动作，暴露了其运球的方向与旋转角度，使得接发球难度降低，大幅度减少了发球直接得分的比例，致使比赛回合变多、回合时间延长，双方相持阶段的实力球成为比赛的主要看点，进而增强了比赛的观赏性，并最终扩大赛事受众群体，实现赛事无形资产升值。

以中网为例，由于中网举办的时间大多是在每年的九月底至十月初，很多网球爱好者利用国庆假期参与中网的活动，进行体育运动的消费。由此，自 2015 年起，中网逐渐形成了“假日消费业态”。它是以吸引新的观众群体为初衷，达到扩大受众——由网球爱好者，向泛体育、泛时尚娱乐人群拓展的目的。球迷视角已经发生转变，从昔日的追逐巨星，转化到消费赛事。中网在场内运入了更多互动娱乐的活动(如亲子游乐区、网球公益区等)，使得球迷更多地把中网当作一个观赏、聚会、休闲、消费的嘉年华，极大地满足了球迷的消费需求。同时，赛事商业模式也与时俱进，不是简单的企业品牌曝光，而是多元化融合营销，丰富体育赛事活动营销平台的内容、拓展价值。中网通过衍生业务实现了一部分新的创收，但更重要的是完整的商业闭环给消费者带来更佳的消费体验，并最终转化为赛事无形资产价值的提升。

#### (二) 我国体育赛事无形资产运营管理存在的问题

##### 1. 体育赛事缺乏专业中介机构的有力支持

体育竞赛表演业的发展离不开经验丰富的、专业化的、资金充足的大型体育中介机构、咨询公司和策划公司的帮助，如英国德勤公司、美国国际管理集团等，这些机构在体育赛事的组织、策划和包装过程中发挥了重要作用。相较于欧美国家发展较为成熟的竞赛表演业，我国赛事运营公司尚处于初步发展阶段，在一定程度上影响了赛事无形资产的商业开发度与宣传影响度。

##### 2. 缺乏精品赛事

一个国家体育赛事的经营状况很大程度上反映了该国体育发展水平。美国之所以成为世界上体育产业最发达的国家，关键在于其商业化程度极高的四大职业联盟。在我国，以足球超级联赛为首的职业联赛仍处于起步阶段，尚未形成符合中国国情、厚植中华文化的赛事品牌，制约了我国体育竞赛表演业的发展。

##### 3. 体育赛事缺乏运营绩效评估

尽管赛事运营是一种较为科学的、先进的运营方式，但由于影响因素多，赛事组委会应建立一个科学的赛事运营绩效评估体系，并加强监督，控制体育运营过程，从体育运营活动中获取一个满意的投资收益，但由于我国尚缺乏统一的、规范的赛事运营绩效评估指标及体系，以至于赛事无形资产在开发过程中的收益无法准确评定。

### 二、运动员无形资产运营管理

#### (一) 运动员无形资产的定义及特点

利兹与阿尔门在《体育经济学》一书中认为：“运动员无形资产是一种能够产生特定效

益，具有社会价值与经济价值，能够直接或间接以货币计量的没有实物形态的资产，一般以体育技能、特定知识与技术、特定产权与权利、特定名称、训练方法、品牌、运动员的人格标识以及名誉社会地位等形式存在。”根据其他学者的研究和总结，本书将其最终定义为：运动员无形资产是指以运动员及其肖像、名字等为载体，由运动员所有、运动员及相关权利人控制的，没有实物形态但能长期为运动员和经营者带来经济效益的资产。并将这一概念的外延，归为两类主要的存在形式：一类是以运动员的竞技能力为载体的体育技术、技能与特定知识等；另一类是以运动员的人格标识为载体的名字、肖像、荣誉等的人格利益，属于运动员人格权的范畴。

1. 运动员无形资产影响力的扩大性

世界范围内体育发展形势向好，大众对体育项目的关注度逐年上升，运动员的商业价值得到前所未有的认可。作为史上第一位职业生涯收入超过 10 亿美元的足球运动员，葡萄牙球星克里斯蒂亚诺·罗纳尔多 2020 年场外收入高达 4 700 万美元，占年收入的 42%。近年来，我国也出台了许多鼓励、扶持体育产业发展的相关政策条款，在这种积极向好的发展背景下，运动员的商业属性得以充分开发。2016 年里约奥运会，光明乳业所赞助的中国女排，时隔 12 年再次勇夺奥运冠军，品牌当日股价立即涨停，成为里约奥运借势营销的最大赢家。东京奥运会后，创造中国田径历史的短跑运动员苏炳添接连签下四份千万级代言，受到广告商的竞相追捧。

2. 运动员无形资产价值的多方关联性

影响运动员无形资产价值的因素有运动员的运动成绩、运动项目的商业开发程度、运动员与企业的匹配度等。第一，运动员自身无形资产的价值与其竞技水平紧密关联，运动员在赛场上的表现越出色、取得的成绩越优秀，就越能吸引观众的目光，相应地运动员的商业价值也会水涨船高。第二，除了上述提到的竞技表现外，运动员的商业价值还受其项目观赏水平和商业开发程度的限制。足篮排、乒乓球、羽毛球等热门体育项目，比赛精彩、观赏性强，有着相对成熟的商业联赛。这些项目的运动员相较于竞走、蹦床、马术等冷门项目的运动员，在商业价值开发上有着天然的优势。最后，运动员商业价值能否兑现的关键在于运动员自身气质、其所属项目风格是否与企业文化相符。费德勒代言劳力士，之所以被称为体育代言的天作之合，原因就在于网球本就是一项高雅的运动，费德勒温文儒雅的气质更是与劳力士奢侈品牌的贵族气质相辅相成。

（二）运动员无形资产的运营管理模式

1. 国家统一开发模式

在举国体制下，我国绝大部分体育运动员是经由国家出资培养，运动员训练、参赛和日常费用全部由国家财政负担。因此，举国体制下的运动员，其相关体育无形资产隶属于各运动项目管理中心。

以刘翔模式为例。刘翔代表着“举国体制”下的国家统一开发运作模式，运动员日常训练和出国参赛的费用由国家财政承担，同时刘翔的广告权和代理权归国家所有，相应的商业化运作由国家田径运动管理中心负责。从体育管理部门的角度来看，刘翔模式是较为成功的，既保障了运动员有大量时间和精力投入运动训练，也有机会参与商业活动。但刘翔的商业价值并没有得到充分开发，而且曾出现代言白沙烟等严重影响运动员形象的事件。

刘翔所获得的商业广告收入也必须按照国家有关规定进行分配(图 5-2)。

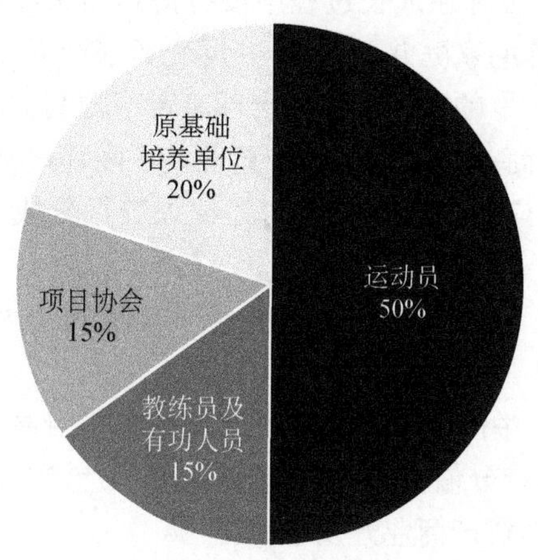


**图 5-2　刘翔参与商业广告收入分配比例图**

2. 国家和市场共同开发模式

21 世纪以来,随着我国社会主义市场经济的快速发展,体育产业现代化、职业化进程逐步加快,体育经纪人的出现使得传统的运动项目协会全权代理模式受到冲击,我国明星运动员的商业开发模式也随着发生变化。运动员或是买断职业合同,或是签订分成协议,纷纷走上了与国际体育产业接轨的“单飞”之路。

以李娜模式为例。李娜从事的网球运动属于奥运项目,李娜同样属于体制内运动员,因此李娜职业生涯前期训练和参赛的费用均由国家财政承担。当我国体育管理体制面临市场经济快速发展的冲击时,针对运动员商业活动管理问题,时任国家体育总局网球运动管理中心(以下简称“中心”)主任的孙晋芳出台了一项改革政策。2009 年 1 月,中心与李娜、彭帅、郑洁等人签订了一份协议,允许她们成立自己的经纪团队。中心将不再承担其训练参赛费用,运动员走上自负盈亏的职业发展道路。这意味着她们可以聘请私人教练、组建体能和经纪团队、根据个人意愿自主选择参战赛事赚取奖金和积分,将职业生涯规划真正地把握在自己的手中。为了达成协议,运动员方面也应做到:国家队征召时运动员必须无条件参加国家队赛事,且个人收入的 8%～12%必须上缴到国家队。李娜“单飞”之路是我国运动员商业开发模式变革的一座里程碑。此后,李娜在职业赛场上高歌猛进,当年就打进了世界排名第 15;2010 年历史性地打进澳网四强;2011 年澳网决赛憾负获得亚军,同年问鼎法网,成为中国乃至亚洲第一位女子大满贯单打冠军;2014 年澳网,32 岁的李娜获得自己第二个大满贯女单冠军,世界排名攀升至第二位,再次创造历史。如此骄人的成绩也让李娜收获了丰厚的商业代言收入,可谓是经纪团队代理模式的成功案例。

3. 市场自主开发模式

这种模式多出现在国外运动员或是我国举国体制之外的运动员身上。市场自主开发的前提是在役明星运动员国家没有参与培养,而是完全自费学习或由职业俱乐部培养。在无形资产商业开发方面是完全市场化,因此比赛奖金、广告等收入只与自己的经纪人、俱乐部、赞助商分成。

以丁俊晖模式为例。丁俊晖从事的台球运动为非奥运项目，非奥运比赛项目则不在举国体制培养的范畴，因此丁俊晖在成长过程中没有得到国家经费的支持，训练和参赛的费用全部由自己承担。丁俊晖的家庭并不富裕，一度变卖家产以支持丁俊晖继续打球。2005年中国公开赛决赛，年仅18岁的丁俊晖战胜台球皇帝亨德利，夺得职业生涯首个排名赛冠军。从此丁俊晖一战成名，商业价值开始逐步显现。丁俊晖对其所获得的商业收入有完全的自主权（包括比赛奖金和广告赞助），只需与经纪人进行分成，体育相关协会及部门不参与分配。

(三) 我国目前运动员体育无形资产开发的问题及改进方向

1. 问题

(1) 产权界定不明确。举国体制下运动员的成绩源于自身的努力，同样也离不开国家的扶持与栽培，二者的贡献难分伯仲，造成运动员无形资产产权归属模糊的问题，亟须专门的法律法规规范运动员无形资产商业开发事宜。

(2) 体育中介市场不完善，人才缺乏。目前我国体育中介行业仍处于起步阶段，体育经纪人面临巨大行业缺口。尽管一些高校设置了相关专业，但难解燃眉之急。缺少体育中介的牵线搭桥，无疑造成了众多优秀运动员商业价值的浪费。

(3) 明星运动员素质良莠不齐，商业价值大打折扣。明星运动员作为公众人物，一言一行均暴露在聚光灯下，理应发挥自身的公众影响力，树立优质榜样。但近年来一些运动员场内场外黑料不断，不仅影响了自己的形象和声誉，还给其代言的产品品牌造成了不可估量的损失。

2. 改进方向

(1) 尽快完善体育中介市场的相关法律和制度。明确运动员无形资产的归属，明确投资者的权利和运动员的责任，规范运动员无形资产商业开发。

(2) 重视体育中介机构建设和职业体育经纪人的培养。要完善体育经纪人培训和考核制度，建立专门的人才培育机制，提高经纪人素质，为体育中介提供源源不断的后备人才。

(3) 重视运动员的道德建设，提高体育明星综合素质。运动员行业协会定期开展运动员思想道德修养建设工作，组织运动员参与社会公益慈善活动，获取公众的信任，并制定严格的惩罚机制，避免运动员"祸从口出"，抹黑行业形象。

(4) 开阔思路，构建多元化的商业运作平台。在体育与文化、娱乐紧密结合的今天，体育明星的商业化运作不能拘泥于单一的广告代言。运动员跨界娱乐圈，参与综艺节目，不仅能提高运动员的知名度，还能让观众了解到运动员赛场外不为人知的另一面，运动员的形象更加鲜活，拉近了与观众之间的距离。

## 三、体育场馆无形资产运营管理

### (一) 体育场馆无形资产概述

1. 体育场馆无形资产的内涵

体育场馆无形资产是指不具备实物形态，能够持续为体育场馆所有者与经营者带来经济效益的特殊资源。这一资源的典型特征为无形性、依附性和在交易过程中所有权和使用权之间的独立性。

2. 体育场馆无形资产的分类

目前，我国在对体育赛事场馆无形资产进行开发时，涉及的主要类型包括体育赛事场馆的冠名权、广告发布权以及场馆品牌开发权和场馆特许经营权等。在本节中，我们将用一般管理学体系当中的五类无形资产对其进行划分。

（1）资源型无形资产：依靠体育场馆的自有资源，即场馆当中的空间、设施，例如各类场馆设备、座椅、包厢等而形成的资源的处置权、收益权等。

（2）知识型无形资产：场馆的商标权、设计专利和标志权等。大型体育场馆往往是一个城市的地标性建筑，它已经脱离了体育赛事场地的范畴，成了一座城市体育文化和体育精神的象征。

（3）权利型无形资产：场馆在运营过程中的各项权利，主要包括场馆的冠名权、特许经营权和广告发布权等。其中，冠名权是场馆最重要、影响力最大的无形资产。

（4）经营型无形资产：场馆的运营当中所形成的自有的经营方法、管理方式、销售渠道、商业秘密和商业资源等。在体育场馆长期的运营当中，往往会形成自己独有的完整的商业网络，包括场馆的供应系统、销售系统和顾客关系系统等，这些都是场馆慢慢积累起来的无价的资源。

（5）观念型无形资产：体育场馆在观众和其他消费者，甚至是普通市民中的形象和名誉声望。

（二）体育场馆无形资产运营管理模式

根据体育场馆无形资产的分类，按照场馆及用户需求，体育场馆无形资产构建了符合自身发展特点的运营管理模式，有效地增强了场馆运营效能。

1. 体育场馆冠名权

冠名体育场馆不仅能为场馆运营融资，同时也能提升冠名企业的品牌形象和知名度。根据 2018 年 SBJ 公布的顶级冠名权交易榜单，巴克莱银行以 2 亿美元的价格获得纽约巴克莱中心 2007 年至 2032 年的冠名权，美国银行以 1.4 亿美元的价格获得纽约美国银行体育馆 2004 年至 2023 年的冠名权。冠名期限相对较长，收益较高且十分稳定（表 5-1）。

**表 5-1　美国三大职业联赛部分场馆冠名情况**

| 场馆名称 | 入驻球队 | 所属联盟 | 赞助额（百万美元/年） |
|---|---|---|---|
| 花旗球场 | 纽约大都会 | MLB | 21 |
| 追逐中心球场（在建） | 金州勇士 | NBA | 20 |
| 大都会人寿体育场 | 纽约巨人、纽约喷气机 | NFL | 19 |
| AT&T 体育场 | 达拉斯牛仔 | NFL | 19 |
| 梅赛德斯-奔驰球场 | 亚特兰大猎鹰、亚特兰大联 | NFL、NSL | 12 |
| 飞利浦体育馆 | 亚特兰大老鹰 | NBA | 12 |
| 特纳球场 | 亚特兰大勇士 | MLB | 12 |

体育场馆冠名权的开发，对体育场馆所有者或经营者而言，可以获得丰厚的经济回报，并通过冠名提升体育场馆本身的价值，更好地运营体育场馆；对冠名权的赞助商而言，可以借助体育场馆举办的各类赛事吸引大众，借助媒体的力量宣传并提高品牌的知名度和影响力，传播对企业有利的大量商业信息，提供销售产品的机会（现场销售、独家销售、获得供应商合同以及产品展示等），还可以作为公司联谊和招待活动的场所，提升赞助商的企业形象，最终获得巨大的经济利益和社会效益。

2. 豪华包厢

豪华包厢是全球著名体育场馆的重要无形资产开发项，既能满足高端客户差异化、个性化服务需求，同时也能为场馆带来长期高额和稳定的收益。统计数据显示，无论是NBA、NHL还是美国职业棒球大联盟（MLB），豪华包厢都占据了球队总收入的5%～20%。2017年北格林威治体育馆商业赞助与豪华包厢的收入占全年运营总收入的15%（表5-2）。

表5-2　2017年北格林威治体育馆运营收入表

| | 收入(百万美元) | 百分比(%) |
|---|---|---|
| 运营总收入 | 124.5 | 100 |
| 场地出租 | 57.54 | 46.22 |
| 门票提成 | 29.61 | 23.78 |
| 冠名权收入 | 19.32 | 15.44 |
| 多元配套服务收入 | 13.33 | 10.71 |
| 其他活动收入 | 4.58 | 3.85 |

作为大型体育场馆，通过寻求战略合作伙伴对场馆商业资源进行开发，同时积极完善相关产品及配套服务，提升自身品牌价值，并获得相应的收益。一般的赞助体系分为战略合作伙伴和供应商两个层次。挑选的企业条件是：行业内名列前茅，或者具有高成长性；品牌形象好，具有良好的社会形象和企业信誉。比如"鸟巢"在2014年与汉能控股集团签约，汉能成为"鸟巢"战略合作伙伴。战略合作伙伴权益中包括无形资产使用权和合作产品开发权。

（三）我国体育场馆无形资产运营存在的问题

在体育事业产业化程度逐渐提升的过程中，体育赛事场馆正在成为可供社会公众休闲、娱乐的特殊消费品。但是，我国体育赛事场馆无形资产在开发与利用方面还处于初级阶段，资产流失现象十分严重，体育场馆无形资产运营现状不容乐观。

1. 保护体制缺位

我国针对体育赛事场馆无形资产进行的资源开发起步较晚，相应的法律法规也是一片空白，导致在实际操作中容易出现体育场馆无形资产流失的问题。

2. 无形资产价值难以评估

对我国很多体育赛事场馆来说，其管理一般都以简单的会计核算为主，无法准确核算其资产价值。比如,很多高校的体育赛事场馆只关注对有形资产和固定资产的核查与登记,但是对体育赛事场馆无形资产的评估却显得较为“随意”,使得这些无形资产出现了产权主体模糊的情况,造成资产的严重流失。

## 四、知识密集型体育无形资产的运营管理

### (一)知识密集型体育无形资产

知识密集型体育无形资产即以体育专业知识为核心衍生出的资产。主要包括:体育专利或专有技术以及经营秘密;体育组织机构、企业单位和相关团体的商号、商标权、网址和域名;体育版权;体育标志权等。

### (二)体育专利

专利是一种对自己发明创造独立占有的知识产权,是国家授予专有权并需依法公开的发明创造,是衡量一个国家创新能力的重要标志。

体育专利是衡量体育创新能力的重要标志,是体育创造发明及其专有的生产方式和生产工艺的产出成果;体育专利是衡量体育科技水平高低的重要指标,它反映一个国家体育科技的创新能力和市场化程度。按照《国际专利分类法》,专利共划分为 8 个不同的技术领域,其中体育专利归属于 A 部人类生活需要的 A63 中。

### (三)我国体育专利的发展变化及运营管理要点

起步阶段(1985～1998 年):我国各项专利政策和制度还未完善,技术创新能力较落后,发展比较缓慢,专利申请总量相对较少,产品及成果保护意识不强,体育专利亟待开发。

建设阶段(1999～2009 年):这一阶段,2008 年北京奥运会为中国体育产业提供了一个千载难逢的展示机会,激发了体育科技创新成果的快速增长,促进了我国体育产品向专营品牌经营的转变。

创新阶段(2010 年至今):2010 年后,我国体育专利的发展进入了一个新的阶段,体育专利的数量大幅提升,这一阶段体育专利的数量占总量的 67.32%。在国民经济和社会发展第十二个五年规划期间,中国体育专利适时地把握了发展趋势,充分利用国际国内各种有利条件,进入了发展的快车道。2014 年,《关于加快发展体育产业促进体育消费的若干意见》强调积极扩大体育产品和服务供给,推动体育产业成为经济转型升级的重要力量,激发了市场与社会进行体育创新的热情和活力。随着 2022 年北京冬奥会、冬残奥会的成功举办,又将掀起新一轮体育科技创新的浪潮,体育专利的申请量将呈快速发展态势。

如图 5-3 所示,我国体育专利发展的阶段性强且呈现出较为稳定的发展态势。体育专利技术像产品一样,技术发展同样具有生命周期,体育专利技术发展特征的评价指标,通常以技术成长率($V$)、技术成熟系数($A$)、技术衰老系数($B$)、新技术特征系数($N$)4 项指标来衡量(表 5-3)。

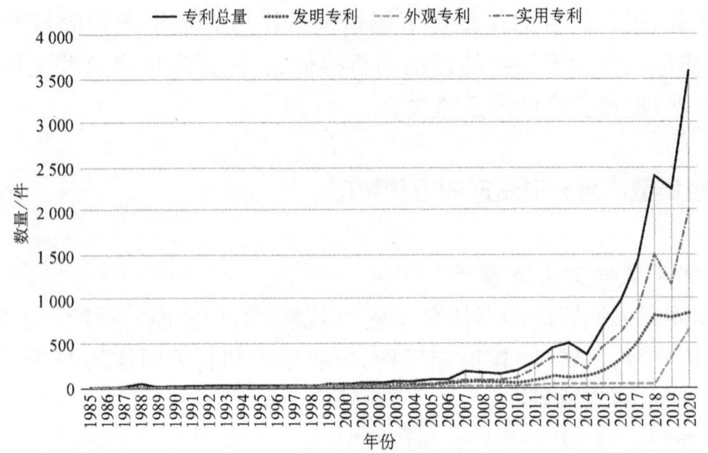


**图 5-3　1985～2020 年我国体育专利的演进历程**

**表 5-3　体育专利技术发展特征的评价指标**

| 计量参数 | 计量公式 | 计量意义 |
| --- | --- | --- |
| 技术成长率($V$) | $V=a/d$ | 连续计算数年，若 $V$ 值递增，说明该领域技术正在萌芽或生长阶段 |
| 技术成熟系数($A$) | $A=a/(a+b)$ | 连续计算数年，若 $A$ 值递减，则反映技术日趋成熟 |
| 技术衰老系数($B$) | $B=(a+b)/(a+b+c)$ | 连续计算数年，若 $B$ 值变小，则反映技术日渐陈旧 |
| 新技术特征系数($N$) | $N=SQRT(V_2+A_2)$ | 反映某项技术新型或衰老的综合指数，$N$ 值越大，新技术特征越强，越具有发展潜力 |

a：当年某技术领域的发明专利申请(公布)数量；b：当年某技术领域的实用新型专利申请(公布)数量；c：当年某技术领域的外观设计专利数量；d：为 1985～2020 年的发明专利申请数量和(公布)。

在我国体育无形资产的发展阶段中，技术成长率表现为从发展缓慢到持续增加的状态，技术成熟系数表现为波浪式起伏状态，技术衰老系数表现为持续减少状态，新技术特征系数表现为止跌反弹后趋于平稳的状态(图 5-4)。

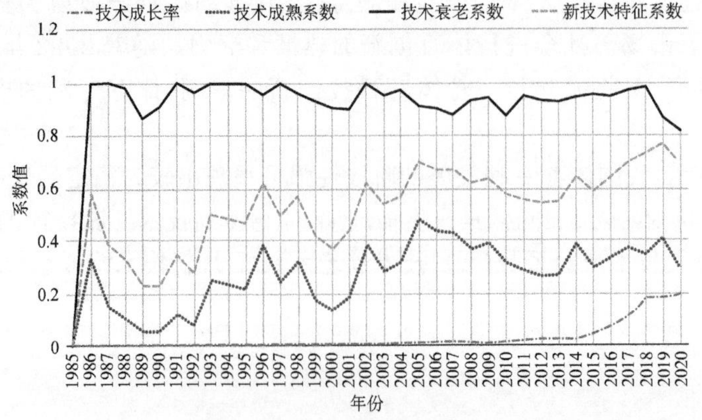


**图 5-4　1985～2020 年我国体育专利技术发展趋势**

体育专利在《国际专利分类表》中归属于 A 部 A63 中，其中 A63 又涵盖了 8 个分支(表 5-4)。我国的体育专利数量主要集中在 A63B、A63F、A63H 这 3 项领域。

**表 5-4　A63 分类涵盖的主要技术内容**

| 子领域 | 主要技术内容 |
|---|---|
| A63B | 体育锻炼、体操、游泳、爬山或击剑用的器械；球类；训练器械 |
| A63C | 冰鞋；滑橇；滚轮溜冰鞋；球场、冰场或类似场地的设计或布局 |
| A63D | 保龄球场地；滚木球游戏；保龄球；台球 |
| A63F | 纸牌；其他类目不包含的游戏 |
| A63G | 旋转木马；秋千；摇木马 |
| A63H | 玩具，如陀螺、玩偶、滚铁环、积木 |
| A63J | 供戏院、马戏场等使用的装置；变戏法用具或类似用具 |
| A63K | 赛马；骑马运动；所用的设备或附件 |

我国学术机构尤其是高校科研机构是基础研究和技术创新的主力军。由图 5-5 可见，学术机构的体育专利申请比例不断增加，与专利申请量的变化趋势非常相近。与此同时，学术机构体育专利的比例在所有技术领域专利中的占比也在缓慢增长，但一直维持在较低水平，说明体育运动技术创新在学术机构整体创新中的比重仍然较低。

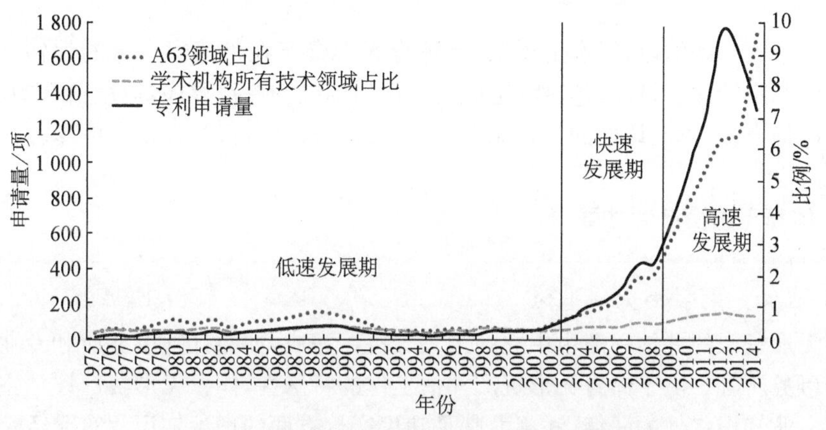


**图 5-5　体育专利申请在学术机构中的增长趋势**

专利的被引频次是评价专利质量的重要指标，相对而言，我国学术机构体育专利的被引用率极低，高校技术研发力量较分散。与此同时大量存在着过期比例较高且不续保的情况，表明了不少学术机构"为申请而申请"的目的导向以及专利转化率低等不利条件。除此以外，还存在着机构间缺少合作、核心技术领域研究比重过低等问题。

## 五、权利关联型体育无形资产的运营管理

权利关联型体育无形资产是指围绕体育赛事承办权而衍生出的无形资产。主要包括：各类体育赛事的冠名权；体育特许经营权、专营权，其中就包括了体育彩票的发行权、专营权和销售权。

比如,即开型体育彩票是指购买者现场购买、现场刮奖、现场即可知晓是否中奖的游戏方式。其运营特点具有参与性强、设奖灵活多样、适合不同年龄段和不同层次人群购买的特点。即开型体育彩票发展至今,娱乐性不强、销售渠道单一、营销宣传效果不佳、未能形成品牌优势以及从业人员服务质量不高是制约其销量的主要原因。从其无形资产开发角度来看,应积极借鉴国外相关经验,通过设计系列精品、扩展渠道、打造品牌、做好营销宣传、推广二次开奖、提高从业人员素质等措施,提升其无形资产价值,最终推动我国即开型体育彩票的健康发展。

再如,竞猜型体育彩票是指以体育比赛为游戏媒介,以预测比赛结果为竞猜对象,由购买者在指定的比赛场次中按照规则进行投注的游戏方式。其运营特点相对于其他彩票,竞猜型彩票销售对于经济水平的正向反应更加敏感;竞猜产品的无形资产创新和国内外重大赛事的商誉都对其销售影响很大。从其无形资产开发角度来看,竞猜型体育彩票继续优化渠道布局;加大无形资产开发投入,重大赛事期间积极开展无形资产营销;不断追求产品设计、技术、品牌创新,进一步开发我国周边国家赛事彩票无形资产,探索竞猜型体育彩票的更多可能性。

## 第三节　体育无形资产的价值评估

### 一、体育无形资产评估定义

体育无形资产评估,从根本上说来,是体育无形资产在价值形态上的评估——评估工作人员按照既定的评估目的,遵循法定或公允评估标准和评估程序,运用科学的、实用的和可操作的评估方法,对被评估的体育无形资产的现时价格进行的评定和估算。

### 二、体育无形资产评估要素

#### (一)体育无形资产评估主体

体育无形资产的评估一般由中立的第三方机构完成,如会计师事务所和专业性的无形资产评估事务所等。由于体育无形资产评估工作的特殊性,体育无形资产评估主体必须具备除体育专业知识之外的法律、法规尤其是知识产权方面的理论知识和实践经验。

#### (二)体育无形资产评估客体

体育无形资产评估的客体为被评估的无形资产,即体育无形资产的评估内容。在对体育企业的无形资产做出确认后,无论是知识产权还是对物产权,均可作为客体。

#### (三)体育无形资产评估目的

体育无形资产评估的目的是为特定的无形资产业务提供公平的价格尺度,主要服务于体育企业资产转让(包括拍卖)、体育企业兼并、体育企业出售、体育企业联营、股份经营、中外合资,合作、体育企业清算(包括破产清算、终止清算、结业清算等)、体育企业租赁、抵押、担保、承包换届、资产入账、保险赔偿、侵权赔偿、非经营转经营中的相应评估作价问题。

#### (四)体育无形资产评估程序

体育无形资产评估程序是评估工作中各个具体步骤及逻辑关系所决定的排列顺序。对国有体育无形资产开展评估工作,必须按照法定程序进行(图 5-6)。

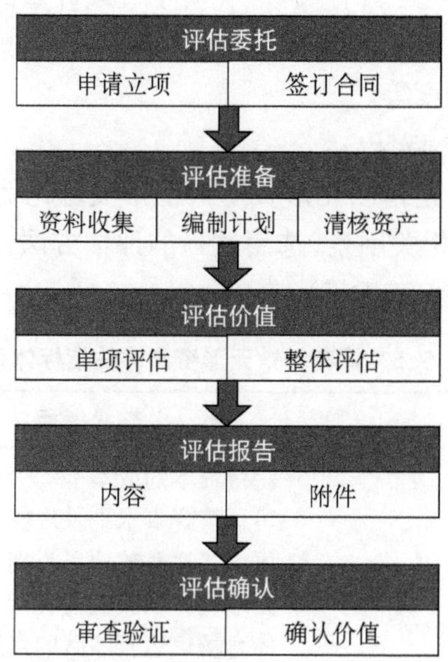


**图 5-6　体育无形资产评估程序**

（五）体育无形资产评估标准

体育无形资产评估必须遵循统一的标准，特别是统一的价格标准，包括统一的价格构成因素（生产成本，流通费用，税金和利润）、统一的定价标准，如一项资产生产过程中的物化劳动和活劳动的定额、统一的价格层次（国家定价、国家指导价或市场调节价）、统一的资产类型，要有统一的技术性能标准及统一的价格标准。在这里，体育无形资产评估目的与标准的匹配，是基本原则之一。

（六）体育无形资产评估方法

体育无形资产评估方法是评估无形资产特定价格的技术规程和方式。包括体育无形资产的重置成本法和收益额法。重置成本法，是指在评估体育无形资产时，按被估资产的现时完全重置成本（重置价）乘以成新率来确定被估无形资产价值的一种方法。收益额是通过估算被评估无形资产在未来的预期收益，并采用适当的折现率算成现值，然后累计加和，得出被评估无形资产评估值的一种方法，体育无形资产收益额是指体育无形资产带来的超额收益。

## 三、 体育无形资产评估类型

（一）体育赛事无形资产评估

根据体育赛事无形资产开发、运营、后续维护、摊销等各个环节的具体特点，设置合适的评估指标，体现无形资产收益性的特点，同时坚持整体性、综合性原则，以克服单项指标评估的局限，并结合各指标对项目整体系统运营中所反映的重要程度大小设置权重，然后在指标内容与权重相互结合的基础上，建立完整的体育赛事无形资产评估体系。在指标体系的层次设计上，坚持定量指标（财务指标）与定性指标（非财务指标与安全指标）相结合，其中定量指标在形式上包括绝对（数值变化）指标和相对（比率变价）指标，定性指标则主要包括与体育赛事无形资产开发运营有关，但不便于直接计量的指标，包括项目开发投入周期、管理团队创新、组织能力、技术装备更新水平、核心产业市场占有率、行业或区域影响力、目标顾客或市场的认同程度等。

（二）体育场馆无形资产评估

体育场馆无形资产评估，是指以无形资产价值形成理论为基础，充分考虑影响体育场馆无形资产价值变动的各种相关因素，选用适当的评估方法，对体育场馆无形资产在一定时点上的价值进行量化的过程(表 5-5)。

**表 5-5　体育场馆无形资产评估指标体系**

| 一级指标 | 二级指标 |
| --- | --- |
| 资产状况 | 获得资本的成本 |
| | 可运营赛事水平及规模 |
| | 可承接比赛的项目类别 |
| | 无形资产已获益情况 |
| | 体育场馆运营团队的素质 |
| | 经营管理理念与模式 |
| 技术知识 | 体育项目技术开发权 |
| | 计算机信息数据库系统 |
| | 经营体育项目的多样化程度 |
| | 可接纳商业类项目情况 |
| 行为权利 | 体育场馆冠名权 |
| | 体育场馆名称使用权 |
| | 土地使用权 |
| | 特许经营权 |
| | 场地或设施租赁权 |
| | 广告使用权 |
| 公共关系 | 体育场馆内部关系 |
| | 体育场馆与社会的关系 |
| | 体育场馆与其他同行的关系 |
| 信誉 | 体育场馆整体形象 |
| | 体育场馆知名度 |
| | 公共体育服务能力 |
| | 消费者及社会认同程度 |
| 外部环境 | 相关无形资产的市场供求关系 |
| | 市场环境风险 |
| | 产业政策的支持力度 |
| | 相关法律的完善程度 |
| | 场馆地理位置 |
| | 当地的经济发展水平 |
| | 当地居民的体育消费情况 |

（三）体育用品品牌无形资产评估

体育用品品牌评估是企业品牌战略管理重要的组成部分，评估品牌对体育用品品牌的推广与应用过程中的全面保护及其管理起着非常重要的作用。体育用品品牌是企业在其生产的体育用品上所使用的识别标记，属于知识产权。品牌资产价值是一种超越生产、商品、所有有形资产以外的价值。从财务角度来看，品牌资产价值是品牌所赋予的价值，是通过消费者购买行为来促动此资产价值的形成。体育用品的品牌资产价值是指一系列与体育用品品牌、品牌名称、标识物相联系的资产价值，它能够增加企业提供产品的价值或给生产其产品的企业带来附加值。针对我国体育用品品牌行业特点及其运作环境，体育用品品牌无形资产可以从品牌的市场、国际化、社会、法律四个角度来加以评估（表 5-6）。

**表 5-6 体育用品品牌无形资产评估指标**

| 体育用品品牌无形资产评估指标 | 各指标含义 |
| --- | --- |
| 领导力 | 品牌对所处市场的领导能力 |
| 稳定性 | 品牌在所处市场的生存能力 |
| 市场力 | 品牌与被选择目标市场的吻合程度 |
| 全球辐射力 | 品牌穿越地理和文化区域的国际化能力 |
| 趋势力 | 品牌与社会发展趋势相吻合的程度 |
| 支持力 | 品牌所获得社会接受和支持的程度 |
| 保护力 | 品牌在法律意义上受保护程度 |

## 四、 体育无形资产风险规避

当前，体育产业界对无形资产评估的关注程度不断加强，体育无形资产的价值受到重视的同时，无形资产评估中出现的风险也引起了越来越多的关注。体育无形资产评估的风险分为两类，即外部风险和内部风险。外部风险指外在环境对评估所造成的不良影响，是指评估机构的外部因素客观上阻碍和干扰评估人员对被评估文化企业实施必要的和正常的评估过程而产生的风险。内部风险则为评估业内部的问题导致评估失真。体育产业无形资产评估业务实践中要对其加以保护，进行风险规避。

（一）制定体育无形资产保护法规，对体育无形资产内容加以保护

体育无形资产的保护关键在于健全的法律机制保障。抓紧制定和完善相关的法律法规，特别是进行高层次的和多方面的体育无形资产立法是十分必要的；从规范管理的层面上来看，加强对体育无形资产的规范管理，提高企业依法运用的能力；在执法监督的层面上，开展有关的执法检查和监督，运用多种法律手段打击和制裁侵权行为。

（二）完善体育无形资产风险管理标准

完善无形资产风险管理体系的具体措施有：建立风险识别标准、风险评估标准、即时更新无形资产评估的咨询和规范。

在建立风险识别标准时，企业可以通过信息统计、分析、判断，做到即时反馈与改进，以此为处理方案，降低潜在危险。在统一风险评估标准时，文化企业应善用知识产权评估，确

认产权价值，有利于无形资产的保护与利用。即时更新无形资产评估的资讯与规范，以解决新型无形资产界定未明问题。这需要企业、评估机构、政府三者齐力同心合作，由企业提供最新的业内资讯，再由评估机构汇整、分析，最后与政府有关单位协调，制定新型的无形资产规定。

（三）落实无形资产评估流程标准化

为解决评估方式纷乱的问题，评估流程标准化势在必行，具体规定知识产权价值评估的实际操作方式。通过建立一个独立的无形资产评估流程，可以降低市场上对知识产权评估认知的复杂性及不确定性，并提升社会公众对于体育无形资产价值评估的认同心态。

（四）合理选择无形资产评估方法

注重无形资产评估目标，坚持以既定目标为前提，合理选择评估方法；对无形资产评估结果进行综合量化显示，对其评估架构进行量化考核。参考国外实际经验及案例，再增设其他可适用于体育无形资产之现代价值的评估方法。

（五）建立中立客观的信息数据平台

由政府或学术机构等具有社会公信力的机构出面建立具有客观、中立特质的平台，其公共服务性质更强，行业指导意义也更强，易于解决评估标准凌乱问题。

（六）组建体育无形资产评估的专门机构

组建无形资产评估的专门机构，并要求所有从事无形资产价值评估的机构及个人必须加入该专门机构，并接受统一规范。

（七）培养从事无形资产评估的专业人员

将从事体育无形资产价值评估的权责予以灌输，加强无形资产评估理论研究与教学，为评估业输送高质量的无形资产评估人才。将无形资产价值评估人才由现行的注册资产评估师中划分出来，重新明确规定知识产权评估师的应试资格、应试科目、执照取得、执业范围、权利义务及法律责任等，并有效提升知识产权价值评估业务的专业度及其结果的社会公信力。

对于无形资产评估这一新兴领域来说，不能期望评估结果百分之百的准确。只能从减少误差方面入手，力求在评估开始到结束这一段时间的每一个环节上少发生错误，甚至不发生错误，使评估结果趋于准确。事实上，在评估过程中，还有很多宏观因素的干扰，有些因素是评估人员无法左右的，即便是评估过程中的细节都正确，评估结果也会有偏差。透过政府、机构、企业间的相互合作，有助于建立起健康完善的体育产业无形资产的评估环境。

## 第四节　体育无形资产的前沿发展

### 一、科技的重要性

（一）虚拟现实技术

虚拟现实技术为体育赛事带来了变革，其本身高拟真、沉浸性等特点也为人们带来了较电视等媒介更为优质且便捷的观赛体验。虚拟现实技术的应用为体育赛事转播开辟了一条新的道路，然而，现在由于传统的观赛习惯以及 VR 技术本身仍然需要进一步的完善，导致其普及率较电视等传统媒介仍然有待提高，但是在未来，随着人们生活水平及科技的进步，VR 这种观赛形式会有更好的表现。

#### （二）人工智能

人工智能技术和赛事的初次结合是在 2018 年平昌冬奥会闭幕式中，“北京八分钟”惊艳了全世界，这次演出正是由人搭配了人工智能向世界人民发出了邀请与祝福，人工智能正在深刻影响体育事业的发展。

人工智能对于我国推进全民健身具有重要意义。《体育强国建设纲要》指出：推进全民健身智慧化发展。在未来，人工智能在全民健身领域中的位置愈来愈重要，人工智能技术的发展也会助力智慧健身路径、智慧健身步道、智慧体育公园、智慧场馆、智慧健身房的建设。人工智能也因此会极大程度地提升全民运动健身的参与度与效果，推进全民健身发展，助力我国体育强国建设。

#### （三）大数据

在运动竞赛中，利用大数据能提高运动员竞技水平、提高赛事竞赛质量，让运动竞技有了更高的观赏性，为将来的比赛提供了更多的可能。随着智能场馆、智慧健身房、智能健身步道等的建设，全民健身也进入了大数据时代。在智能健身房中，大数据可通过对个人数据的收集，来制订个人专属的运动健身的方案，智能健身步道也可对人的运动数据情况进行采集。体育大数据正以巨大的力量推进我国体育强国的建设。

#### （四）互联网

在整个体育产业上，互联网＋为传统体育产业供给侧结构性改革提供了一个可能的方向，互联网＋体育可有效整合我国的体育产业资源，形成优质完善的体育产业链，刺激我国的体育消费，各大体育产业正在探索自己的“互联网＋”模式。在 2022 年北京冬奥会成功举办之后，互联网＋体育也将实现我国冰雪产业的转型升级。

### 二、全球化发展

体育无形资产主要具有以下四个特征：与竞技体育密不可分、市场要素的深度参与、鲜明的时效性以及业绩优先的衡量标准，而其中大部分都与全球化密切相关。

第一，与竞技体育密不可分。高水平的竞技体育是人类潜能与心理潜能的集中体现，能够带给观众深层的生命体验和观赏愉悦，在举办高水平竞技体育赛事的过程中，常常会出现万人空巷、一票难求、民众集体狂欢的盛况。这种集体行为是基本没有种族文化界限的，所以自然而然地就会产生巨大的全球化的商机或经效益空间，也就推动了体育无形资产的全球化发展。

第二，市场要素的深度参与。在全球市场经济的大环境下，体育无形资产的价值开发与增值自然也离不开市场化的运营管理。所以当体育无形资产与全球化经济密不可分时，其必定会向着全球化趋势发展。

第三，鲜明的实效性。体育无形资产的时效性特征是与体育赛事本身的时效性特征相一致的，所以其中就一定会涉及电视网络转播权等。在新媒体时代消息传播已经几乎不再受地域因素的限制，且新媒体本身也会促进全球化发展。体育赛事的时效性正是需要媒介传播才可能实现的，而在传播过程中因媒介本身的性质，也就被带动着加深了体育无形资产本身的全球化发展。

### 三、 体育无形资产的可持续发展

从对体育无形资产的定义中可以看出，体育无形资产具有可持续性、长期发展性的特点，可以为经营主体带来持续的经济效益和社会效益。目前，随着世界各国对体育无形资产重视程度的不断增强，我国在体育无形资产的开发、利用、研究等领域也取得了一定的成就。但是，随着发展的进一步深入，体育无形资产流失问题也逐渐显现。体育场馆的低效利用、低价转让甚至无偿转让，运动员、教练员自身价值的开发利用不当，相关主体对体育无形资产开发、利用、保护的意识较低，国家相关法律法规的不完善和不健全导致市场秩序混乱等，都是目前我国在挖掘体育无形资产长期市场价值过程中的所存在的问题。所以，如何破解体育无形资产发展过程中长期持续发展的问题，积极创新和开拓新的体育无形资产增长点是我国未来发展面临的问题之一。

所谓的体育无形资产缺乏可持续发展，就是指体育无形资产流失现象严重，即体育无形资产开发过程中因存在流失情况而影响后续的发展甚至导致后续发展的中断。以体育场馆为例，曾举办过大型高水准体育赛事的场馆本身就具有国际一流水平的硬件设备和完善的基础设施，且享有赛事独特 IP。但场馆在后续的开发过程中忽视了自身的无形资产，缺乏对无形资产的利用，导致场馆的经营发展产生困难。目前，我国高达 96.6%的体育场馆没有收入，年收入 50 万元以上的场馆仅占总数的 0.1%，我国大型体育场馆整体经济效益呈亏损情况。再如我国运动员的无形资产开发，部分运动员在国际大赛上取得了优秀名次，在国内享有一定的知名度和影响力，在此基础上涉足娱乐圈和商圈，参加各种综艺节目的录制、颁奖晚会、盛典或是建立自己的品牌，其中不乏李宁这种成功案例的涌现。但是，无法很好平衡体育、商业、娱乐三者关系的也不在少数，如无形资产开发所取得的利益分配纠纷、体育明星无形资产的产权归属问题、体育明星商业化运作模式的最佳选择等问题使部分运动员自身无形资产开发遇到困难，无法实现无形资产最大程度的开发，发展的长期性与可持续性较差。

因此，我国应加强对体育无形资产的保护与规范，最终实现体育无形资产的可持续发展。

完善体育无形资产的法治建设。目前我国缺乏关于体育无形资产的相关法律法规，没有专门的文件对体育无形资产的开发、利用、程序、方式、方法等做出严格的规定，市场不规范从而造成相关主体持续开发体育无形资产的积极性不高，体育无形资产难以持续发展。

加快体育无形资产专业人才的培养。目前，体育无形资产在我国的开发程度不高，造成了相关领域专业人才的不足，体育无形资产的持续发展缺乏动力。我国应该以全国各大体育高校为基础，开设专门课程，培养专业人才，加强对体育无形资产持续发展的调查研究，为体育无形资产的可持续发展提供理论保障。

学习借鉴国外优秀经验。欧美国家在无形资产开发方面起步早，目前已取得一定的成就，我国应学习国外先进发展理念，促进我国无形资产的可持续发展。如北美四大职业体育联盟，其产生时间长、国际影响广、经济效益高，发展至今离不开对四大联盟中赛事、俱乐部、运动员等经济效益的持续开发，而发展过程中的经验和教训都值得我国深入地学习并指导我国体育无形资产的持续开发。

我国开发无形资产起步晚，目前发展水平较低，所以如何实现体育无形资产的持续发展，提高资源利用效率，进而实现资源利用最大化是我国在发展体育无形资产过程中所面临的重要问题，也是未来我国体育无形资产发展的趋势之一。

思考题

拓展阅读

# 第六章

# 职 业 体 育

**【导　　读】**

职业体育产生于西方,是工业文明市民社会下所孕育出的城市文化。从经济学观点看,是一种既有需求又有供给的经济活动过程,而一些竞技运动项目独特的观赏性和人们的观赏需求则成为了职业体育发展壮大的基本动因。随着与大众传媒业的融合,职业体育不仅跻身以"业余原则"为宗旨的现代奥林匹克领域,同时也缔造了当代体育产业发展的新逻辑与新形式。

1994 年中国率先以足球的职业化开启了职业体育的改革与尝试,经过近 30 年的制度临摹与市场试错,虽已呈现产业分工协作逐渐细化的趋势,但距离真正达成规模经济与产业融合的态势仍有较大差距。从学理上进一步反思职业体育的本质与内涵,从文化比较下实现中西方职业体育制度的自觉,则成为了转型时期中国职业体育谋求发展所面临的重要课题。因此通过本门课程的学习,旨在培养学生职业体育理论的一般素养;明确职业体育本质;理解职业体育的制度演进、世界职业体育发展的国际经验以及现代职业体育发展面临的机遇与挑战;着重从产业层面出发,明确职业体育的运行逻辑与竞争环境。

此外,学习这门课程首先应具备产业经济学的一般能力,如什么是产业? 产品的基本构成? 关于竞争理论的主要内容? 同时,还必须掌握现代体育的产生与发展、西方职业体育产业存量与发展方式的主要特点、中国体育行政管理体制的主要特征等核心知识。

**【学习目标】**

熟悉与职业体育相关的产业经济学的相关理论;掌握职业体育的发展历程及职业体育的本质;了解职业体育的产业经营模式、行业竞争环境与产品特点。

【思维导图】

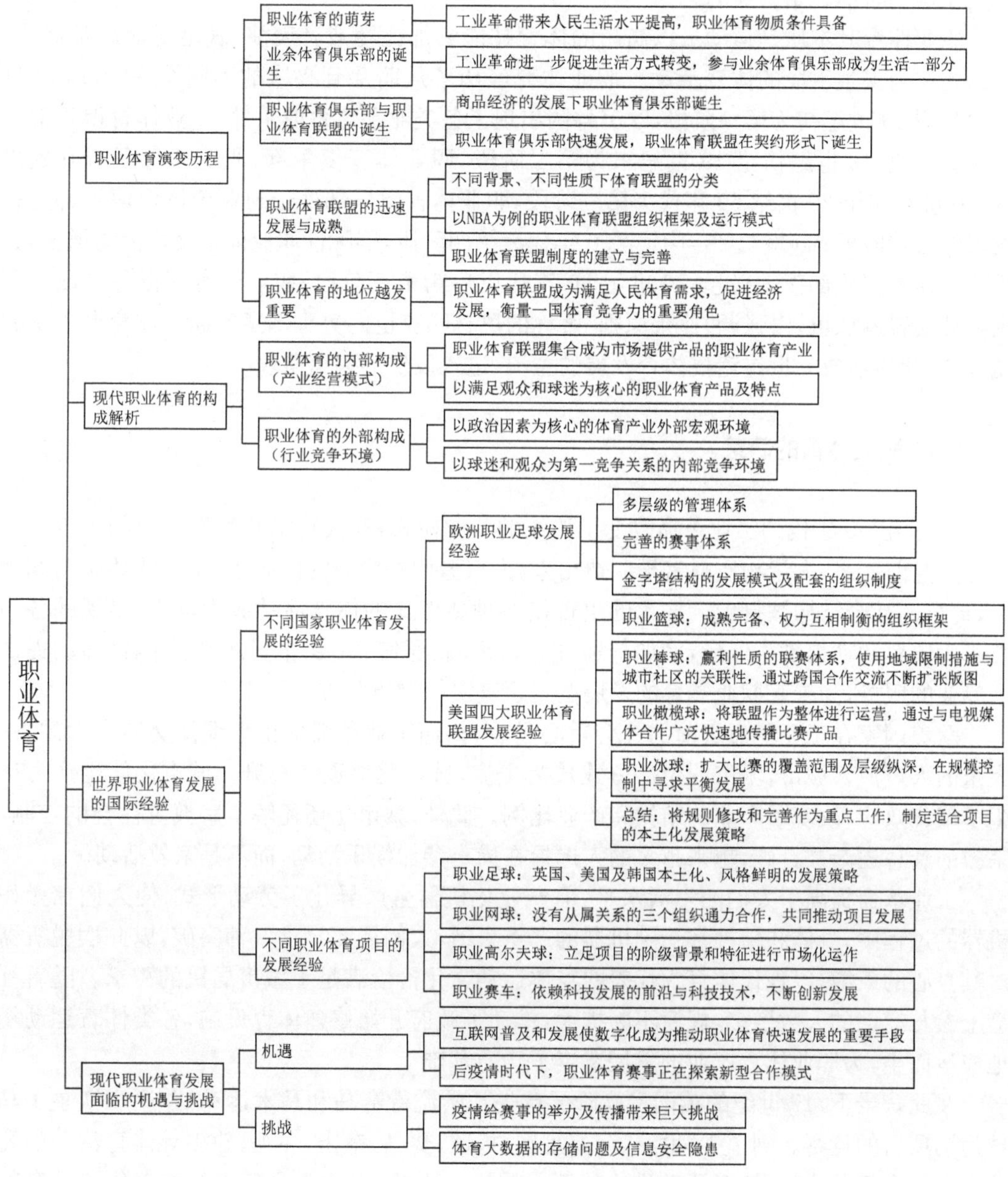


# 第一节　职业体育的演变历程

人类历史上出现的各种社会现象和活动，都有一个产生和发展的过程。体育作为一项产业活动是随着资本主义制度的产生和确立而萌芽和演进的。18 世纪 60 年代，产业革命首先从英国开始，至19世纪30年代末基本完成，棉纺织机以及后来蒸汽机广泛运用于生产中，促进了生产力的飞速发展，为资本主义的兴起奠定了基础，而体育作为一项产业活动也是在这一时期开始萌芽的。

职业体育其本质是运动员以高超的体育技能参加比赛或者表演，满足观众观赏需要，并以此作为谋生手段的体育活动。职业体育经历了从萌芽到兴盛的不同发展阶段：17世纪中叶到19世纪初为第一阶段，欧美各国出现了各类业余体育俱乐部，职业体育俱乐部处于孕育阶段；19世纪初至19世纪末为第二阶段，职业体育俱乐部、职业体育联盟开始出现；20世纪初至20世纪60年代为第三阶段，职业体育俱乐部处于与业余体育俱乐部并存发展的自然阶段；20世纪70年代至90年代为第四阶段，国际性职业体育交往活动增多，各国职业体育俱乐部蓬勃兴起；20世纪90年代以后为第五阶段，职业体育获得各国政府和国际社会普遍认可，以强调"业余原则"著称的奥林匹克也向势头迅猛的职业体育抛出了橄榄枝，自此逐步成为世界竞技体育发展的主流，进入发展的兴盛阶段。

## 一、 职业体育的萌芽

18世纪60年代的工业革命改变了传统的劳作模式，现代技术和生产组织的出现使生产能力空前膨胀，大量物质财富被制造出来，人口激增并纷纷涌向城市，工人的休闲时间增多，传统的社会结构被打破。技术的出现使各种新形式的体育活动成为可能，出现的各类技术为体育活动提供了保障，例如交通、电力、运输、通信、电影、相机等都为体育活动提供了专业的服务，为未来职业体育的发展奠定了坚实的物质基础。

欧美国家在工业革命之前的社会重心是农村，而工业革命的出现促使交通大大改善，大量的人口流入城市，城市的生活方式成为主流，城市化率逐年提升。城市化使生产力产生了聚集效应，改变了产业的结构和产业比例。此外，城市化还瓦解了宗教对社会的控制，宗教的禁忌逐渐被打破，越来越多的人选择在周末参加娱乐活动，而不是宗教活动。

工业革命提高了人们的生活水平，但产业化机器生产异化了劳动形式，使人们在操作机器的过程中，身体和精神都受到机器的严重束缚，人们需要寻求一种突破，以此摆脱机器对其身心的束缚，以现代体育为代表的身体运动文化恰恰满足了城市居民的需求。随着社会上参与运动的人数增多，规模不断扩大，推动了政府开始修建体育设施，各类体育运动场地应运而生，为职业体育产业的发展奠定了物质基础。

在此背景下，17世纪的英国贵族阶层首先开始流行赛马和马术运动，并逐步恢复了马球运动项目的竞赛。到了18世纪，诸如足球、板球、赛马、拳击、斗鸡、斗牛等体育活动的爱好者和观众不断增加，体育活动进入快速发展期。因此，工业革命带来的城市化和社会的进步为体育活动创造了基础和物质条件，解放了宗教和机器对人们在心灵和身体上束缚，职业体育发展所必需的条件已经基本具备。

## 二、 业余体育俱乐部的诞生

职业体育俱乐部是职业体育主要的组织形式，是在业余体育俱乐部的基础上发展形成的。俱乐部通常作为一种组织制度来解释，如“为参加某一特定活动而聚集在一起的人群或社团或为付费成员提供服务的商业性组织”“为了体育或娱乐目的而聚集起来的人群构成的组织”“体育俱乐部是体育和竞技运动组织的基本细胞，是为了欣赏和实践体育和竞技活动，由不同政治、宗教、年龄、种族的人士组织的社会团体”。传统意义上的业余体育俱乐部是业余体育爱好者出于参加体育活动的需要，以会员制形式组织起来的社会团体。

业余体育俱乐部可以追溯到17～18世纪，1608年出现的英国高尔夫球俱乐部、1668年英国成立的地方板球俱乐部等都是业余俱乐部的早期代表。早期的业余体育俱乐部主要是贵族人士在业余消遣和社交的沙龙，是社会地位的一种象征和权利。在英国，一些通过贵族发起而创建的业余体育俱乐部，为俱乐部成员提供体育活动的服务，但俱乐部的成员仅仅局限于在政治上、经济上享有显赫地位的人士。1750年在英国的纽玛克特(New market)一批贵族资助成立了著名的“赛马俱乐部”(The Jockey Club)。该俱乐部是一个普通的赛马俱乐部，它之所以有名，是因为该俱乐部开创了现代体育俱乐部的法人治理结构和与之相配套的规章制度和运行机制，且其管理模式很快就被英国的板球、拳击等其他运动项目所仿效，并进一步在欧美的许多国家流行。这是英国最早期业余体育俱乐部的雏形，此模式对日后英国其他体育俱乐部产生了深远的影响。

在18～19世纪，业余体育俱乐部成功地推动了英国现代体育的发展，使英国成为业余体育俱乐部发展的先驱。它成功的基础在于俱乐部管理者的公正、俱乐部成员对俱乐部的忠诚与义务参与管理。到了19世纪后，工业革命引起了生产技术的根本变革，也使政治、经济、思想、生活方式发生了变化，新的需求不断产生，为业余俱乐部的发展创造了有利的条件。

在早期西方的诸多国家，随着业余体育俱乐部逐渐成为面向社会大众开展体育娱乐活动的最基础的载体，业余体育俱乐部制度也逐渐成为群众参与体育而普遍实行的运行机制，在西欧国家尤为如此。随着社会政治、经济、文化的发展，以及大众对体育活动的热情不断高涨，业余体育俱乐部不断涌现，越来越多的普通群众自觉地把体育当成生活中的一部分，将业余体育俱乐部作为参加体育活动、进行社交娱乐的重要空间。

## 三、职业体育俱乐部与职业体育联盟的诞生

### (一)职业体育俱乐部的诞生

世界上关于“业余选手”和“职业选手”的争论最早见于1823年举行的划船赛。1866年英国的业余体育联合会章程指出：业余选手是从未参加过以获得奖金为目的的公开比赛，从未和职业选手一起参加过大奖赛。从未以体育教师和体育指导为职业获得谋生经费，以及从来没有做过技工、手工业者和壮工的绅士。

随着一些具有娱乐性质的体育活动逐渐转向竞技项目，俱乐部之间的比赛不断增多，竞争变得更加激烈，对运动员的竞技水平要求也越来越高。因此，部分俱乐部为了满足成员的利益，为了获得比赛的胜利，开始寻求训练更为系统、具有更高技术水平的“专业”运动员，并为他们的工作付出报酬。在当时的英国就出现了以帮助俱乐部参赛而获得生活来源的篮球、足球、网球、划船等职业运动员。在1885年，英国足球联盟承认了职业球队的合法化，从此之后，业余足球俱乐部纷纷开始引进职业球员，组建职业足球俱乐部，足球的职业

化开始在英国发展起来，并通过英国向西欧推广，其他欧美国家陆续开始实行了职业足球的体制。

在19世纪末20世纪初期间成立了大批的职业足球俱乐部：1891年，乌拉圭首都蒙得维的亚的“佩那罗尔足球俱乐部”成立，当时英国拥有的乌拉圭铁路上供职的118名雇员组建了该俱乐部；1892年，英格兰利物浦足球俱乐部成立；1896年，西班牙皇家马德里俱乐部成立；1897年，尤文图斯俱乐部组建；1899年，德国慕尼黑成立1860俱乐部；1899年11月，西班牙巴塞罗那足球俱乐部成立。

如果说欧洲为职业体育的起源做出了贡献，而真正将职业体育打造成市场巨大的产业的功臣则是美国。追溯美国职业体育的发展历史，国内第一家职业体育俱乐部是辛辛那提红袜棒球队，曾在早期的美国进行过全国的巡回性表演，并与诸多业余的棒球俱乐部比赛。此外，19世纪初叶“赛马俱乐部”模式开始在美国流行，许多年轻人纷纷按照英国人的传统建立体育俱乐部，但是，他们很快就发现英国的俱乐部体制在美国很难获得成功，因为美国社会缺乏贵族传统，俱乐部难以找到贵族们慷慨的赞助而得以维持。于是，美国人开始探索营利型俱乐部的运作方式。1828年美国纽约的一个赛马俱乐部的会员考德沃德·科尔顿(Caldwalder Colden)，为解决俱乐部资金困难向俱乐部提出两条建议：一是在俱乐部内部出售10 000美元的股份；二是向观众出售门票。尽管俱乐部经过讨论否决了他的第一条建议，但是同意他在1829年的赛季按商业方式运作俱乐部的整个赛事，由此，开创了体育商业化的先河。

随着商品经济的发展，传统体育组织形式逐渐向现代职业体育的产业运营方向演变，以及公众观看高水平体育比赛和表演的强烈需求，一些体育赛事被赋予了高度的市场价值，商业元素渗透到了体育运动当中，因此，职业运动员和职业体育制度应运而生。职业体育是相对于业余体育而言的，业余体育运动员是指从事其他职业，仅作为娱乐、健身或业余爱好而参加体育活动的参与者。所谓职业运动员，是指专门从事体育竞赛训练和表演，从中获得报酬，并以此作为生计来源的人。而职业体育是指遵循市场经济基本规律，将职业运动员的高水平体育竞赛及其相关产品作为商品进行管理，并从中获得经济利益的体育经济活动。

### (二) 职业体育联盟的诞生

随着职业体育俱乐部的不断壮大，只要拥有资金和职业运动员就可以进入到职业体育市场中，各个俱乐部之间的水平也是参差不齐，高度竞争下不可避免地出现了无序的状态，一些俱乐部所向无敌，一些俱乐部屡屡战败，这样悬殊的差距使得比赛缺少观赏性和悬念，纵然是水平非常高的俱乐部也很难提供高质量的比赛，北美第一支职业化的球队辛辛那提红袜队，就曾取得了长达69场的连胜。

俱乐部逐渐意识到如此悬殊差距的比赛对产业的发展是不健康的，职业体育不同于其他产业的发展模式与竞争原则。即唯有通过势均力敌的对手间的合作才能使其生存下去，选择实力相近的对手，保护对手实力就是保护自己，悬殊的水平差异是不可取的，同时单个俱乐部无法完成竞赛表演产品的生产，并且观众对竞赛表演的需求与比赛的不确定性高度相关是职业体育的鲜明特征。因此，除了必须维持对手间的实力均衡外，仍需要在时间安排、赛事制度、规章规程等方面进行专业的调整和规划。职业体育联盟恰是在市场的不断反思与试错中产生。

职业体育联盟是若干同一项目职业体育俱乐部为了生存和发展，以契约为纽带而组成的合作生产竞赛表演，共担风险、共享利益的一种兼具企业与市场属性的特殊的中间性组织。职业体育联盟是一种独特的组织形式，它既非卡特尔，又非企业集团，更非大公司，是一种尚需被补充到产业组织形式既定分类中的一种独特的产业组织形式。职业体育联盟是俱乐部以合作方式建立的利益共同体，具有垄断特征，代表了各个俱乐部的整体利益，是职业体育组织的最高权力机构，在职业体育组织中拥有最高权威。联盟以其权威性制订的规则在职业体育组织中具有法定效力，联盟制订的统一规则保证了职业体育组织竞技表演、竞赛市场开发等生产经营活动的有序化。因此，职业体育俱乐部为便于相互间的组织、管理与协调，将领导权委托给联盟。联盟通过合理制订职业体育组织整体发展规划，协调俱乐部间的矛盾与冲突，维护俱乐部的整体利益，为俱乐部间的公平竞争创造了良好环境，促进了职业体育健康发展。

美国的第一个职业体育联盟是在运动员控制下诞生的。美国内战以后，棒球超过板球成为当时美国最流行的运动。1871 年第一支职业棒球联盟“国家职业棒球员协会”成立，凡是给尖子运动员支付薪金的棒球俱乐部都可以加入该协会。1876 年有“棒球沙皇”之誉的威廉·赫尔伯特(Willian Hulbert)接管了全美棒球协会。他认为只要像商业那样来经营棒球，棒球完全可以营利，并在上任不久后，将全美棒球协会改名为全美棒球联盟。随后又立即着手制订联盟的各项规则，并有计划、有步骤地开发棒球的联赛市场，进行联盟的垄断经营。棒球职业联盟的成功运作，使得这种体制很快在篮球、美式橄榄球和冰球等项目中得到了推广。

## 四、 职业体育联盟的迅速发展与成熟

职业体育联盟的发展是一个长期的过程，随着商业化的不断渗透和影响，球队对于公平和秩序的需求使得职业体育联盟迅速发展和壮大。职业体育联盟的决策权较大且逐渐独立自主，在解决纠纷和矛盾中发挥着重要的协调、监督的作用，同时也不断地完善组织框架、联赛制度、联盟规章、奖励惩罚等方面的内容，成为了代表各俱乐部的利益共同体和职业体育的垄断组织。

### (一) 职业体育联盟的分类

由于职业体育联盟各自生长的历史背景不同，每个职业体育联盟的发展方向也有所差别，其发展类型可概括为内因发展型与外因发展型。大部分欧美的职业体育联盟属于内因发展型联盟，内因发展型联盟是在自由竞争市场环境中产生的，一些竞争能力较弱的联盟被逐渐淘汰。欧美的职业体育俱乐部是从业余体育俱乐部的基础上产生的，从形成之日起就由私人老板所拥有，职业体育俱乐部在发展的历程中，俱乐部间的关系结构通过不断调整与创新，形成今天相对完善的民主制职业体育联盟。外因发展型职业体育联盟是受西方职业运动成功示范的作用，通过向西方职业体育联盟学习、模仿和借鉴，对本国竞技运动的组织结构进行改造、创新而形成的。

从职业体育联盟的垄断性特征划分，职业体育联盟可分为封闭式职业体育联盟和开放式

职业体育联盟。有升降级特征的欧洲职业体育联盟,称为开放式职业体育联盟。以美国为代表的职业体育联盟没有升降级,称为封闭式职业体育联盟。封闭式职业体育联盟与开放式职业体育联盟相比,封闭式职业体育联盟的权威性更大,其经营管理的权力也高度集中。封闭式职业体育联盟形成的条件包括在发育早期地域分散、规模小、社会影响力与竞争力相对较小。开放式职业体育联盟一般是在业余联合会的基础上发展起来的,历史比较悠久。联盟在成立之初就具有较大规模,俱乐部数量多且地域分布广泛,项目垄断格局比较稳定。

### (二)职业体育联盟的组织框架

职业体育联盟是俱乐部合作经营的组织,各个俱乐部通过契约,将部分权力委托联盟统一实施。随着职业体育联盟的发展,其组织框架日益完善和丰富(图 6-1)。总裁和各职能部门工作人员属于管理层次,是联盟的雇员,运动员则属于技术层次的雇佣人员。董事会是职业联盟的最高权力机构,董事会一般由各职业队的业主或业主的代表组成,他们是联盟的所有者,负责重大问题的决策。例如,NBA 的最高决策机构是由所有俱乐部业主或代表组成的执行委员会,它采用投票制对涉及俱乐部或联盟的重大事宜做出决策。联盟董事会的主要职能包括选择职业联盟总裁,确定职业俱乐部的数量和合理分布,决定运动员合理分配、流动,确定比赛规则,决定比赛日程,同全国性的新闻媒体谈判,出售电视广播转播权,并进行收益分配,协商门票等收入的分配,并制定方案,对联盟的事务进行监督。

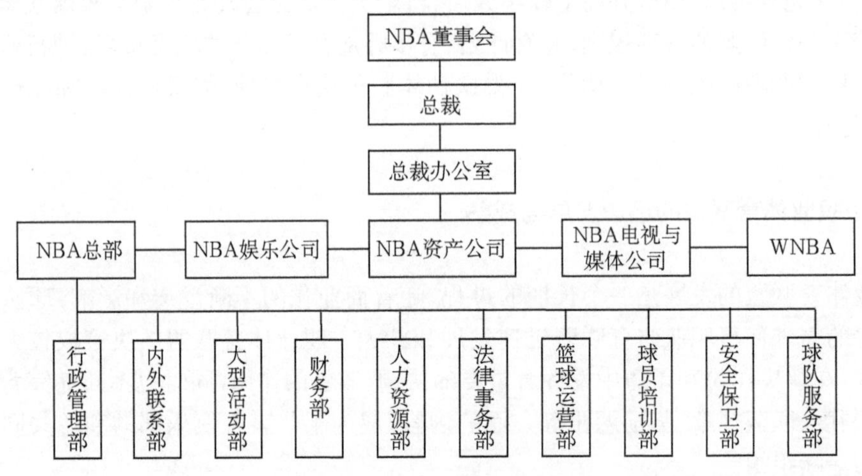


**图 6-1 NBA 的组织结构图**

NBA 资产公司主要负责 NBA 电视节目和授权产品的售出、销售情况的监控,以及各地公共关系联络和新闻简报分发等事务,NBA 娱乐公司实际是 NBA 的电视台和制片厂,是落实以电视推广 NBA 比赛和球星的主要机构。NBA 电视与新闻媒体公司是一个刚刚成立的部门,还没有开展大规模的业务,WNBA 总部是 NBA 在 1997 年夏季推出的女子职业联赛,它归属于 NBA 总裁办公室直接领导。

NBA 组织结构中十大部门的主要职责:①行政管理部负责 NBA 总部行政事务的安排和管理。②内外联系部主要负责联络,主要职能为处理 NBA 的公共关系。具体业务由其下属的国际关系部、体育媒体关系部、市场联络部、合作关系部、出版部和双边关系交流部 6 个部门承担。③大型活动部负责安排 NBA 的大型活动,如总决赛、全明星赛、新秀选拔等大型赛事和非赛事活动。具体业务由其下属的业务发展部、客户服务部、双边服务部和活动管理部4个部门承担。④财务部负责NBA财务管理,控制和财会业务的具体实施。⑤人力资源部负责NBA总部人员和招聘、培训和任免。⑥法律事务部负责国内国际的各项NBA法律事务。⑦篮球运营部负责球员、裁判的管理,对其进行罚款、处罚,以及赛程编制、比赛实施、规则修改等竞赛事务。⑧球员培训部负责球员在赛季之外的商业和理财的培训和实习,使球员在结束运动生涯之后可以继续从事其他工作。⑨安全保卫部负责NBA联赛期间体育馆、运动员和观众的安保工作。⑩球队服务部负责帮助球队处理各种事务的机构。29支球队每队都有专人负责,相当于NBA与球队之间的联络人。

(三)职业体育联盟的制度安排

职业体育联盟除了组织框架日益完善和丰富外,其内部的规章制度也不断地细化,保障了联盟公平、正常运行。

1. 市场准入制度

市场容量是有限的,联盟内俱乐部的增加将会导致各俱乐部之间的竞争加剧和利益分享的减少。优秀运动员资源的稀缺性决定了联盟的规模不能无限扩大。因此,对职业运动队数量和分布范围的控制,可以确保每支球队都能获得足够的球迷支持和保护其相应的市场。特别是保证地方政府对职业球队有充分的支持,而且也能保证比赛的质量。

联盟通过设定区域半径来实施领地独占权,在半径以内,联盟的任何其他成员都不能占有。此外拥有联盟内俱乐部的途径也只有两种,一种是购买联盟内已经存在的特许经营俱乐部;另一种是购买联盟扩张的球队,需要支付给联盟现有的俱乐部入会费,取得和它们比赛竞争的权力。

2. 收入分享制度

俱乐部收入分享主要体现在电视转播费和门票销售,全国范围的电视转播收入在俱乐部间平均分配。

3. 选秀制度

业余运动员选秀绝大程度上是根据前赛季名次的逆序进行的,给名次靠后的俱乐部优先挑选运动员的机会。设计这种“逆序选秀”制度的目的就是为了实现均衡竞争,通过这个制度增强弱队的实力,这无疑可以拉近球队间的实力差距进而增强比赛结果的不可预测性。

4. 工资帽与奢侈税制度

工资帽是对俱乐部可以支付给运动员工资的最高数额做出的限制。工资帽一般分为“硬帽”和“软帽”。“硬帽”是指没有任何理由可以让俱乐部薪水册的数额超过最高限额(NFL);“软帽”是指俱乐部可以在某些情况下超过最高限额的规定(NBA)。

5. 工资封顶制度

西方职业体育联盟设置了一系列的限制运动员工资的制度,保障联盟和俱乐部健康持久的发展。

6. 转会制度

转会是指职业运动员在两个或者两个以上体育俱乐部之间流动,实质上是运动员变更劳动关系。合理的转会有利于增强联赛活力,以及球员自身的成长。

7. 集体议价制度

代表俱乐部业主利益的联盟和代表运动员利益的球员工会进行谈判，签署集体议价协议(Collective Bargaining Agreement，CBA)，是北美职业体育联盟的重要活动。集体议价协议确定工资帽和决定工资帽的程序、确定运动员的最高和最低工资、运动员转会的规则、联盟选秀程序以及其他近百条涉及项目运行的规定。集体议价协议的关键是确定运动员工资在联盟收入中所占的比例。

### 五、职业体育的地位越发重要

职业体育是现代体育发展到一定阶段的产物，需要以经济发展和大众体育普及为基础。当今世界，职业体育获得了各国政府和国际社会普遍认可，并逐步成为世界竞技体育发展的主流，进入发展的兴盛阶段，职业体育的地位逐渐得到彰显。

职业体育是体育发展的高级形态，反映了一个国家体育发展的客观历程。第一，大力发展职业体育，可以有效地提升国家竞技体育的水平，可以优化竞技体育的发展结构，减少举国体制的投入负担，激活竞技体育的自我造血能力。第二，职业体育是激活群众体育的发力点，职业体育为观众呈现了精彩刺激的体育赛事，与此同时也拉近了观众与体育项目的距离，激发了观众对体育运动的热情，提升了群众对于体育的关注度。同时，职业体育明星对于青少年的影响是深远的，而这种影响力也会使得更多的大众和球迷了解、熟悉、观赏和参与明星所从事的项目，从而有效地扩大项目的社会基础和市场基础，促进项目的广泛普及。第三，职业体育是发展体育产业的关键点，职业体育是体育产业的核心产业之一，处于体育产业的上游位置，职业体育的发展可以有效地带动下游产业的发展，辐射和带动相关产业，是体育产业发展中最根本、最基础、最关键的部分。第四，发展职业体育是迈向体育强国的客观需求，大力发展职业体育是各国提升本国体育综合实力和国际竞争力的共同选择，没有职业体育的崛起，就不可能有真正意义上的强国体育。

职业体育为丰富人民群众日益增长的、多元化的体育需求提供了鲜活的产品，为扩大国内需求、促进经济增长、带动社会就业以及推动体育产业的快速发展，都发挥了现实的作用。职业体育是一个国家体育核心竞争力的关键所在，职业体育在当今世界正在扮演着举足轻重的角色，其地位越来越重要。

## 第二节　现代职业体育的构成解析

现代体育是工业文明之后自下而上发展起来的城市文化，它是在独立于政府、市场之外第三域衍生而出的，协会力量是推动西方现代体育不断发展的核心力量。职业体育是建立在西方体育制度框架下的，既有需求又有供给的经济活动过程。从经济学观点看，一些竞技运动项目独特的观赏性和人们对它的观赏需求是职业体育产生的基本原因。主导人们这种观赏需求产生和变化的内在动力则是人们审美享受的需要，即西方职业体育管理制度赖以建立和发展的社会心理基础和基本动力。

## 一、职业体育的内部构成(产业经营模式)

### (一) 职业体育产业的内涵

产业的内涵具有历史范畴属性,是伴随生产力发展和社会分工的深化而产生和不断扩展的。从社会分工来说,它是一般分工和特殊分工的现象。在社会生产力发展的不同阶段,由于社会分工的主导形式转换和不断地深层发展,以致形成了多层次的产业范畴。产业作为一个经济单位,并不是孤立存在的。产业和产业之间存在着极其复杂的直接和间接的经济联系。总之,在社会分工原则下,具备一定规模,有投入和产出的经济活动就是产业。

以技术、工艺的相似性或经济性质相似的服务活动作为划分产业的标准,职业体育产业是指生产提供竞赛表演产品的职业体育联盟的集合。如果以同一商品市场作为划分的产业的标准,职业体育产业是指生产提供具有密切竞争和替代关系的竞赛表演产品的联盟的集合。

### (二) 职业体育产业的产品分析

#### 1. 职业体育产品结构

产品的核心利益(core benefit)是为顾客寻找解决问题的利益或服务,它解决了消费者究竟买什么的问题。职业体育产业属于竞赛表演业,其核心利益是满足球迷和观众的审美享受。实际产品(actual product)是属于第二个层次,即按照核心利益转变为实际的产品,也就是开发产品或服务的特色、款式设计、质量水平、品牌名称和包装等。职业体育最重要的产品是职业体育的联赛产品,即一个赛季的联赛。球迷对于职业联赛的消费活动是从一个赛季的职业联赛的开始到最终决赛。

职业体育的附加产品包括职业体育联盟和俱乐部的直接产品与其他行业围绕职业体育开发的产品。直接产品主要包括:官方吉祥物以及由此衍生的各类产品(毛绒公仔、服饰、书包文具、钟表、便当盒);俱乐部冠名的体育用品;职业体育联盟和俱乐部举办的各种训练营、培训班甚至理疗中心等;职业体育联盟的社会公益活动;围绕超级明星开发的各种产品,包括球星命名的球衣、球鞋等。其他行业围绕职业体育开发的产品主要包括:体育媒体、体育彩票、围绕明星的相关产品、关于职业体育题材的电影电视、虚拟现实职业体育的电子竞技类游戏,以及展示体育文化的体育博物馆等。

#### 2. 职业体育产品的特点

(1) 职业体育产品的一般特点:无形性、易逝性、生产和消费的同时性(不可分性)、易变性、缺乏所有权。

无形性:体育劳务服务是非物质化,非数量化的,球迷和观众在购买职业体育产品之前是无法用感觉估量其真实价值的。易逝性:体育服务不能被保存以备后用,对于职业体育联赛产品而言球迷密切关注俱乐部赛季的比赛其主要动机是不想错过俱乐部的精彩时刻,说不定哪一秒就会出现一个传奇,而这种时刻恰恰是不能保存的。生产和消费的同时性(不可分性):职业体育运动员在赛场运用运动技能技巧供观众观赏的过程正是服务的生产与消费不可分离的过程,这种独特性必须要求运动员和球迷互动才能完成整个经济活动,而且两者都会影响联赛产品的质量。易变性:职业体育联赛产品的质量取决于由谁提供服务,以及何时、何地、如何提供,例如在不同的赛制下相同的球队参加的比赛,其比赛质量大相径庭，球场气氛好坏也直接影响俱乐部的发挥水平。缺乏所有权：在职业体育联赛产品生产和消费过程中不涉及任何东西的所有权转移。

(2) 职业体育产品的独特特点：不可重复性、比赛生产的非唯一性、比赛过程和结果的不确定性。

不可重复性：每场比赛的内容都是完全不同，不能重复的，这也是职业体育吸引球迷的原因之一。比赛生产的非唯一性：职业体育表演不是独角戏，职业联赛是必须要有对手与其通过合作而完成的，没有对手比赛就无法进行，而对于整个联赛产品而言，联盟中每个俱乐部都是生产者，无论成绩好坏缺一不可，其地位是同等重要的。比赛过程和结果的不确定性：谁都无法正确地预测体育比赛的过程和走势，裁判一次不经意的判罚、明星运动员意外受伤离场、某个运动员的超水平发挥等都会改变比赛的进程，可以说每分每秒甚至在0.01秒内比赛结局都会很不一样。

3. 职业体育产业的经营模式

职业体育联盟和职业体育俱乐部是职业体育产品的生产者。职业体育联盟内的各支俱乐部通过与联盟签订协议，成为联盟的团体会员，并遵守和执行整个联盟的规则和章程。每个俱乐部都是独立的法人机构，每个俱乐部的工作人员负责俱乐部日常运营的经济决策，维持俱乐部的良好运转。

职业体育产品的消费者包括观众、媒体和赞助商。观众主要通过购买门票的方式获得职业体育产业的核心产品——竞赛表演娱乐服务。媒体和赞助商则通过付费给联盟和俱乐部，获得其无形资产的使用权——比赛转播权和广告权等。

职业体育联盟和俱乐部为了组织生产必须从资源市场获得各种生产要素，并与资源供应商发生经济关系，例如，投资建设或租用体育场馆、雇佣新球员等。此外，体育场馆所有者、体育器材销售商、运动员及其经纪人、运动员工会、投资人等也都是职业体育的资源供应商。

综上所述，资源市场、生产者和产品市场共同构成了职业体育产业的经营模式。同时，观众的多寡直接决定赞助费用、转播费用的高低，因此观众是职业体育产业经营模式中的核心，只有千方百计地满足观众的需求，职业体育才能可持续发展。图6-2示意了职业体育产业主要经营模式。

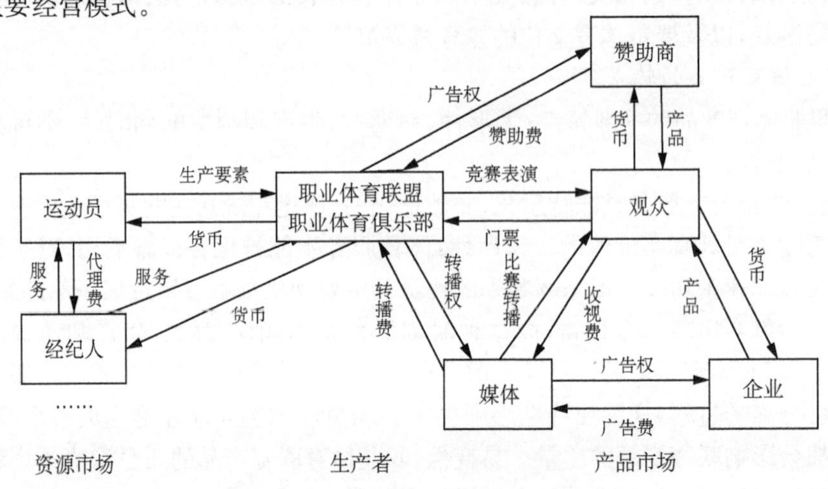


图6-2 职业体育产业主要经营模式

## 二、职业体育的外部构成(职业体育的行业竞争环境)

职业体育产业会受到外部大环境的影响和控制,需要遵循现实背景和发展规律。除了受到外部大环境的影响,职业体育产业内部也存在具有竞争性质的环境。因此,职业体育产业的竞争环境分为了职业体育产业的外部宏观环境和职业体育产业的内部竞争环境。

### (一)职业体育产业的外部宏观环境

PEST分析是指宏观环境的分析,P是政治(politics)、E是经济(economic)、S是社会(society)、T是技术(technology)。在分析企业集团所处的背景时,通常是通过这四个因素来分析企业集团所面临的状况。按照战略管理的方法模型,职业体育是受现代社会中政治、经济、文化和技术等多种因素影响的,故不能脱离大背景谈职业体育产业。

全球化为世界经济带来了无限机遇,职业体育产业也不例外,起初的职业体育是国内联赛,即仅在本国内保持垄断,与其他国家的联赛几乎没有联系,而随着经济向全球化环境的转变,众多职业体育联盟呈现出全球化扩张和开发未来市场的发展趋势。全球的各职业体育联盟、各职业体育俱乐部之间的交流互动逐渐频繁,联系更加紧密,彼此之间相互学习、相互借鉴。通过频繁交流来满足各自利益,以此扩大行业的影响力。此外,运动员在全球各联赛中的转会也更加频繁,不再局限于本国范围。

文化环境对于职业体育产业的影响十分重要。中西方的体育文化存在较大的差异,由于西方国家的职业体育是自下而上发展起来的,大众对于职业体育的需求和认同都较为深刻,将职业体育看成是生活中的一部分。我国体育文化存量相对孱弱,并没有树立起正确对待职业体育的文化氛围,对待职业体育更多的是功利性,缺少正确对待职业体育的价值观念。

科技环境是推动职业体育产业迅速发展的重要因素。电视转播的出现加速了职业体育商业化的发展,直播转播等技术的成长迅速扩大了职业体育产业的版图和联盟俱乐部的收入。科技的进入也提升了职业体育赛事的公平性,回放技术、鹰眼技术、VR技术的应用减少了误判的情况,削弱了裁判对比赛的主观影响。大数据、人工智能等技术的进入大幅度提升了运动员训练水平和竞技能力,也促进了技战术的发展,直接提升了职业体育的观赏性。媒体转播技术的快速进步,完善了职业体育的线上观赏度,吸引了越来越多的观众开始通过网络观看比赛,创造了更多的新消费群体。此外,科技为场馆也带来了许多新的功能,全方位地提升了赛事精彩程度和观众的体验感。

政治环境是职业体育产业赖以生存的根本。政府机构对职业体育的态度直接关乎产业的生存与发展,相对于工业革命以前的时期,如今的政府都更加重视职业体育的发展,一方面职业体育产业能够有效地促进经济的增长,带动相关产业的发展;另一方面,职业体育是当今大城市中人们生活娱乐必不可少的一部分。政府会颁布各类相关的政策、法律对职业体育带来直接的推动作用,保障职业体育产业的健康发展,促进高质量职业体育产业的形成。

### (二)职业体育产业的内部竞争环境

迈克尔·波特(Michael Porter)于20世纪80年代初提出的五力分析模型对竞争环

境、竞争战略的分析产生了全球性的深远影响。职业体育产业根据供应商的议价能力、购买者(观众)的议价能力、新进入者的威胁、可替代品的威胁,以及来自同行业企业间的竞争等五种主要来源,可分析与判断行业基本竞争格局与态势(图 6-3)。

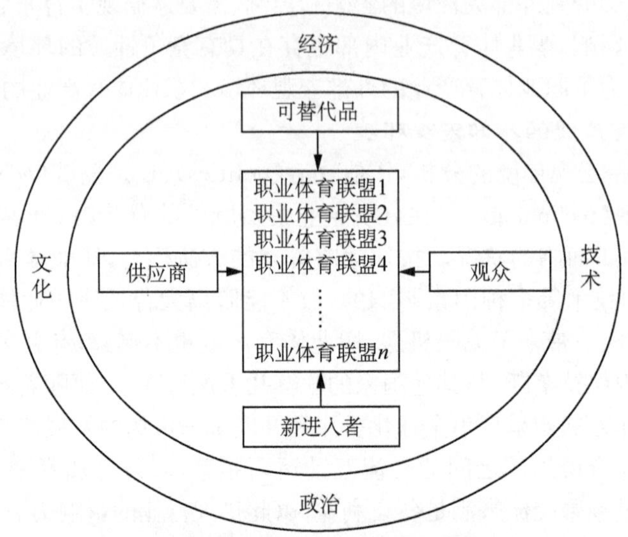


**图 6-3　职业体育产业竞争环境**

1. 职业体育观众的议价能力(第一竞争关系)

职业体育观众构成了职业体育产业的第一竞争关系。观众是职业体育联盟的目标市场,他们具有与职业体育联盟讨价还价的能力,是否支持职业体育联盟和职业体育俱乐部完全由自己来定义,如果职业体育联盟所提供的比赛质量不能满足球迷的需求,那么职业体育联盟就无法在市场中立足。

2. 职业体育要素供应商的议价能力(第二竞争关系)

职业体育的供应商主要通过其提高投入要素价格与降低单位价值质量的能力,进而影响职业体育产业的盈利水平和职业体育联赛的质量。

3. 可替代品的威胁(第三竞争关系)

职业体育和其他服务行业,例如影视、娱乐,以及其他休闲活动等所生产的产品形成互为替代关系,从而在它们之间产生相互竞争行为。正是这一力量为职业体育联盟施加了最大范围内的竞争。

4. 新进入者的威胁(第四竞争关系)

新进入者主要针对联盟中新成立的职业体育俱乐部和拥有新玩法的联盟。新的俱乐部在给职业体育联盟带来新生产能力、新资源的同时,也希望在已被现有职业俱乐部瓜分完毕的市场中赢得一席之地。新玩法的联盟不进入则已,一旦进入将具有颠覆原有行业的极大可能。

5. 职业体育联盟的内部竞争强度(第五竞争关系)

随着全球化进程的加速,国际职业联盟的交往更加频繁,原本已在国内“养尊处优”的职业联赛在面对全球化市场的格局下,不得不与其他联盟在资源上竞争,且联盟间的竞争是最直接的，强度也是最大的。

## 第三节 世界职业体育发展的国际经验

### 一、不同国家职业体育发展的经验

#### （一）欧洲职业足球发展经验

1. 多层级管理体系

欧洲足球有独立的不依附于国家政府的多层级管理体系，体系中最高管理层级的是欧洲足球协会联盟(Union of European Football Associations, UEFA)，简称欧足联，负责管理欧洲各区的足球事务，在世界上的影响力、财富及权力高居六大足联之首。有多达55个国家的成员协会加入欧足联，协会下设超过700家职业足球俱乐部，包括西班牙、德国、英格兰、意大利、法国等国的著名俱乐部。

2. 完善的赛事体系

欧足联举办的赛事不仅包含职业俱乐部赛事（欧洲冠军联赛、欧足联欧洲联赛和欧洲足联欧洲协会联赛等），也包含了国家队赛事，如欧洲足球锦标赛、欧洲女子足球锦标赛，还拥有欧洲著名的五大联赛：英超、意甲、德甲、西甲、法甲。欧足联在赛事体系的构建上，具有范围广、层级多的特点，这样的赛事体系能保障运动员参赛次数，保持运动水平，提高俱乐部收入，虽然赛程上存在重叠设置的问题，但也给予了运动员相对的调整时间和选择余地。

3. 独特的发展模式及组织制度

欧洲足球的发展模式是金字塔结构，不同于静态构成的联盟模式，欧洲俱乐部实行升降级制度，同时举行冠军联赛、国内杯赛、全国联赛等多重赛事，在这个动态金字塔里有充分竞争和多样化选择的可能，也具备配套的组织制度，如面向球员的青年阶段制度、转会与贷款制度，面向俱乐部的交叉持股规则、俱乐部许可制度和财政公平竞争规则等。俱乐部许可制度要求俱乐部须在五个不同方面（竞技、基础设施、人员和行政、法律及财物）满足若干最低标准，方能取得国家成员协会颁发的许可证，获得欧冠和欧洲联赛的参赛资格；财政公平竞争规则是指俱乐部须遵守无逾期应付款规则、收支平衡规则等。

#### （二）美国四大职业体育联盟发展经验

美国的职业联赛管理制度源于欧洲的俱乐部管理模式，在19世纪，美国上层社会的体育爱好者们也曾试图借鉴欧洲俱乐部管理模式创建美国的体育俱乐部，但因缺乏传统贵族文化的情结，得不到类似英国贵族阶层的支持和资助，皆以失败而告终。在美国的自由市场经济中，商业气息浓厚、商业目标单一、竞技运动职业化的阻力小，使得美国的职业体育运动在社会底层得以广泛开展，从而形成了与欧洲职业赛事风格迥异的职业体育组织模式。如美国的职业篮球联盟、职业棒球大联盟、职业橄榄球联盟、职业冰球联盟等，都是没有升降级的开放式联盟，与欧洲具有升降级的封闭式联盟的组织管理方式有着显著的差异。

1. 美国职业篮球的发展经验

美国最早的职业篮球联盟——美国国家篮球联盟(NBL)成立于1937年。NBL建立了稳定的组织框架和相对的竞争均衡，使比赛更加精彩，提高了比赛的观赏度，并开始引起社会关注。第二次世界大战后，美国出现了三个职业篮球联盟，其中两个联盟以小城镇为基地，因为有颇受爱戴的业余队伍，不缺球员来源。然而过度发展的结果是大多数小城镇的队伍都失败了，于是三个联盟在1949年整合为一，更名为美国国家篮球协会(NBA)。在20世纪60年代，由于NBA越来越受欢迎，加之媒体的介入，联赛的盈利能力显著提高。随后NBA的成功吸引了新的竞争者，1961年美国篮球联盟(ABL)成立，但在第二季中期，就因组织问题和无法取信于球迷而解散。1967年美国篮球协会(ABA)成立，它开始采用红、白、蓝三色相间的篮球及三分投篮，并率先采取主客场制，这一系列改革提高了ABA的竞争力。NBA与ABA在长达9年的竞争中，极大地抬高了球员的工资，因此双方都蒙受了很大的损失。由于ABA具有强大的实力，运作得比较成功，使原有的NBA联盟的垄断格局被打破，二者于1976年合并。在二者的博弈中，NBA选择了妥协的方式，与ABA合并后建立了新的垄断均衡。

20世纪80年代后，NBA提出了具有扩张性质的全球战略目标。NBA的总裁大卫·斯特恩最初曾将自己的战略分为转播NBA的比赛、组建“梦之队”和向全球招募球员等几个阶段。这几个阶段的完成为NBA的全球扩张铺平了道路。90年代，NBA的全球战略目标进入主动向外扩张阶段，NBA在1992年引进了18个国家的23名外国运动员。到90年代末，NBA已经拥有来自30多个国家的50多名外籍球员。自1989年，国际篮联向NBA的职业选手们敞开了世界体坛的大门后，1992年，NBA的明星球员们首次组成“梦之队”参加了巴塞罗那奥运会，决赛以117∶85战胜克罗地亚队，得尽奥运风光。1994年，NBA又组建了“梦之二队”参加在加拿大多伦多举行的世界男篮锦标赛。1996年，派出“梦之三队”出战亚特兰大奥运会，亦载誉而归。20世纪90年代，NBA已经在世界篮坛取得了当之无愧的霸主地位。自1990年起，NBA把赛事推广到国外。NBA的季前赛曾多次在日本举行，1996年，在日本东京巨蛋体育馆举行的两场赛事(布鲁克林篮网队对奥兰多魔术队)共吸引了超过75 000名观众，每张门票价格为180美元。为了宣传与推广，NBA到目前已在国外建立13个办事机构。除NBA的自身推广外，与NBA结成伙伴关系的商业组织也利用NBA在全球的影响，借助NBA的品牌进行国际营销活动。以耐克、阿迪达斯、锐步为代表的一批世界著名的体育用品制造公司，利用NBA旗下大牌球星的海外知名度逐步渗透国际体育用品市场，可以看出NBA品牌已经成为巨大的无形资产。

2. 美国职业棒球的发展经验

棒球是美国发展最早的职业运动，1858年，成立了体育历史上的第一个运动员工会——国家棒球运动员协会(NABBP)，它制订了全国范围内的比赛标准，采用每场比赛9局的规则，以吸引更多的参加者，获得更高的收益。1870年，棒球的组织者最先推出了具有营利性质的联赛体系，因此，棒球成为美国成功运用联赛体制进行管理的第一项体育运动。1871年，美国国家职业棒球队成立，同时任何棒球俱乐部只要为其队中的运动员交费就可加盟，不过与原先的赛马俱乐部一样是靠其富有成员们支撑，经济来源不稳定。因此，在一个赛季中，组队、解散或重组是十分常见的。1876年，美国全国棒球协会改为全国棒球联盟(即国家联盟)，国家联盟修改了原有的赛事章程，建立了联赛组织结构和强有力的规章制度。以营利为导向的棒球赛最终得到公众的认同。1876年后，国家联盟只允许一个城市或附近城市拥有一个联盟球队。不允许任何球队以联盟的身份在其领地与未加盟球队比赛，这条禁令也适用于球队的老板。这些措施使得联盟球队名声大振。球迷也把球队与其所在城市（社区）的荣誉联系在一起。国家联盟中各队在他们的家乡或城市拥有了忠诚的球迷，球迷也因球队而骄傲。负有盛名的棒球队凭借自己的力量成为当地的一个重要体育组织机构。对地方球队赞助也成为市民的骄傲，赞助商们为加强球队与社区联系的纽带，建设了体育场馆。美国职业棒球大联盟（MLB），是北美地区最高水平的职业棒球联赛。1903 年由国家联盟和美国联盟共同成立，是美国四大职业体育联盟之一。联盟共计三十支球队，十五支属国家联盟，十五支属美国联盟。

与美国职业篮球联赛相似，自 20 世纪 90 年代，美国职业棒球联赛也开始向国外市场扩张，1992 年，西雅图水手队被日本公司收购，这是美国职业联赛的球队第一次被非北美人收购。另外，多伦多蓝鸟队赢得了职业棒球联赛的世界系列赛的冠军，这也是非美国球队第一次获此殊荣。随着多伦多蓝鸟队的成功，职业棒球联赛开始发展至美国及加拿大以外，因为重视了亚洲、拉丁美洲以及世界其他地区，职业棒球联赛在欧洲市场获得了巨大的收益。在商品销售额上，从 1989 年的 30 万美元上升到 1993 年的 8 500 万美元至 1 亿美元，欧洲市场成了职业棒球联赛的一个重要市场。职业棒球联赛通过职业棒球联赛国际联合会（MLBIP）来达到占领欧洲以及世界其他地区体育市场的目的。职业棒球联赛国际联合会包括职业棒球联赛、NBC 以及一家英国公司帕斯科 · 纳利公司。这种伙伴关系促使职业棒球联赛国际联合会在四个方面实施战略措施：①提供持续增长的电视转播，包括常规赛、全明星赛、联盟冠军杯系列赛、世界杯系列赛，以及介绍性节目等。②大量增长的消费者，通过世界范围内的协议来生产、开发以及销售各种职业棒球联赛产品。③通过创办青年联赛、成人研习班，提供教学设施、裁判实习以及美国大学生选手加盟国外球队等手段促进棒球运动在全球的发展。④发展与赞助商的关系以增加节目的电视播出时间，并对职业棒球联赛的全明星日本之行、欧洲季前热身赛、墨西哥公开赛以及青年联赛的全明星欧洲之行进行转播。职业棒球联赛在其全球发展中同样得到了另一新伙伴——美国棒球协会（美国业余棒球的官方组织，隶属于国际棒球联合会）的支持。通过与美国棒球协会的合作，使得职业棒球联赛能够在每一个国家建立自己的市场。

3. 美国职业橄榄球的发展经验

美式橄榄球是美国最受欢迎的运动项目之一，被称为美国第一运动，而美国国家橄榄球联盟是美国最大、最具影响力的职业体育联盟，资产总额达数百亿美元。1920 年美国职业橄榄球协会成立（APFA），但 1922 年建立的美国国家橄榄球联盟（NFL）很快超过了美国职业橄榄球协会。当时很少俱乐部在大城市，观众人数少，1923～1924 赛季每场比赛的观众人数大约为 3 600～5 000 人。有几十年的时间，美国大学橄榄球比赛比职业比赛更能吸引观众。1920～1929 年，有 29 家特许经营球队彻底失败。1958 赛季的冠军赛进行了全国范围的电视转播，显示了电视与体育结合的巨大潜力。1960 年皮特 · 罗泽尔担任 NFL 主席，为了提高 NFL 在公众中的形象，增强 NFL 的市场推广能力，他将 NFL 办公室迁到曼哈顿，开始协调各队的电视合同，然而在当时与电视媒体签订一个整个联盟的同意合同是违法的。1961 年，为了获得允许 NFL 签订单一的、全联盟的电视合同的有限豁免，罗泽尔花费整个夏天游说国会，同年 9 月，《体育反托拉斯转播法案》获得批准，美国的职业篮球、职业冰球与职业橄榄球一同获得了以联盟名义签订电视转播权的权利。1962～1963 赛季，NFL 和哥伦比亚广播公司(CBS)签署的第一份合同就为每支球队每年带来了大约 33 万美元的收入。1964～1965 赛季，收入增加到每支球队每年大约 100 万美元。

罗泽尔在 1982 年与 3 家主要电视新闻网谈判，确立了一个里程碑式的 5 年期的且价值 21 亿美元的电视转播合同。接着他又向有线电视扩展，在 1986 年把“星期天之夜”系列卖给了 ESPN。罗泽尔为目前的电视转播合同建立了坚实的基础，这些合同单单从 Fox 那儿就得到了为期 4 年的 15.8 亿美元，是他在 1962 年与 CBS 签署的第一份合同的 2 000 多倍。2002 年 NFL 将 NFC 和 AFC 重新结盟，分为 8 个区，每区 4 支球队。NFL 目前有 32 支球队，位于 31 个城市。国家橄榄球联盟比赛是美国吸引最多观众的体育比赛，其电视转播收入在四大联盟中是最高的。

4. 美国职业冰球的发展经验

美国国家冰球联盟(National Hockey League，NHL)是一个由北美冰球队伍所组成的职业体育联盟。同时 NHL 是全世界最高层级的职业冰球比赛。在历史上，加拿大和美国地区出现过很多冰球联盟。经过多年演变才形成如今的 NHL。最早的冰球比赛都是业余比赛。第一次职业联赛出现在 1904 年，一战结束之后，新的联盟即国家冰球联盟于 1917 年在加拿大的蒙特利尔成立。不过，当时的国家冰球联盟不是现在的 NHL。虽然名字一样，但是那时的国家冰球联盟只能算是区域的联盟。为了增加收入，NHL 将赛程陆续增加到 50 场。直到 1967 年以前，NHL 一直保持着相当稳定的 6 支队伍。NHL 历史上有几次大的扩军行动。一次是在 1967～1968 年，当时有 6 支队伍参加，NHL 一下发展到 12 支队伍。而这时候的 NHL 依旧是一个扩大了区域联赛，因为在西部地区还有世界冰球协会(WHA)。1979～1980 年财政不足的 WHA 退出了历史舞台，NHL 其合并，NHL 吸纳了尚存的 WHA 球队：埃德蒙顿油商队、哈特福德捕鲸者人队(现在的卡罗来纳飓风队)、魁北克诺丁克队(现在的科罗拉多雪崩队)和温尼伯喷气机队(现在的菲尼克斯小狼队)。此时的 NHL 才真正统一了北美冰球世界。现在，国家冰球联盟已经扩展到 30 支队伍。与棒球一样，除了最高级别的 NHL 之外，NHL 下面也有次级联赛 AHL。几乎每支 NHL 球队都有一支相应的 AHL 球队与之呼应。1999 年，NHL 球队业主将 2000～2001 赛季的电视转播权以 6 亿美元卖给华特迪士尼公司的 ABC 和 ESPN，极大扩张了 NHL 在北美的传播版图。

美国四大职业联盟将联赛运行得如此成功，与这四个球类项目在美国悠久的发展历史密不可分，更离不开联盟卓越的发展策略。四家联盟的发展进程中，规则的修改和完善一直是联盟的重点工作之一，为此四家联盟成立了专门的规则委员会，定期对比赛中暴露出的规则方面的缺陷进行讨论和修订，致力于球员和观众能一起创造出公平、激烈、观赏性强的比赛。除此之外四家联盟有各自最擅长的发展策略，NBA 建立了成熟完备且能互相制衡权力的组织框架，MLB 通过跨国合作交流不断扩张棒球版图，NFL 通过与各种媒体和商业伙伴的良好合作使其高质量的比赛得以广泛和快速的传播，而 NHL 则在队伍的扩增和运动员数量的控制中以求平衡发展。在各自联盟和联赛不断壮大的过程中，它们逐渐拥有了结构合理、职责分明的管理队伍，成立保障运动员权利的工会、相关法规健全逐渐地完善、管理更加科学高效。

## 二、不同职业体育项目的发展经验

### (一) 职业足球发展经验

现代足球起源于中世纪的英国,当时足球已成为许多年轻人所热衷的一项活动。他们在狭窄的街道上追逐皮球,经常将皮球踢到街边人家的窗子上。1857 年,在英国谢菲尔德成立了世界上第一支足球俱乐部。1863 年,在英国又成立了第一个足球协会。从此,有组织的、在一定规则约束下的足球运动开始从英国传遍欧洲,传遍世界。1904 年,英国、法国、荷兰、比利时、西班牙、瑞典和瑞士七个国家的足球协会在法国成立了国际足球联合会(FIFA)。国际足联下设欧洲、亚洲、非洲、中北美及加勒比海地区、南美洲、大洋洲六个地区性组织,其总部于 1932 年由法国巴黎移至瑞士苏黎世。工作用语为英语、法语、西班牙语和德语;如有语言冲突时,以英语为准。足球是全球第一大运动,世界杯是全人类共同的节日,借助这种全球影响力,国际足联也成为最富有、最有权势的国际体育组织。在国际足联的统筹规划下,世界各国的足球发展欣欣向荣。世界职业足球拥有成熟的赛事体系,国际上有世界杯足球赛(每 4 年一届)、世界青年足球锦标赛(每 2 年一届)、17 岁以下世界锦标赛(每 2 年一届)、五人足球世界锦标赛、世界女子足球锦标赛;在各大洲和区还有各级别的区域赛事,例如欧足联下的五大联赛:英超、意甲、德甲、西甲、法甲。国际足联每月发行正式刊物《足联新闻》,内容包括:编辑部文章、裁判问题分析、协会会员消息、研究成果、比赛成绩、各委员会和代表大会的总结和国际比赛的进展、比赛日程及其他信息等。为了保证世界和地区性比赛具有高水平的裁判,国际足联经常举办国际裁判员训练班。

由于各国家和地区的足球发展历史与政策、经济等背景的不同,它们采用了不同的发展策略。在英国,良好的足球文化传统、完善的法律体系、成熟的商业化环境以及发达的传媒体系等为职业足球发展提供良好的市场环境,而成熟的运作体系与经营模式是英国职业足球改革获得成功的关键,英国足球职业化改革充分发挥了俱乐部自我选择和民间群众力量原始推动力作用,通过内生变量的影响,不断满足民众观赛需求以及俱乐部的利益追求。英超俱乐部依赖上市融资难以维系自身生存,而英超俱乐部产权的高流通性和内部信息的高透明度为海外融资介入提供了可能。为了促进融资渠道向国际化转变,俱乐部通过各种途径扩大国际影响力。比如,曼联通过在世界各地建立球迷会、组织商业比赛、建设多种语言的曼联官网等途径,提升俱乐部形象,培养球迷情感,扩大球迷队伍,这一度使曼联成了国际支持度最高的足球俱乐部。如今,英超海外转播协议总额达到 23.3 亿英镑,平均每年 7.43 亿英镑。英超创立的共享与绩效相结合的收益分配方式保障了中小俱乐部的利益,让中小俱乐部足以维持生存与发展,也使大型俱乐部获取相对公平的市场分配份额,激励他们积极进行俱乐部建设,提高竞技水平;在美国,作为“世界第一运动”的足球并没有获得相应的地位,反而在一段时期内处于被边缘化的位置。为了让足球在美国走向崛起之路,美国在人才培养、竞赛体制、市场推广、资源保障等方面取得了成功经验:以学校为中心,家庭、社区以及社会团队共同参与青少年足球运动员的一个中心多方参与的培养体系,较好地规避了人才培养过程中的相互推诿现象,有利于各项政策的制订与推行。美国不仅早已形成从“小学—中学—大学—职业联赛”的一贯制足球人才输送机制,而且每一阶段竞赛体制都具有自身特色。在小学阶段，学区较少举行校际间的足球赛事，更多的是社区和各级各类足球俱乐部举行足球赛事。在中学阶段赛事明显增多，还有众多社区也组织中学生参与足球比赛。在大学阶段，除了 NCAA 举办的 3 个层级的大学生足球比赛外，还有 NAIA 和 NJCAA 组织社区大学等进行更低层面的大学足球比赛，使众多足球水平高但因文化成绩较差而不能进入高层次大学深造的学生，也有再次进入 NCAA 的机会。覆盖面广、形式多样的足球竞赛体制，保证了美国足球的良性发展。无论是职业化的足球联盟还是业余性质的校园足球，美国都将体育赛事作为足球产业的核心，通过盘活体育资产和体育场馆，借助体育媒体、体育营销和经纪公司的力量，吸纳品牌赞助商和体育特许商品公司的资金，将有形和无形的足球产品推广给球迷和粉丝，以获取资金保障和推动足球事业的发展。在韩国，则建立由校园足球培养、职业足球俱乐部培养和足球学校培养三位一体的青少年足球后备人才培养体系。

（二）职业网球发展经验

现代网球运动的历史是从 1873 年开始的。那年，英国人沃尔特·克洛普顿·温菲尔德将早期的网球打法加以改进，使之成为夏天在草坪上进行的一种体育活动，并取名“草地网球”。网球运动的由来和发展可以用四句话来概括：孕育在法国，诞生在英国，开始普及和形成高潮在美国，盛行全世界，被称为世界第二大球类运动。国际网联（ITF），1913 年在法国巴黎成立，现有协会会员 210 个，它的主要职责是：制定网球运动的规则、规格和技术细节；组织四大满贯赛事；负责组织一些较低级别的网球比赛；负责组织轮椅网球以及沙滩网球赛事；负责组织戴维斯杯、美联储杯、霍普曼杯和奥运会等网球团体比赛；执行网球界的反兴奋剂计划。网球专业人员协会（ATP）成立于 1972 年，主要职责包括以下几点：组织各个级别的 ATP 巡回赛，包括 ATP 世界巡回赛 250 赛、ATP 世界巡回赛 500 赛、ATP 世界巡回赛大师 1 000 赛、ATP 年终总决赛；负责男子网球选手的世界排名工作；与 ITF 在网球规则、规格和反兴奋剂方面进行合作。女子网球协会（简称 WTA）成立于 1973 年，也就是 ATP 成立的后一年。其职责与 ATP 一样，只不过服务对象是女子网球运动员。ITF 是负责整个网球运动，无论男女项目。就像国际足联一样，它负责有关网球的一切，同时也组织网球界最具影响力的大满贯赛事。而 ATP 和 WTA 分别负责男子网球和女子网球的全球巡回赛。ITF、ATP、WTA 这三者之间没有任何从属关系，他们之间相互合作，共同推动网球事业的发展。在 ITF、ATP、WTA 三足鼎立的组织架构下，职业网球赛事体系也走向成熟的金字塔架构化，例如男子职业网球赛事按照含金量与奖金数量排列级别从上到下依次为大满贯赛事（澳网、法网、温网、美网）、大师赛、黄金巡回赛、国际巡回赛。

无论是从赛事的规模、历史、奖金、积分和影响力方面来说，大满贯系列赛都堪称职业网坛最重要的赛事。所以，夺得大满贯头衔对每个职业网球选手来说都是最终的梦想，至高无上的荣耀。澳网、法网、温网、美网这四项比赛的比赛场地区别很大，分成硬地球场、草地球场和红土场三种，网球四大满贯的特点直接影响到球员们的发挥。美网和澳网均是硬地比赛，这种场地最常见，一般由水泥或者沥青做底，上面铺设塑胶组成，球的反弹速度极快。温网特点是草地球场，球场上铺设草坪，保养维护成本极高，因而只在英国地区流行，草地对球员的反应速度和技术要求较高，进攻型球员会有一定优势。网球中常见的还有一种“红土场”，典型代表就是法国网球公开赛，因为场地由沙子和泥土铺设而成，球速慢，更考验球员的体力和底线周旋能力。全满贯是指一位选手获得全部四大满贯的冠军,更是难上加难。可以看出,ITF 充分利用四大满贯赛事场地的特点,ATP、WTA 设置与四大满贯赛事相连的各级赛事,共同组建成竞争激烈、布局全球市场的赛事体系,激发职业运动员冲击梦想的动力与潜力,推动世界职业网球的蓬勃发展。

### (三) 职业高尔夫球发展经验

高尔夫球运动,被誉为绅士运动。因为高尔夫球比赛场地宽广,通常裁判不在球员身边,只在球员需要求助时才会近前,打球者如果想要作弊就十分容易。高尔夫球运动是一项具有特殊魅力的运动,让人们在优美的自然环境中锻炼身体、陶冶情操、修身养性、交流技巧。高尔夫球起源于 15 世纪的苏格兰,早期的高尔夫球多在王公贵族中进行。随着高尔夫球具的普及和发展,高尔夫球运动开始向中层阶级流行。到 20 世纪,高尔夫球的比赛规则与制度建立,国际性的高尔夫球赛事得以广泛开展。圣安德鲁斯皇家古老高尔夫球俱乐部和美国高尔夫球协会是世界两大权威高尔夫组织,它们负责制定和修改高尔夫球规则。世界高尔夫球竞赛大约分为三大体系:男子职业高尔夫巡回赛(PGA);女子职业高尔夫球巡回赛(LPGA);知名的区域对抗赛之莱德杯、总统杯。男子职业巡回赛按规模、奖金和影响力排序可为:四大满贯赛、美国巡回赛、欧洲巡回赛、日本巡回赛、南非巡回赛、澳大利亚巡回赛和亚洲巡回赛。其中四大满贯赛是在所有职业比赛中,级别最高、影响力最大、人气最旺的赛事,分别是:美国大师赛、美国公开赛、英国公开赛和美国 PGA 锦标赛。世界高尔夫球的职业化发展依赖着本身的阶级文化背景、完备的赛事体系、高昂的赞助投资,地产行业与高尔夫运动的深入融合合作更是一剂强有力的兴奋剂。随着经济全球化的不断深化,全球各地中层阶级掀起了高尔夫球运动的热潮,国际性的高尔夫球赛事在社会媒体对其市场化运作下吸引了世界著名品牌商或企业,它们甚至把投资职业高尔夫球赛事视为是占领市场竞争制高点的战略性选择。

### (四) 职业赛车发展经验

国际汽车联合会(FIA,简称国际汽联)于 1904 年成立,以推动汽车工业发展为宗旨。FIA 负责组织汽车比赛以及与其有关的一切事宜。世界一级方程式锦标赛(F1)、世界汽车拉力锦标赛(WRC)、FIA GT 大奖赛、世界房车锦标赛(WTCC)组成了国际汽联的四大赛事;勒芒 24 小时耐力赛(以下简称"勒芒大赛")、F1、WRC 并称为世界最著名和最艰苦的三大汽车赛事。不同于别的赛车运动,勒芒大赛对汽车的速度和耐力的考验都是最严峻的;不仅需要车厂造出一台最快的赛车,勒芒大赛的赛车还需要兼具速度和稳定性。F1 是 FIA 举办的最高等级年度系列场地赛车比赛,是当今世界最高水平的赛车比赛,与奥运会、世界杯足球赛并称为"世界三大体育盛事"。F1 可以说是高科技、团队精神、车手智慧与勇气的集合体。按照 F1 的章程,成立车队的必要条件是拥有自主研发的底盘,发动机总成、空气动力学套件等可以使用其他车队或厂家的产品。WRC 被誉为世界上最严苛的汽车拉力赛,参赛车辆需在世界各地的雨林、泥泞、雪地、沙漠及蜿蜒山路等不同的路况进行比赛;每年全球有近 10 亿人次通过各种方式观看赛事,也是最有魅力的比赛之一。

第二次世界大战后的 50 年代,百废俱兴,在摆脱战争的阴霾后,人类天生的不断挑战自我、挑战极限的创造性精神又开始闪耀火花——许多新事物、新思想、新理论纷纷在这个年代面世。其中,人类追求地面物理速度和操控极限的 F1 赛车世界锦标赛就选择这个年代开启历史征程。1968年是F1发展历程中具有里程碑意义的一年,空气动力翼和扰流板被首次引入了F1赛车,空气动力学设计成为了现代赛车运动发展的重要核心。在二十世纪五六十年代,计算机从电子管时代进入晶体管时代,微处理器还未面世,晶体管计算机和超级计算机造价高昂,此时F1赛车的设计和改进主要是依靠人工设计,更依赖于设计师的经验和能力。现代F1赛车的设计过程,经过试运行的零件以及经过验证的某些设想会像拼图一样一步一步地被添加到电脑模拟中。通过计算机辅助设计软件(CAD)进一步进行调整。F1就是这样在不同的历史阶段不断重复着技术的革新,同时伴随着车队规则的不断修订与更改。赛车赛事的职业化发展依赖于科技发展的前沿与关键技术,在背后起到关键支撑作用的就是强大的计算机集群能力,给予了赛事运动无限发展的空间与创新的引导。

## 第四节　现代职业体育发展面临的机遇与挑战

### 一、现代职业体育发展面临的机遇

随着互联网的高速发展,数据已经渗透到当今每一个行业和业务职能领域,成为重要的生产因素。人们对于海量数据的挖掘和运用,预示着新一波生产率增长和消费者盈余浪潮的到来。大数据的到来将加快体育产业科技化进程,现代职业体育也是如此。通过对训练、备战和比赛情况等海量数据进行处理和大数据分析,运动员能更好、更有效地训练,教练也能适时调整策略和排兵布阵,从而提升运动员及球队的技战术水平,优化运动员的实时表现和场上状态,谋取更好的成绩。正式比赛摄像产生的数据量更为惊人,数据颗粒度细化到射门、控球、传球和跑动距离,连一场比赛中运动员的擦汗次数这些细节的统计数据都会被收集。另外,大数据也改变了体育赛事的播放、报道方式及体育团队、媒体与体育迷的互动方式。赛事直播媒体及平台能借助大数据应用收获更高的收视率,带来更可观的广告收入。

体育赛事解说员也可轻松获取回放、比赛数据等相关实时数据,通过专用软件的数据分析,以基于比赛数据统计的深入评论,为体育迷奉献更精确、到位的赛事解说,体育迷由此可尽享更丰富的观赛体验。媒体乃至商家可利用实时流媒体、社交媒体和体育迷产生的数据更深入地了解受众,根据不同体育迷的不同喜好,得出其精准的"画像",以更好地"抓住"其心,向其适时推送合适的广告信息,增加赛事门票及相关商品的销售收入。而移动互联网的普及也使体育迷有机会共享更多的体育数据,拉近与偶像的距离,提高赛事观赏水平。职业体育与大数据的结合将催生赛事数据分析、即时数据分析、商业决策分析等专业技术,可用于赛事导航、数据咨询、赛事分析、商业决策分析、职业体育服务、媒体服务、教育科研服务、实时数据游戏、体育彩票、赛事模拟等细分领域,推动现代职业体育快速发展。

目前,职业体育赛事正在逐渐恢复。经历了全球抗疫,现代职业体育应该抓住转型机遇,提高风险应对能力。一方面,线下体育赛事的停办为"互联网+体育"背景下探索新的服务模式营造了更大的发展空间,因此可以探索体育赛事的新型合作模式,创新体育赛事

IP。体育赛事的IP化对于体育赛事的推广宣传至关重要，近年来，跨界联合成为各行各业的新宠儿，如上海马拉松和上海迪士尼度假区共同创新的全新IP“奇跑迪士尼”活动受到了众多马拉松跑者的欢迎，在疫情期间，“奇跑迪士尼”上线了线上马拉松活动，极大地扩大了赛事的参与范围，提升了群众对于体育赛事的参与程度，成为体育赛事IP创新的一次重大尝试。另一方面，各国家和地区可以共享办赛资源，降低体育赛事举办成本，不仅是缓解疫情时期赛事停摆带来的经济压力，也是积极顺应全世界倡导的可持续发展。最后，积极开展“云赛事”，例如2021年6月20日重新复赛的CBA，观众通过观看直播或转播赛事来参与体育赛事活动，高质量的赛事转播将会为间接观众带来更好的观赛体验，而高品质的画面、音频同步、精彩瞬间的镜头回放等都需要技术支持。职业电竞领域更应该抓住互联网+后疫情时代的双重机遇，大力营销和推广电竞赛事与职业运动员，规范和完善联赛规则，推动现代电竞朝着更加健康和大众的职业化道路发展。

## 二、 现代职业体育发展面临的挑战

互联网时代虽然给予了现代体育更多传播与高质量改革的机遇，但是体育大数据的信息量随着时间的推移急剧扩大，在对数据信息存储带来挑战的同时，也为数据信息的安全埋下隐患。职业体育是一个结构完整、运转缜密的系统，如果结构是零碎的、断裂的，那么整个系统的功能必将是紊乱的，其表现形式也必将是畸形的。虽然西方职业体育的本质是市场经济化社会化，但实践证明西方职业体育是需要政府注入力量参与改革、调节资源分配、打击腐败势力的。总而言之，现代职业体育在去政治化、促进地区发展平衡、科技体育绿色化的艰难道路上仍然面临着巨大的挑战，需要世界各国、各大组织、各方力量携手解决，共渡难关。

思考题

拓展阅读

# 第七章

# 体 育 消 费

**【导　　读】**

随着疫情防控常态化，各行各业的生产生活正常运转，国内体育消费需求正在回暖。另外，2022 年春节假期期间举办的冬奥会吸引着大量观众收听收看、网上互动，成为推动中国体育消费保持持续增长的有效刺激点。因此，体育消费应当借助国家以国内大循环为主体、国内国际双循环相互促进的新发展格局的有利时机，平稳健康发展。本章首先详细介绍了体育消费的概念与类型，然后深入分析了体育消费者行为理论，最后运用体育消费者行为的相关理论对影响体育消费水平的因素进行了分析。

**【学习目标】**

了解体育消费的概念、类型及特征；熟悉体育消费者行为理论与体育消费者行为的经济学特征；掌握影响体育消费水平的因素。

**【思维导图】**

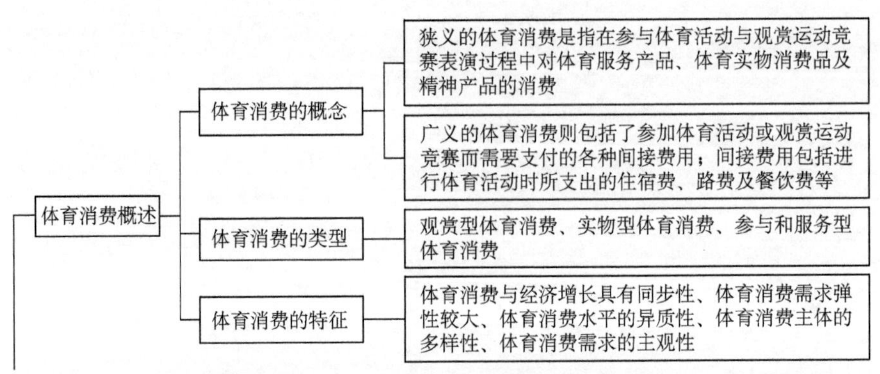

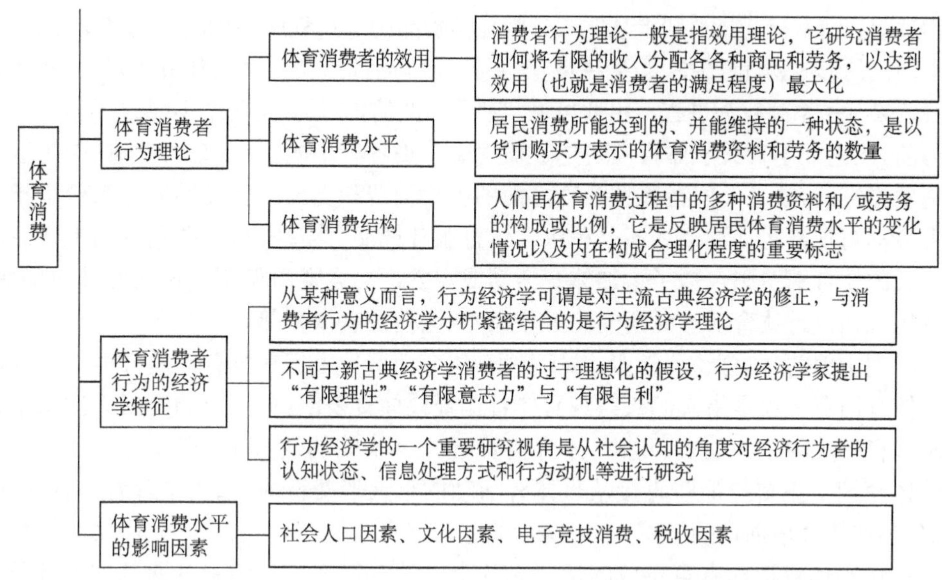


2015年的诺贝尔经济学奖授予了任教于普林斯顿大学伍德罗·威尔逊公共与国际事务学院和普林斯顿大学经济系的安格斯·迪顿(Angus S. Deaton)。自20世纪70年代以来,安格斯·迪顿一直从事经济学中的消费、贫困和福利问题的研究,研究领域横跨计量经济学、微观经济学和发展经济学,著有《经济学与消费者行为》《理解消费》等。

现代体育已超越传统范畴,演变为消费对象。体育消费已成为人民美好生活需要的一个重要组成部分。江小涓认为,提供精神与心理消费的服务业极具增长潜力,其中包括体育服务业。职业体育将与所有需要消费者亲身体验的产业如电影、演唱会、非体育类电视娱乐节目、游戏产业等争夺消费者的时间,同时还要与世界任何一处的高水平比赛争夺电视和网络观众。因此,通过改革开放和创新不断增强吸引力至关重要。根据数据显示,预计2020年中国体育消费市场将达到1.5万亿元。她提出,“体育消费者的选择增多,福利增加。各国的体育传统有一定差别,但是人们对于体育的热爱是相似的。因此,各类体育活动特别是各类体育赛事通过卫星电视和互联网向全世界转播,给各国体育爱好者提供了极为丰富的观赏选择。目前,全世界超过十亿观众的单项球类运动有,足球、板球、曲棍球、网球;超过四亿观众的项目有排球、乒乓球、棒球、高尔夫球、篮球和美式橄榄球等。”“今后若干年,精神和心理消费将构成未来GDP增量的主体。职业体育提供的服务是体育竞赛表演,消费者得到的是愉悦、满意、刺激、舒压等精神和心理感受,这种消费显然与以往的食品服装电器轿车住房等不同,并没有物质载体。但是从经济学的角度而言,只要消费者愿意为其付费,这些精神和心理‘感受’就转变为经济学意义上的‘效用’,就成为有效需求”。

## 第一节 体育消费概念与类型

### 一、体育消费的概念

《消费经济辞典》指出,消费是人们通过对各种劳动产品的使用和消耗,满足自己需要的行为和过程。消费行为指消费者从购买到消耗消费品的全过程中的内心活动和举止行为，包括需求动机的形成、购前准备、购买决策、购买行为、与消费对象（商品和劳务）的占有和使用的消费效果等一系列行为过程。由此可见，“消费”和“消费行为”是两个不同的概念。

当前，国内外学者关于体育消费这一概念的认识各有不同。《体育大辞典》中是这样对体育消费界定的，就是人们在体育活动方面的各种消费和支出。狭义的体育消费是指在参与体育活动与观赏运动竞赛表演过程中对体育服务产品、体育实物消费品及精神产品的消费。广义的体育消费则包括了参加体育活动或观赏运动竞赛而需要支付的各种间接费用，间接费用包括进行体育活动时所支出的住宿费、路费及餐饮费等。

钟天朗主编的《体育经济学概论》中指出，体育消费指人们在体育活动方面的个人消费支出。体育消费不仅是指人们买票观看体育比赛或体育表演，更主要的是指人们从事各种各样和体育有关的个人消费行为。体育消费可分为狭义的体育消费和广义的体育消费。狭义的体育消费主要指那些直接从事体育活动的个人消费行为，如买票观看体育比赛、体育表演，参加体育培训班的学费，个人购置的运动健身器材、运动服装等。广义的体育消费则包括一切和体育活动有直接或间接联系的个人消费行为，即，消费者通过支付货币所得到的各种效用，均和“体育”有关。如为参加体育活动或观赏竞赛表演而外出旅行所支付的交通费、住宿费等。

## 二、 体育消费的类型与特征

### （一）我国体育消费的类型

体育消费者通过支付货币而获得的体育消费品的不同功能，消费者的体育消费行为可分为以下三大类。

观赏型体育消费：人们通过观看、欣赏以达到视觉满足目的的各种体育消费行为，如观看各种体育比赛、表演以及各种与体育有关的影视、展览等。

实物型体育消费：人们使用货币购买与体育活动有关的各种实物型体育消费资料的消费行为，如购买运动器材、服装、鞋、饮料以及各种体育报纸、杂志等。

参与和服务型体育消费：人们用货币购买与体育活动有关的各种服务型体育消费资料的消费行为，如为参加各类体育活动、健康咨询等所支付的各项费用。一般来说，参与和服务型体育消费者在其参与过程中直接消费了有关组织所提供的各种体育服务，因而，其参与过程就是消费过程。

现实生活中，不同类型的体育消费行为往往相互交织在一起，很难划分清楚它们彼此之间的具体边界；需要在一定的条件下，从特定的角度去加以区分。

### （二）我国体育消费的特点

社会主义体育消费坚持科学社会主义的人生观、价值观，促使人们形成一种文明、健康、科学的体育消费方式。社会主义体育消费反对庸俗、低级趣味的消费方式，禁止损害人们身心健康、违背社会主义原则的有害的消费方式。

#### 1. 体育消费与经济增长具有同步性

体育消费与经济同步增长是社会主义基本经济规律发生作用的重要体现。按照社会主义基本经济规律的要求来组织经济活动,最主要的就是正确处理积累与消费、生产与生活的相互关系,在生产发展的基础之上,提高全体社会成员的消费水平。同时,社会主义生产的根本目的是在发展生产的基础上逐步改善人民生活,使全体人民共享经济发展成果,实现共同富裕。体育消费能满足人民生活发展的需要,全体人民通过体育消费能够共享经济发展的成果。体育消费与经济同步增长的过程,就是社会主义生产目的的实现过程,也是人民生活逐步改善、全体人民共享经济发展成果的过程。因此,体育消费随经济增长不断增加是社会主义体育消费的一个重要特征。可以说,居民体育消费水平的高低,直接反映了一定时期内社会生产力和社会经济的发展水平。

2. 体育消费需求弹性较大

对于体育消费的需求既不如食品等消费资料那样不可或缺;也不如医疗卫生、教育消费那样急迫,因此,体育消费的需求弹性较大。当收入水平较低时,对体育消费的需求也比较低,但随着收入水平的提升,对体育消费的需求会有较快的提高;而当收入水平下降时,体育消费需求也会有较快的下降。

3. 体育消费水平的异质性

体育消费水平的异质性主要是指沿海经济发达地区、大中型城市、乡村在体育消费中存在一定的差异,东部与西部居民体育消费存在一定的差异,不同经济收入的消费群体在体育消费中存在一定的差异。异质性特点在我国体育消费中较为突出。

4. 体育消费主体的多样性

在经济转型的大背景下,我国居民对于体育消费的需求是不同的;由于受到年龄、性别、职业、学历等多方面因素的影响,我国居民消费主体呈现出多样性的特点。

5. 体育消费需求的主观性

我国居民的体育消费的需求范围是比较广的,选择体育消费的原因各有不同。我国居民体育消费是以培养健康的身体与心理、预防疾病、丰富余暇生活为消费的直接原因,偏向于发展与享受消费。其中,一些中老年人认为,体育消费的目的是交友与锻炼身体,主要是如打太极、广场舞等;一些学生认为,参与体育项目能够锻炼身体,还可以出于专业与兴趣爱好的需要来培养专业爱好与技能。越来越多的学生开始选择如跑步、跳远、球类等体育项目。可以看出,由于个体的原因消费的动机有所不同,这也反映了我国居民体育消费需求具有较强的主观性。

## 第二节 体育消费者行为理论

消费者行为理论一般是指效用理论,它研究消费者如何将有限的收入分配给各种商品和劳务,以达到效用(也就是消费者的满足程度)最大化。该理论阐释了需求曲线向右下方倾斜的原因。效用理论主要有基数效用论和序数效用论,基数效用论采用的是边际效用分析法,而序数效用论采用的是无差异曲线分析法。

另外,消费不同于消费行为。经济学、心理学等一众学科运用多种研究方法对消费行为进行研究。首先,消费行为包括了问题认知、信息收集与评估、购买决策、购买后评价这一系列阶段，而我们通常说的消费只是其中的一个环节。其次，即使是消费中的购买与消费行为中的购买也不同，前者强调流通过程中货币与商品的互换，而后者则强调心理决策过程。再次，涵盖的内容不同。消费主要指的是看得见的活动，包括为满足需要而准备消费品、享受消费品以及选择、购买等活动；消费行为除了这些看得见的活动之外还包括许多看不见的心理活动。最后，影响消费的因素主要是价格和收入，而影响消费行为的环境因素更加多样化，包括社会阶层、文化、心理、家庭等。

根据马斯洛的需求层次理论，人类需求有五个层次。这些需求从低到高依次是生理需求、安全需求、爱的需求、尊重的需求和自我实现的需求。本质上，必须满足较低层次的需求才能提升到较高层次的需求。

## 一、效用和效用函数

消费者行为理论通常以效用来衡量个人从消费中获得的满足程度或快乐程度。在古典经济学时代，效用一度被轻率地看作仅仅是一种对个人快乐的数学测度，但古典经济学实际上从来没有阐述过如何去度量效果。从而，存在着诸如"一个人的效用如何同另外一个人的效用进行比较""多消费 1 单位物品 A 与多消费 1 单位物品 B，给同一个人所带来的效用是否相同"这样的概念性问题。因此，经济学家逐渐放弃了效用的旧式观点，在基于消费者偏好的、经过全新阐述的消费者行为理论中，对效用(utility)进行了重新诠释：效用是描述偏好的一种方法。

基于对效用定义的重新诠释，消费者行为理论重新阐述了效用函数 $U$(utility function)的定义：效用函数是为每个可能的消费束指派一个确定数字的方法。它指派给受较多偏好的消费束的数字大于指派给受较少偏好的消费束的数字，用数学符号表示就是如果消费者对消费束$(X_1, X_2)$的偏好超过对消费束$(Y_1, Y_2)$的偏好，那么有 $U(X_1, X_2) > U(Y_1, Y_2)$。包含消费者所有偏好和消费束的效用函数的值就是总效用(total utility)，表示对消费者所有偏好和可能消费束所指派的总数字，是一个综合性、总体性的衡量。在此基础上，自然而然地，消费者在面对所有可能消费束时，其消费行动的目的就是为了使其所有偏好得到最大的综合满足，即效用最大化(utility maximization)。

## 二、体育消费者的效用

基于消费者行为理论的效用和效用函数，可以进一步理解体育消费者的效用。例如，小李既爱看足球赛，也爱阅读经济学刊物。假设他只购买足球赛球票和经济学刊物这两种商品，那么他的效用函数反映的就是他从购买不同数量的足球赛球票和经济学刊物中所获得的满足程度，也就是所谓的效用。我们可以将该效用函数理解为是对消费者偏好的一个数学表达，本例中，小李的效用函数只包括了足球赛球票($T$)和经济学刊物($E$)，则其效用函数可以写为：

$$U = u(T, E)$$

因为小李既要球票也要刊物,所以在另一种的数量不变的情况下,无论是得到的球票数量增加了,还是得到的刊物数量增加了,都会增加小李的总效用。很显然,如果小李的收入是无限的,他就可以通过无限制地购买球票和刊物来使自己获得更多效用——他可以无限地让自己效用最大化。但是在现实中,人们不可能拥有无尽的财富或资源,不可能无限制地购买商品来最大化效用。所以,消费者必须做出选择,在既定收入的前提下,通过牺牲部分"此类"商品的消费来换取更多"彼类"商品的消费,以最大化自己的效用。这种在资源(收入)有限的情况下使自己获得尽可能多的效用的过程,经济学上就定义为约束条件下的最大化(constrained maximization)。

约束条件下的最大化反映出经济学的三个基本原则:①人们想最大化其满足程度;②由于种种限制,人们无法得到其想要的所有东西;③为了获得尽可能多的效用,人们必须进行理性选择(rational choices)。

那么,如何进行理性选择呢?经济学通过引入消费者无差异曲线这一工具来进行分析。通过无差异曲线,可以在仅包括两种商品的市场里分析消费者的个人偏好和选择。考虑前述小李的例子,假设从观看6场足球赛(对应6张球票的消费)和购买8本经济学刊物中,他共得到一定数量的效用(二者组合如图7-1中$A$点所示)。如果这时有人拿走了他1本刊物(左移至$A'$点),球票数量没有变化,他的效用降低了;不过,如果在刊物被拿走的同时小A得到1张球票作交换,他的心情就不至于太糟糕。事实上,如果有人给他足够多的球票(例如4张,使他的效用移动到$B$点位置),他可能会觉得与最初时一样好。如果小李对不同数量的球票与刊物所构成的两个不同组合(A和B)的满足程度一致,则说明他对$A$点与$B$点的感觉无差异。实际上能使小李感到同样满足程度的球票与刊物的组合有很多,所有这些(组合)点连接在一起就构成了一条无差异曲线(indifference curve),即由代表了给消费者提供相同效用的消费组合的点所构成的曲线(图7-2)。

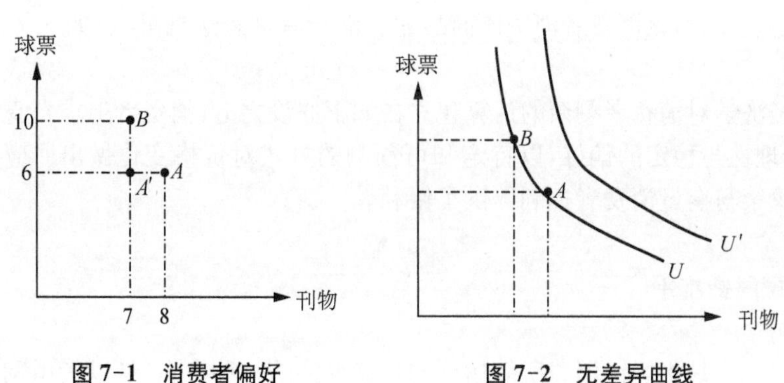


**图7-1 消费者偏好**　　**图7-2 无差异曲线**

只要考虑的是消费者所偏好的两样商品,无差异曲线就是向下倾斜的。如果小李能够得到图7-1中更多的某一样商品,同时另一样商品的数量不变,那么他的效用就会增加,但这突破了其收入约束的限制;如果要保持他最初的效用水平,即留在其初始的无差异曲线上,在收入约束的条件下,就得同时减少一定数量的另一样商品。某一样商品消费的增加必然意味着另一样商品消费的减少,所以,所有无差异曲线都是向下倾斜的。如果能同时增加两样商品的消费,那么小李的效用水平就增加了,他就会处在效用水平更高的无差异曲线上，而这只有通过增加小李的收入水平才能实现。

由于每一种组合都代表一个确定的效用水平，因此图 7-1 上的每一个点都处在某一条无差异曲线上。这样的组合是无限多的，因此小李的无差异曲线实际上有无数条。我们仅画出其中的两条作为代表。大多数无差异曲线的形状都是如图 7-2 所示的两条曲线：向下倾斜的、凸向原点的、互不相交的平滑曲线。

消费者剩余(consumer surplus)又称为消费者的净收益，其定义是消费者消费一定数量的某种商品时，愿意支付的最高价格与实际支付的价格之间的差额。比如，如果一场球赛的票价为 30 元，而消费者愿意为该球赛支付的最高票价是 100 元，那么消费者剩余就是 70 元。消费者剩余衡量了购买者自己感觉到的所获得的额外利益，所以，消费者剩余是衡量消费者福利的重要指标。一般认为，消费者剩余达到最大的条件是边际效用等于边际支出。

我们用一个例子来说明消费者剩余。如图 7-3，消费者对某商品的每一单位消费量所愿意支付的最高价格如纵轴上各数字所示，具体消费量如横轴上数字所示，即当其消费第 1 单位该商品时最高愿意支付的价格是 12，当其消费第 2 单位该商品时最高愿意支付的价格是 10(因为边际效用递减)，以此类推。该商品的市场价格是 $P=2$。也就是说，当其消费第 1 单位该商品时的消费者剩余就等于其最高愿意支付的价格 12 减去其消费这一单位该商品所支付的价格 2 后的结果，即 10。当其消费第 6 单位该商品时，其愿意支付的最高价格与该商品的市场价格相等，均为 2，消费者剩余为零。此时，该消费者消费该商品的总消费者剩余达到最大，如图 7-3 中阴影部分面积所示。

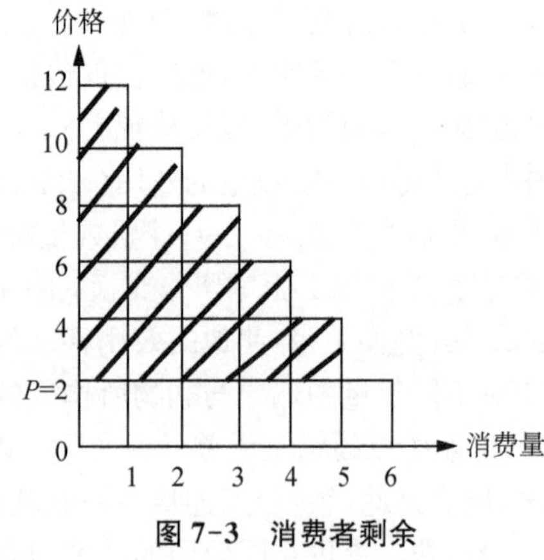

图 7-3 消费者剩余

新古典经济学对消费者剩余的计算建立在如下假设之上：消费者追求自身的效用最大化，具有完全理性与稳定的偏好，以特定和可预测的方式对价格变化做出回应。该假设为分析消费者决策与衡量消费者福利提供了便利。

## 三、体育消费水平

体育消费水平是指居民消费所能达到的并能维持的一种状态，是以货币购买力表示的体育消费资料和劳务的数量。

2018 年国家发展改革委首次组织编写了《2017 年中国居民消费发展报告》，其中“体育消费发展情况”的内容，展示了关于我国居民体育消费水平的一个间接概况：“经核算，2016 年，国家体育产业总规模(总产出)为 19 011.3 亿元，增加值为 6 474.8 亿元，占同期国内生产总值的比重为 0.9%。从名义增长看，总产出比 2015 年增长了 11.1%，增加值增长了 17.8%。从国家体育产业内部结构看，体育用品和相关产品制造的总产出和增加值最大，分别为 11 962.1 亿元和 2 863.9 亿元，占国家体育产业总产出和增加值的比重分别为

62.9%和44.2%。体育服务业(除体育用品和相关产品制造、体育场地设施建设外的9大类)发展势头良好,总产出为6 827.0亿元,占国家体育产业总产出的比重从2015年的33.4%提高到35.9%;增加值为3 560.7亿元,占国家体育产业增加值的比重从2015年的49.2%提高到55.0%"。

上海体育学院公共体育服务发展研究中心发布的《2018年上海市全民健身发展报告》的数据显示,2018年上海体育消费人群占比为80.9%,人均体育消费升至2 580元。其中,6~17岁的青少年人均体育消费为3 327元,较消费水平最高的18~59岁人群仅低39元,青少年人群的体育消费能力不容忽视。上海市体育局发布的《2019年上海市全民健身发展报告》的数据则显示,2019年上海市体育消费人群占比为80.3%,居民人均体育消费为2 849元。其中,6~17岁的青少年人均体育消费为3 619元,18~59岁人群人均体育消费为3 722元,60岁及以上人群人均体育消费为1 216元。

绍兴市体育局发布的《2020年度绍兴市居民体育消费调查报告》数据显示,2020年绍兴市居民体育消费规模达到135.72亿元,2020年绍兴市常住人口5 270 977人,当年全市人均体育消费达到2 574.93元,占当年度绍兴市居民人均消费支出的8.15%,其中城镇居民人均体育消费3 063.48元,占消费支出的8.42%;农村居民人均体育消费1 667.63元,占消费支出的7.21%。各区、县(市)体育消费规模和常住人口数量呈正相关。

## 四、体育消费结构

体育消费结构是指人们在体育消费过程中的多种消费资料和/或劳务的构成或比例,它是反映居民体育消费水平的变化情况以及内在构成合理化程度的重要标志。

体育消费结构有多种划分方法,过去较常见的分类方法是按照体育消费的实质与内容将其分为实物型消费和服务型消费两大类。其中,体育服务型消费又可以分为观赏型体育消费(如体育比赛门票消费等)和参与型体育消费(如参与体育培训的消费等)。现在比较常见的分类方法是将体育消费直接分为实物型消费、参与型消费和观赏型消费三大类。

我国的体育消费整体上呈增长态势;从体育消费结构看,目前,我国居民体育消费结构仍呈现出实物型消费高于服务型消费的特点。例如,《2019年上海市全民健身发展报告》的数据就显示,2019年上海居民实物型消费(包括运动服装、鞋、体育器材、书刊纪念品等)占比55.3%;服务型消费(包括体育比赛门票、参与体育培训、场地租金、健身卡及私教、体育网络视频产品等)占比35.9%;体育旅游及其他消费占比8.8%。

《2020年度绍兴市居民体育消费调查报告》则表明,绍兴市居民体育消费结构变中趋好,实物型(体育用品)传统体育消费正悄然转型升级。2020年绍兴市居民的三类体育消费比例为:实物型(体育用品)消费占比最高达到54.52%;参与和服务型(健身休闲、体育教育培训、运动保健康复服务、体育旅游)消费占比40.00%;观赏型(线下、线上体育观赛)消费占比5.48%。从人均体育消费来看,实物型人均体育消费金额最高,为1 403.83元;参与和服务型人均体育消费1 030.12元;相比之下,绍兴市居民观赏型人均消费的支出较低,为140.98元。虽然目前绍兴市居民体育消费仍然以实物型消费为主,但体育服务业消费规模比例已超过40%,与实物型消费的差距日益缩小。

## 第三节 体育消费者行为的经济学特征

与消费者行为的经济学分析紧密相结合的是行为经济学理论。从行为经济学的理论视角看，消费者在作购买决策时总是面临不确定性，同时由于有限理性，消费者在做市场决策时，很难去计算一件产品的真正价值。进而，由于不确定性和价值计算的困难，消费者往往需要借助于某种容易评价的“媒介”才能做出购买决策。

从某种意义而言，行为经济学可谓是对主流古典经济学的修正。人们对强调理性人假说和市场机制完善性的所谓“主流”经济学提出了挑战。1978 年诺贝尔经济学奖得主西蒙教授在 1956 年提出替代期望效用理论的“有限理性”模型，认为人的实际决策行为不可能完全理性，由于各种原因，他们是理性的，但并非完全理性，而是有时理性，有时不理性；有些问题上理性，有些问题上不理性。换言之，理性是有限的。

不同于新古典经济学消费者的过于理想化的假设，行为经济学家提出“有限理性”“有限意志力”与“有限自利”。“有限理性”的定义是：介于完全理性和非完全理性之间的在一定限制下的理性。消费者的认知能力是有局限的，获取信息与处理信息的能力也都会受到各种条件的限制，所以消费者难免会出现判断失误，无法做到完全理性决策。比如，如果消费者过度自信，却无法对产品价格与属性的不同维度做出合理权衡，导致错误预测了自己的未来选择。此外，消费者更愿意维持现状，只有当改变现状所能够获得的利益足够大时，才可能令他们有所行动。“有限意志力”是指消费者往往会做出一些虽然符合短期利益，却与其长远利益相悖的决策。“有限自利”是指消费者的自利行为受到公平准则的约束，不会无限制地自私自利。因为消费者在追求自身利益的同时也希望公平待人和被公平对待；当二者出现冲突时，消费者可能会为了保全公平而牺牲自身利益。

由于消费者的行为常常表现出系统性的偏见与对公平的偏好，所以尽管以下情况在现实中经常发生，但却很少被与消费者的福利损失联系起来。首先，在涉及诸如办理健身会员卡这样关乎消费者未来自控水平的交易中，消费者很可能会过于自信，以为自己能有足够参与活动的频率，或有能力及时取消自动延长交易有效期，从而在开始时支付高的成本。其次，消费者往往会选择默认选项，且常常以直觉而非以理性来进行决策。这样，若体育产品经营者能够利用这一点来巧妙地设计其产品与服务的选项和呈现方式，就可能使得消费者无法以合理的价格购买到合适的体育商品或服务。并且，体育经营者若对消费者实施价格歧视等有违公平的行为，也会在很大程度上造成消费者非经济福利的损失。例如，有些体育消费者可能因遭受经营者的不公平对待而改变原本的消费决策，从而失去了本可享有的体育商品或服务，减少了本应能获得的福利，而这类福利损失无法通过消费者剩余这一福利度量指标得到反映。

2002 年，对实验经济学做出开创性贡献的弗农 · 史密斯(Vernon L. Smith)和对行为经济学做出开创性贡献的丹尼尔 · 卡尼曼(Daniel Kahneman)共同获得诺贝尔经济学奖。此后，行为经济学的影响和重要性日益增大，行为经济学大师理查德 · 塞勒(Richard Thaler)在 2017 年获诺贝尔经济学奖。

行为经济学及社会认知、社会认同、认知风格等相关概念和理论，是观察和分析参考消费群体之作用的一扇新的窗户。透过这扇窗户，可以深化对参考群体产生作用的条件的认识，丰富相关研究成果，并能够对消费者在进行购买决策时为什么要将参考群体作为决策外部线索的动机进行合理解释。实际上，参考群体的本质属性是其影响力，消费者在进行购买决策时对参考群体的依赖性越强，这一影响力越大。消费者在参照参考群体来进行购买决策时，可能产生锚定效应、注意力异常、获得性启发（可得性启示）等认知偏差。这些偏差与认知风格有关，消费者的认知风格包括场独立性和场依存性两种基本类型，除了产品品牌、参考群体类型等因素之外，参考群体的影响力会因消费者认知风格的不同而出现显著差异。诚然，基于行为经济学相关理论对参考群体影响作用做出的判断仅是理论逻辑的分析结果，至于是否具有通则性的意义，还需要通过实证分析来加以验证，这就提出了进一步的研究任务。

行为经济学的一个重要研究视角，是从社会认知的角度对经济行为者的认知状态、信息处理方式和行为动机等进行研究。社会认知是个体对他人的心理状态、行为动机、意愿等做出的推测和判断，其过程既依赖于个体既往经验及对有关线索的分析，又必然涉及个人的思维活动。社会认知是个体行为的基础，个体的行为是其在社会认知过程中进行各种比较、判断所得到的结果。

## 第四节　体育消费水平的影响因素

近年来，国际学界一直关注体育消费的影响因素，比如，国外一些研究运用家庭生产理论(household production theory)探讨了家庭支出对体育参与(sports participation)的决定因素。体育参与这一决定(即花钱与否)受到家长的体育参与、家庭收入、家庭受教育程度、体育俱乐部会员和频率的影响。决定体育参与强度的因素(即体育参与所花费的金额)包括家庭收入、家长在青少年时期的体育参与、体育俱乐部会员、频率、家庭最小孩子的年龄和家庭规模。此外，研究经分析发现需要采用赫克曼矫正法(Heckman 两阶段法)。例如，受教育程度越高的家庭越倾向在参加体育活动方面越多花费。然而，该研究的结果表明，一旦受教育程度较高的家庭决定为参加体育活动花费，则花费的金额与受教育程度较低的家庭没有差别。

然而，对于体育参与和消费者体育支出的决定因素的众多研究很难进行比较。因为它们不仅使用了差异化非常大的方法和样本，它们还对体育的意义的解释并不相同。下面就一些共性的影响因素进行介绍。

### 一、社会人口因素

体育消费偏好受个人特征的影响，特别是受到其收入水平、闲暇时间、年龄（所处的生命周期阶段）、性别、职业与教育，以及经济环境、生活方式和个性等方面的影响。

#### （一）收入水平

收入与体育消费呈正相关，表明了体育用品是正常商品或奢侈品，尽管在某些情况下这种关系是非线性的。如果不考虑居民信贷因素，那么居民收入是居民体育消费的硬约束，收入水平的高低直接制约着居民体育消费水平；只有收入水平达到一定水平，才能支撑对应水平的体育消费。从经济理论上看，凯恩斯的收入决定假说认为，居民的消费支出仅由居民当期的可支配收入决定。当居民可支配收入增加时，其用于消费的金额也会增加，但是消费增量在收入增量中的比重是下降的，因此居民消费在收入中的占比，也就是经济学上定义的平均消费倾向(average propensity to consume, APC)，是随着收入的增加而下降的。按照凯恩斯关于消费函数的理论，居民的消费支出与其可支配收入水平之间存在着一种稳定的函数关系：

$$C = c + \beta Y$$

式中，$C$ 为消费；$Y$ 为可支配收入；$c$ 为常数；$\beta$ 为边际消费倾向，$0 < c < 1$。随着收入 $Y$ 增加，消费支出 $C$ 也会增加，但消费的增量小于收入的增量，居民消费支出在收入中所占的比例(即 APC)递减。不过，只有当居民收入达到温饱阶段以后，APC 才会递减，在此之前，APC 呈现递增趋势。

我们也可以通过收入-消费曲线来演示收入变化对消费者选择的影响。在图 7-4 中，收入-消费曲线向右上方倾斜。这表明商品的需求量随收入的增加而增加，随收入的减少而减少，需求的收入弹性为正值。当消费者在原有收入情况下，无差异曲线 $U$ 和预算约束线 $AB$ 相切于 $E_1$ 点，消费者对 $B$ 商品的购买量为 $X_1^1$。假定消费者的收入提高了，则预算约束线向外平行移动到 $A'B'$，与另一条更高的无差异曲线 $U_2$ 相切于 $E_2$ 点。这表明了消费者因收入增加而获得的效用增加到 $E_2$ 点。此时，消费者对 $B$ 商品的购买量为 $X_1^2$。同理，假定消费者的收入再次提高了，则预算约束线向外平行移动到 $A''B''$，与另一条更高的无差异曲线 $U_3$ 相切于 $E_3$ 点。这表明了消费者因收入增加而获得的效用增加到 $E_3$ 点。此时，消费者对 $B$ 商品的购买量为 $X_1^3$。再来考虑另一种情况，在图 7-5 中，当收入水平相对低的时候，消费者对 $B$ 商品的购买量为 $X_1^1$。假定消费者的收入提高了，则预算约束线向外平行移动到 $A'B'$，与另一条更高的无差异曲线 $U_2$ 相切于 $E_2$ 点。这表明了消费者因收入增加而获得的效用增加到 $E_2$ 点。此时，消费者对 $B$ 商品的购买量为 $X_1^2$。$X_1^1$ 小于 $X_1^2$。但当收入再上升时，预算约束线向外平行移动到 $A''B''$，与另一条更高的无差异曲线 $U_3$ 相切于 $E_3$ 点。收入-消费曲线向左上方弯曲(图中 $E_2$ 点以上的部分)。消费者对 $B$ 商品的购买量 $X_1^3$ 反而小于 $X_1^2$。

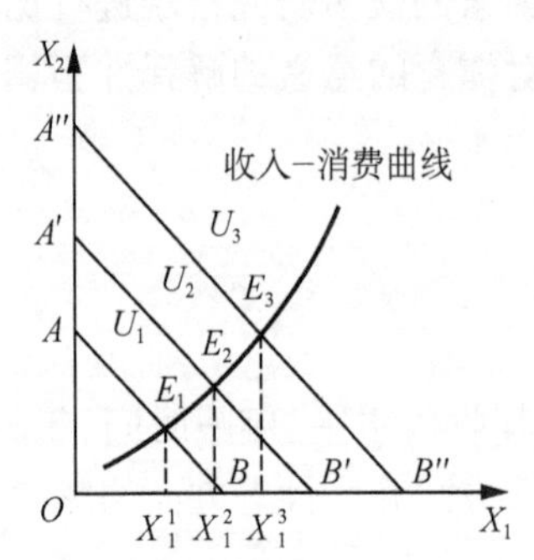


图 7-4　正常商品的收入-消费曲线

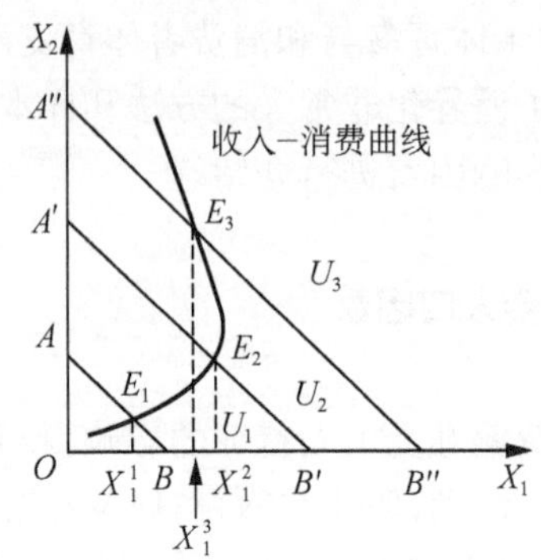


图 7-5　劣等品的收入-消费曲线

（二）闲暇时间

有效的体育需求不仅与可支配收入、进行体育消费的欲望等有关，消费者还必须拥有一定的闲暇时间，因为消费者要进行体育消费，无论是作为观众还是参与者，首先都必须拥有足够的闲暇时间。所以，体育消费实质上是一种闲暇消费。闲暇消费的定义是：人们利用闲暇时间，进行个人享受和自身发展的一种消费活动。闲暇消费支出在居民消费支出中所占的比重越大，说明居民消费水平和生活水平越高。例如，欧洲国家的球迷时常会驱车去邻镇观看球赛，这时所花费的时间不仅包括在现场观看球赛的时间，还包括驱车前往比赛目的地的时间，甚至包括一些社交时间（比如与现场一起看球的朋友交流的时间、赛前赛后与运动员交流的时间等）。可以借鉴经济学中的闲暇-消费模型，来分析人们如何在闲暇时间和消费之间进行选择。

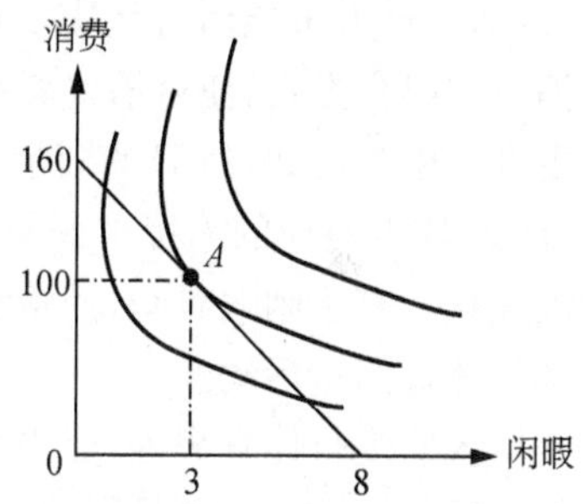

图 7-6　闲暇-消费模型

图 7-6 可以来说明闲暇时间和消费的关系（体育消费是整体消费的一部分，情况与整体消费的情况在实质上是一致的）。对消费者而言，为了获得更多的消费，他必须放弃闲暇时间而去工作挣更多钱，才能购买更多的商品及服务。假设消费者每工作一小时能够挣得 20 元，不计节假日，每天工作 8 小时，闲暇时间 8 个小时。那么，如果他把所有闲暇时间都拿来工作，就可以获得 160 元的额外收入用于消费，即增加消费 160 元；如果他把所有闲暇时间都用于享受，就能够有 8 个小时的闲暇。因此，消费者的预算约束线是一条向右下方倾斜的直线，他能够享受到的最大闲暇时间量 8 小时和他能够获得的最大额外消费量 160 元。如果再加上一组显示消费者在消费与闲暇时间之间偏好的无差异曲线。根据无差异曲线的特性可知，消费者在闲暇时间和消费之间的选择在 $A$ 点处，即 3 小时闲暇和 5 小时工作获得额外 100 元消费的组合时达到效用最大。此时，如果消费者将 3 小时的闲暇时间和额外获得的 100 元收入都用于体育消费，那么他则能够获得每天 3 小时的体育消费时间，去进行原有的体育消费和 100 元的额外体育消费。

可见，时间就是金钱，体育是一项消费闲暇时间的活动，体育消费的水平与闲暇时间有着紧密的联系，本质上是消费者对金钱和享受的选择。但是，这种选择并不是完全自由的。对于处在不同经济时代的消费者而言，体育消费的闲暇时间所受到的限制并不相同。譬如，在经济不发达时期，尤其是工业革命之前，大多数社会都以生存经济为主要特征。身处其中的人们为了生存，不得不用全部时间去进行生产。

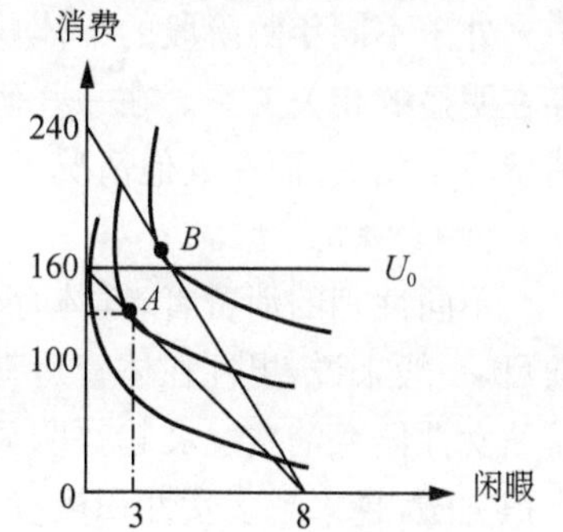

图 7-7　考虑生存限制的闲暇-消费模型

继续考虑图 7-6 中的消费者，在图 7-7 中，假设消费者为了生存，至少需要达到 160 点的消费水平，与之相应的一条通过 160 点的水平线 $U_0$ 线，就反映了消费者所受到的生存约束。此时，消费者的闲暇为零，因为他只有把所有闲暇时间都用于工作才能满足最低生存消费 160 点的需要，从而被固定在 160 点上。图 7-7 中 $U_0$ 线的效用水平是低于 $A$ 点的效用的，因为 $A$ 点所处的无差异曲线较 160 点所处的无差异曲线更加远离原点，即 $A$ 点所处的无差异曲线所代表的效用水平更高。而由于生存需要，消费者的选择只能被固定在 160 点的位置上，不能够通过减少或保持消费(即减少收入从而减少收入所带来的可消费金额，或保持收入及可消费金额)、增加闲暇时间来提高自己的效用(即无法向 $A$ 点滑动或移动)，从而消费者的选择和效用都受到了生存的制约。

不过，随着科学技术的快速发展和人们生活水平的逐渐提高，消费者的劳动生产率得到很大提高，此时的消费者每花费一定时间所能获得的收入较以前多得多，相应所能产生的消费也比以前多得多。比如，如果图 7-7 中的消费者每工作一小时能够挣得的收入从 20 元提高到 30 元，那么在总闲暇时间不变的条件下，他原来的预算约束线就会随之向外转动，其最大可能消费就从 160 点上升到 240 点。此时，消费者可以有更多种闲暇时间和消费的组合方式，使得消费者在满足了生存消费 160 元的同时，还能够享受闲暇，从而获得更高效用。比如，在 $B$ 点，消费者在新的预算约束条件下，不仅满足生存最低消费 160 元(注意 $B$ 点对应的消费水平是高于 160 元的)，而且闲暇时间和消费之间的组合实现了效用最大化。有了闲暇时间，消费者就可以从事许多非生产性的活动，包括参与或观看体育比赛等体育消费活动。

人们进行体育锻炼，要占用一定的时间。用经济学分析，这种时间支出是有机会成本的。经济学认为资源是稀缺的，如果把资源用于一种用途就要放弃其他用途，也就是说，人们需要在资源的几种用途之间权衡利弊做出选择，在消费方面，这就意味着人们需要在众多商品和服务中选择所要消费的组合，被放弃的组合就产生了机会成本(opportunity cost)。机会成本的定义是被放弃或被错过的商品和服务的可能组合中效用最高的组合。在理解机会成本时，要注意几点：第一，机会成本可以用货币来表示，但并不是实际的支出或损失，而仅仅是一种观念上的支出或损失。第二，当一种资源有多种用途时，机会成本是确定选择后所放弃的其他可能用途中价值最大的。第三，如果资源没有那么多种用途，就不存在机会成本。第四，其他人的活动也会给你带来机会成本。人们之所以愿意花费时间参与体育消费，是因为他们预期从中获得的效用足以弥补因进行这些体育消费时所占用的支出及时间等机会成本。例如，体育锻炼获得的与健康长寿有关的收益，无疑是多少金钱也难以换来的，其效用远超将支出和时间用于其他方面所能获得的效用。

#### (三) 年龄

处于不同年龄阶段的个体，具有不同的体育消费偏好。研究发现，体育消费与年龄不存在明显的相关关系。在一些研究中，最年轻的群体花费更多；在其他群体中年龄与体育消费呈正相关；而在其他情况下，中间有一个峰值。

#### (四) 性别

不同性别的消费者，其体育消费偏好也存在差异性。尽管在一些研究中这取决于运动项目，一般来说，男性在体育运动上的花费比女性多。

女性体育消费发展趋势明显。在我国，随着女性受教育水平不断提升，女性自我独立意识觉醒，越来越多女性积极参与就业，推动了女性消费的升级，女性逐渐成为新时代消费主力军，"她经济"发展迅速，女性体育消费势头强劲。随着我国女性的经济地位和消费能力的明显提升，根据艾媒咨询数据显示，2020 年中国"她经济"市场规模将达到 4.8 万亿元。在互联网消费中,用户搜索女性体育消费类用品的关键词数目也增加了3倍有余,其中女性专用体育用品销售速度增长迅速。与此同时,女性体育消费具有情感化、多样化、个性化、休闲性的特征,女性体育消费的符号性进一步凸显,受到市场信息传递的时差影响,市场供需仍不平衡。

(五)职业和教育

一些国外文献报告了非熟练或半熟练的体力劳动者和较低受教育群体与体育消费呈现负相关关系。尽管如此,另一些国外研究展示了职业与体育消费呈积极的关系。

(六)家庭规模和人口规模

很少有人关注家庭规模和人口规模对消费者体育支出的影响。一方面,有国外研究表明,养育更多孩子的家庭在体育上花费更多,但也有国外文献发现这之间没有关系。另一方面,就人口规模而言,有国外研究表明,居住在城市地区的家庭比居住在农村地区的家庭在体育上花费更多。

## 二、文化因素

在欧美等体育市场发达国家,对商品和服务的体育消费占其国民经济的比重相对而言较高;而我国由于文化传承等原因,体育消费占其国民经济的比重低于全球平均水平。伴随着消费热情不断被激发,中国体育消费升级,体育消费蓬勃发展,吸引了越来越多的国外体育IP,比如NBA、曼联等的涌入。消费不足主要集中在东亚儒家思想圈国家,而消费过度则主要集中在欧美国家。关于此的一个的猜想就是消费文化导致了消费行为的国别差异。

## 三、电子竞技消费

电竞促进了体育消费。近年来,全球范围内,电子竞技(Esport, electronic sports, e-sports, or eSports)的受欢迎程度日益提高,尤其是年轻人;然而,电子竞技是否是一个体育运动项目仍存有争议。在2014年,娱乐与体育电视网(ESPN)总裁约翰·斯奇帕(John Skipper)在接受采访时称电子竞技不是一项体育运动,它们是一场比赛。国际奥林匹克委员会在2017年10月举行的一次峰会上也承认了电子竞技越来越受欢迎的状况,其结论是,"竞争性的"电子竞技可被视为一项体育活动,参与运动员的准备和训练的强度或可与奥运会传统体育项目相当,但要求任何奥运会的电子竞技项目均应"符合奥林匹克运动的规则和规定"。国际奥委会主席巴赫在接受采访时表示:"我们的奥运项目当中不能涉及暴力和歧视,也就是所谓的杀人游戏。从我们的角度来看,这些杀人游戏有悖于奥林匹克精神,是完全无法接受的。"

随着电子竞技的普及和随之而来的商业利益,各国政府也开始对其产生兴趣。中国、俄罗斯、匈牙利和丹麦已将电子竞技视为正式的体育运动。随着电子竞技经济规模不断扩大,为欧盟所关注是迟早的事情。目前,在欧盟层面上还没有电子竞技相关的判例或政策。欧盟还未确定是将电子竞技视作一项体育运动,还是将电子竞技视作娱乐业的一个分支

(一种经常性的经济活动)。法国已经对电子竞技比赛、未成年参与与电子竞技玩家的就业之间的关系进行管理,并颁布相关法令。德国奥林匹克体育联合会拒绝承认电子竞技为体育运动,其中的一个原因是电子竞技缺乏体力活动。欧盟法院认为,体育赛事方面的税收优惠旨在“鼓励某些具有公共利益的活动,即由非营利组织所提供给体育运动的参与者的与体育运动密切相关的服务”。基于此,电子竞技由旨在从中获利的人所组织并且是纯消费目的,因而,电子竞技可能超出了税收优惠的范围。如何看待电子游戏与如何看待基于这些电子游戏的电子竞技比赛之间存在着关联。基于纯消费目的产品市场的商业电子竞技比赛很容易受到来自社会和政策制定者等各方面的批评。

电子竞技与传统意义上的体育运动有着本质上的区别。本质上,电子竞技诞生于媒体,因此,电子竞技应被视为“对商业机会的更直接反应”。作为新兴赛事,电竞赛事尚未成为顶级赛事,拥有无限潜力。电子竞技玩家[①]经常需要跨境工作,电竞赛事的奖金的分配情况,需要缴纳的税款额,如何避免双重课税问题,也备受关注。值得注意的是,相当数量的电子竞技机构也在其总部以外的地区运营,那么公司层面和个人层面的税务问题往往会非常复杂。

2019年,人力资源和社会保障部、国家市场监管总局、国家统计局联合发布新职业。其中介绍:“近几年,在国际赛事的推动下,基于计算机的竞技项目发展迅猛,电子竞技已成为巨大的新兴产业,电子竞技运营师和电子竞技员职业化势在必行”。另一文件还提及了“电子竞技员”“电子竞技运营师”这两个职业的定义和主要职责。电子竞技运营师:指在电竞产业从事组织活动及内容运营的人员。主要工作任务:①进行电竞活动的整体策划和概念规划,设计并制定活动方案;②维护线上、线下媒体渠道关系,对电竞活动的主题、品牌进行宣传、推广、协调及监督;③分析评估电竞活动商业价值,设计活动赞助权益,并拓展与赞助商、承办商的合作;④协调电竞活动的各项资源,组织电竞活动;⑤制作和发布电竞活动的音视频内容,并评估发布效果;⑥对电竞活动进行总结报告,对相关档案进行管理。电子竞技员:指从事不同类型电子竞技项目比赛、陪练、体验及活动表演的人员。主要工作任务:①参加电子竞技项目比赛;②进行专业化的电子竞技项目陪练及代打活动;③收集和研究电竞战队动态、电竞游戏内容,提供专业的电竞数据分析;④参与电竞游戏的设计和策划,体验电竞游戏并提出建议;⑤参与电竞活动的表演。

### 四、税收因素

财政是国家治理的基础和重要支柱,税收在现代国家治理中发挥着重要作用。税收政策可以直接调节消费需求,从而成为体育消费政策的组成部分。在当今世界各国,与体育经济活动相关的税收种类较多,各税种税基及税率纷呈。

从国际体育政策来看,国外专门通过税收政策支持促进体育消费的文献及政策不是很多。这大概是因为,市场经济成熟发达的国家政府遵从税收“中性”原则,与促进体育消费相关的政策集中于“大众参与性体育”,高水平竞技体育中甚少涉及。各国体育消费相关财

① 将职业电子游戏参与者统称为玩家。

税政策的制定和实施因各国背景的不同而呈现差异化。美国、德国有涉及体育场馆建设和大规模翻新方面的政策，加拿大出台了税收抵扣政策。英国、澳大利亚、爱尔兰三国的体育政策，扩大“sport”的外延，将“physical activity”容纳进来，特别是在“有组织的体育”被“非组织化的体育”代替愈演愈烈的趋势下。其中，澳大利亚政府还提出“碎片化”体育的概念。

我国现行税收政策中已经包含一部分体育消费相关的政策。但是，只有体育服务业税收优惠政策到位，税目明确、税率合理、优惠方式和环节得当，才能够促进体育消费可持续发展。并且，提升体育消费还需要各管理部门出台涉及消费、金融、产业等多方面的政策，与财税政策相配合。也可以在全国开展体育消费试点，选取一些有条件的城市，鼓励地方、企业创新手段等。在操作层面，要和卫生、健康等政府有关部门合作来实施大众参与的、与身体活动相关之体育活动的计划，例如体育设施的多种建设途径。与身体活动相关的体育活动主要包括：慢跑、健步走、游泳和自行车。开展这类活动一般需要跨部门的合作，包括健康、体育、旅游、环境、自然资源与交通等政府部门，由多部门联合制定相关的实施计划。大众参与性体育活动要有针对多个群体的多个计划，比如针对老年群体的计划、针对女性的计划、针对残疾人的计划等；对于儿童来说，除了学校的体育课程之外，还要有意识地鼓励儿童与父母共同参与体育活动。以家庭为单位的青少年体育活动、体育竞赛等，往往具有较强的联动消费效应。

户外运动也是政策予以关注的地方。英国的体育政策中，特别强调要利用国家公园、自然景观作为大众进行身体性活动的最佳场所。一方面，要使公园具备进行身体活动的可能性，就必须加强步行和骑行道路的设计和施工；另一方面，则要鼓励户外探险、钓鱼、登山、越野、山地车等户外运动，这些运动的消费关联性比较强，对经济的贡献率也比较高。当然，这些政策的实施不仅需要多个部门的精诚合作，也需要专业性团体对大众参与者进行专业知识技能和相关安全知识培训。对于体育竞赛表演业，可以鼓励地方政府积极申办国际性大型体育赛事，中央政府通过多个渠道予以支持。举办这类活动既可以推动当地经济的发展，培养大量的专业人才，同时也可以促进当地大众参与体育的热情。中央政府也可以鼓励地方举办全国或地方性体育赛事，或者鼓励地方政府举办具有参与性的全国或地方体育赛事，同样可以起到上述效果或类似效果，带动当地经济的发展。

思考题

拓展阅读

# 第八章

# 体育赛事经济

**【导　读】**

从普通观众和体育爱好者的角度看，体育赛事是人们领略体育魅力和运动员风采的最直观形式。相信本书读者对于我国成功举办的各种大型赛事和体育盛会并不陌生。特别是随着2022年冬奥会和冬残奥会的成功举办，北京成为第一个既举办过夏奥会又举办冬奥会的双奥城市，同时中国也成为第一个实现奥运“全满贯”(先后举办奥运会、残奥会、青奥会、冬奥会、冬残奥会)的国家。这一成就彰显了我国综合国力和社会文明的不断进步，也是中国人民对人类体育运动和奥林匹克事业做出的巨大贡献。事实上，体育赛事的成功举办不仅诉诸主办方和运动员的努力，背后也体现出复杂而深刻的经济学智慧。

究竟什么样的体育赛事才属于典型意义上的国际体育赛事？我国在举办大型国际体育赛事方面有哪些显著成效与经验？体育赛事的成功举办有赖于哪些经济环境因素？举办体育赛事会涉及哪些关联产业？又会对赛事举办地的经济发展造成怎样的影响？本章主要讨论与体育赛事相关的经济学问题，从体育经济学理论与体育市场现实相结合的意义上为理解赛事经济问题提供更加全面和系统的学理视角。

**【学习目标】**

掌握体育赛事的概念和分类；熟悉与体育赛事有关的经济环境因素；了解体育赛事的关联产业。

【思维导图】

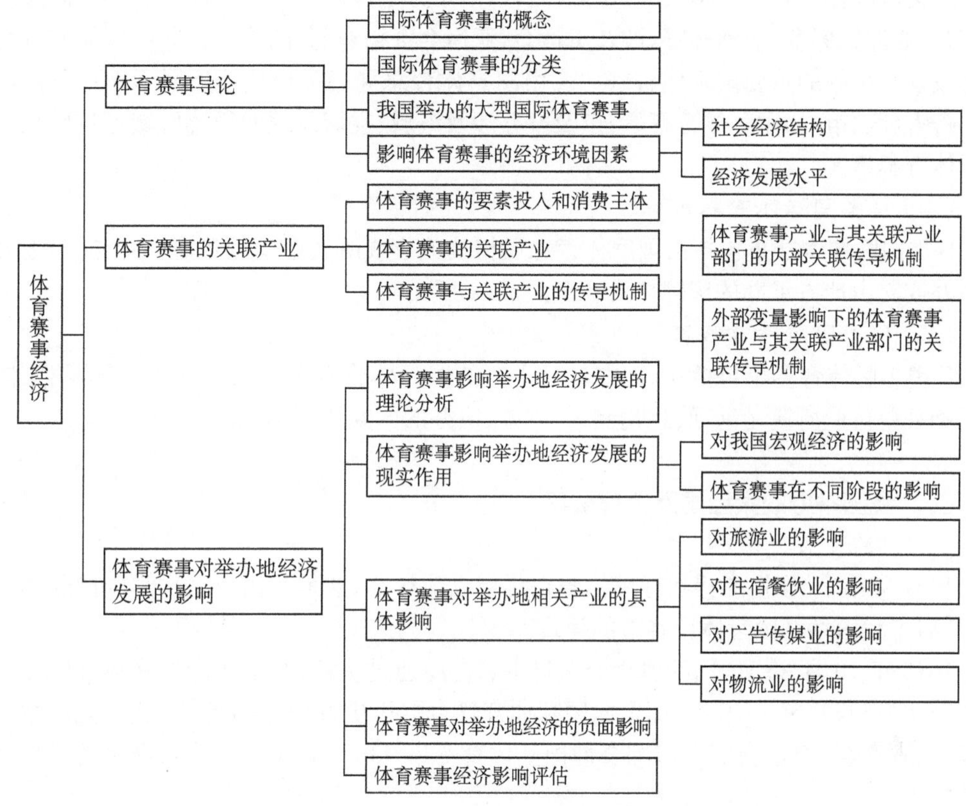


# 第一节　体育赛事导论

## 一、国际体育赛事的概念

国际体育赛事是指非常规、国际性、大规模的体育比赛，一般为洲际、世界性的各类综合性运动会或由世界单项体育组织举办的具有相当影响的单项运动会，如奥运会、亚运会、世界杯足球赛等。截至 2018 年底，中国运动员在各类国际大赛中获得世界冠军 3 458 个，奥运冠军 237 个，创造世界纪录超过 1 332 次。国家统计局发布 2021 年国民经济和社会发展统计公报。数据显示，2021 年中国运动员在 16 个运动大项中获得 67 个世界冠军，创 12 项世界纪录。

《2019 年全球赛事影响力》发布

## 二、国际体育赛事的分类

国家体育总局 2014 年 12 月 24 日发布的《在华举办国际体育赛事审批事项改革方

案》,将国际体育赛事按照主办方、比赛性质和重要程度分为A、B、C三类。

(一) A类国际体育赛事

A类国际体育赛事包括:①由国际体育组织主办的国际综合性运动会、世界锦标赛、世界杯赛、亚洲锦标赛、亚洲杯赛;涉及奥运会、亚运会资格、积分的比赛。②由国家体育总局主办或参与主办的重要国际体育赛。③由国家体育总局相关单位或所属运动项目协会主办的跨省(区、市)的国际体育赛事,以及举办涉及海域、空域及地面敏感区域等特殊领域的国际体育赛事。

(二) B类国际体育赛事

B类国际体育赛事包括由国家体育总局相关单位或所属运动项目协会主导,与地方共同主办或交由地方承办的国际体育赛事。

(三) C类国际体育赛事

C类国际体育赛事包括:①地方自行举办的国际体育赛事。②由地方主导,国家体育总局相关单位或所属运动项目协会参与主办、协办的国际体育赛事。

## 三、我国举办的大型国际体育赛事

1961年第26届世界乒乓球锦标赛在北京成功举办,这是我国第一次举办国际体育赛事,开启了我国举办国际体育赛事的篇章。

1979年10月25日,国际奥委会在日本名古屋通过决议,恢复了中国在奥林匹克大家庭的合法权利,开启了中国全面走向国际体育舞台的历史进程。40年来,我国先后举办了奥运会、青奥会、亚运会等大型综合性国际体育赛事13次,还举办了为数众多的世界单项体育赛事。

2008年第29届夏季奥林匹克运动会在北京成功举办,2015年7月31日,在马来西亚吉隆坡举行的国际奥委会第128次全会投票决定,北京成为2022年冬奥会和冬残奥会的举办城市,北京市成为世界上第一个双奥城市,北京市自2008年成功举办第29届夏季奥林匹克运动会以后,10余年间共举办国际体育赛事200余项,国际体育赛事承举办热潮不断攀升。

自2008年以来北京市10余年共举办国际体育赛事220余项,其中A类78项,B类27项,C类115项。北京市国际体育赛事总体发展欣欣向荣,赛事数量与赛事规模不断提高与扩大。2008年北京市成功举办第29届夏季奥运会,自此之后通过举办各类国际赛事,在体育赛事方面取得全面性的突破提高,北京市作为奥运会的主办城市,在赛事组织与承办方面得到了全方位飞速发展,在国际体育赛事的申办与引进工作取得了卓越的成效,大型国际体育赛事的举办数量得以快速提高,自2008年后共举办220余项国际体育赛事就是一个很好的证明。国际体育赛事规模大,涉及项目广,参加和出席人数众多;竞技水平高,影响面广、科技含量高,体育科技得以不断突破与创新。其中A类赛事总计78项,10余年平均每年7~8个国际大型体育赛事,彰显了中国作为体育大国向体育强国稳步迈进的步伐,更是北京市处于世界重要体育城市前列的有力证明;B类国际体育赛事较之A类,更能体现国际体育赛事的引进与融合,持续长期入驻的B类国际体育赛事10余年平均每年 2～3 个体育赛事；C 类国际体育赛事 10 余年间平均每年 11～12 个赛事，最能体现北京市国际体育赛事得到长足发展，赛事多证明北京市国际体育赛事基数的快速提高。表 8-1 为北京市 2008～2019 年主要国际体育赛事明细表。

**表 8-1　北京市 2008～2019 年主要国际体育赛事明细表**

| 运动项目 | 赛事名称 | 举办年度 | 总计(项) |
|---|---|---|---|
| 棋牌 | 世界智力精英运动会 | 2011～2015 | 5 |
| | 世界女子桥牌精英赛 | 2011、2013、2015、2017、2019 | 5 |
| 网球 | 中国网球公开赛 | 2008～2019 | 12 |
| | 北京国际元老网球邀请赛 | 2008～2019 | 12 |
| 跳水 | FINA 世界跳水系列赛北京站 | 2011～2019 | 9 |
| 田径 | 北京马拉松 | 2008～2019 | 12 |
| | 北京国际长跑节 | 2008～2019 | 12 |
| | 国际田联世界田径挑战赛 | 2013～2016 | 4 |
| | 北京国际田联世界田径锦标赛 | 2015 | 1 |
| 自行车 | 北京国际自盟场地自行车世界杯赛 | 2008～2012 | 5 |
| | 环北京职业公路自行车赛 | 2011～2014 | 4 |
| 射击 | 国际射联射击世界杯 | 2008～2012、2014、2019 | 7 |
| 篮球 | NBA 中国赛 | 2008～2010、2012～2014、2016 | 7 |
| | 斯坦科维奇洲际篮球冠军杯 | 2016 | 1 |
| | 2019 年国际篮联篮球世界杯亚洲区预选赛 | 2018 | 1 |
| | 国际篮联篮球世界杯 | 2019 | 1 |
| 高尔夫球 | 沃尔沃中国公开赛 | 2008～2010、2016～2018 | 6 |
| | 美巡赛高尔夫球中国站 | 2014～2016、2018、2019 | 5 |
| 马术 | 国际马联场地障碍世界杯中国联赛 | 2008、2009、2011～2019 | 11 |
| 马球 | 北京马球国际公开赛 | 2008～2019 | 12 |
| 滑冰 | 短道速滑世界杯中国站 | 2009 | 1 |
| | 世界壶联冰壶世界杯总决赛 | 2019 | 1 |
| | 国际冰联女子冰球世界锦标赛 | 2019 | 1 |
| 滑雪 | 沸雪北京国际雪联单板滑雪大跳台世界杯 | 2010～2019 | 10 |
| | 国际雪联越野滑雪积分大奖赛 | 2019 | 1 |
| | 国际雪联单板及自由式滑雪大跳台世界杯 | 2019 | 1 |
| 花样滑冰 | 中国杯世界花样滑冰大奖赛 | 2008～2010、2013、2015～2018 | 8 |
| 搏击 | 北京国际武术综合搏击对抗赛 | 2014 | 1 |
| 排球 | 国际排联沙滩排球世界巡回赛北京大满贯赛 | 2011～2013 | 3 |
| 武术 | 北京首届世界武搏运动会 | 2010 | 1 |

（续表）

| 运动项目 | 赛事名称 | 举办年度 | 总计(项) |
| --- | --- | --- | --- |
| 铁人三项 | 铁人三项世界锦标赛 | 2008～2019 | 12 |
| 赛车 | 世界超级跑车锦标赛 | 2011 | 1 |
| 汽车 | 亚洲方程式国际公开赛 | 2009 | 1 |
| 赛艇 | 国际名校赛艇挑战赛 | 2010 | 1 |
| 摩托车 | 国际摩联花式极限摩托世界锦标赛 | 2013 | 1 |
| 足球 | 亚足联冠军联赛 | 2010 | 1 |
| 乒乓球 | 亚欧乒乓球全明星对抗赛 | 2011 | 1 |
| 游泳 | 国际泳联短池游泳世界杯 | 2010～2018 | 9 |
|  | 国际泳联花样游泳大奖赛 | 2014、2018、2019 | 3 |
| 击剑 | 国际剑联女子佩剑世界杯赛北京站 | 2015 | 1 |
| 冰壶 | 世界女子冰壶锦标赛 | 2017 | 1 |
| 定向 | 世界定向精英巡回赛即中国三日赛 | 2017 | 1 |
| 极限运动 | AST 全球职业极限巡回赛中国站 | 2008 | 1 |
| 摔跤 | 世界柔术摔跤冠军赛 | 2013 | 1 |
| 登山 | 北京国际山地徒步大会 | 2010～2019 | 10 |
| 航空 | 中国国际直升机公开赛 | 2018 | 1 |
| 拳击 | WBF 中国区拳王金腰带争霸联赛 | 2017 | 1 |
| 现代五项 | 亚洲现代五项锦标赛 | 2015 | 1 |
| 健美 | 第 50 届亚洲健美健身锦标赛 | 2016 | 1 |
| 体育舞蹈 | 中国北京国际体育舞蹈公开赛 | 2010 | 1 |
| 冰球 | NHL 中国赛 | 2018 | 1 |
|  | KHL 大陆冰球联赛北京赛区 | 2017 | 1 |

## 四、影响体育赛事的经济环境因素

一般意义上而言，体育赛事承办地应当是一个政治和社会经济稳定、经济实力雄厚足以承受比赛的消耗以及能保证人们有一定的市场需求能力，社会文化健康向上，有足够的专业人才来筹备、策划和运作的区域。其中，经济环境是市场经济条件下体育赛事赖以生存的最基本因素之一，而影响体育赛事的经济环境因素则主要包括社会经济结构、经济发展水平等。

### （一）社会经济结构

社会经济结构是指国民经济中不同的经济成分、不同的产业部门以及社会再生产各个方面在组成国民经济整体时相互的适应性、量的比例及排列关联的状况。社会经济结构主要包括五方面的内容，即产业结构、分配结构、交换结构、消费结构、技术结构，其中最重要的是产业结构。

新中国成立70多年来，产业结构不断优化，从以依赖单一产业为主转向依靠三次产业共同带动。建国初期，我国农业占比较高，工业和服务业相对薄弱。1952年，第一、二、三产业增加值占国内生产总值的比重分别为50.5%、20.8%和28.7%。20世纪50～70年代，随着工业化建设推进，第二产业比重不断提升。1978年，第一、二、三产业比重分别为27.7%、47.7%和24.6%。改革开放以来，工业化、城镇化快速发展，农业基础巩固加强，工业和服务业发展水平不断提高。2012年，第三产业比重达到45.5%，首次超过第二产业，成为国民经济第一大产业。党的十八大以来，我国农业、工业、服务业协同发展。2021年，第一、二、三产业比重分别为7.3%、39.4%和53.3%，对经济增长的贡献率分别为24.9%、30.6%和44.5%。

只有当居民的可支配收入已经达到了足以支持体育消费有效需求规模的水平的时候，体育赛事行业的消费市场才能形成。以上海市为例，早在1999年，当地的产业结构已完成由“二、三、一”向“三、二、一”的转换，2021年，上海市人均GDP为2.69万美元，已经跻身发达经济体水平，人均可支配收入全国第一。第三产业(服务业)作为主导产业正以强劲的势头发展。上海作为国家经济发展的排头兵，正朝着成为国际经济、金融、贸易和航运中心的方向发展，这为体育产业的发展提供了良好的外部环境，上海市近年来已持续地引进了不同项目的国际级大型体育赛事，并均取得了良好的社会效益和经济效益。

#### (二) 经济发展水平

经济发展水平既包括政府机构的财政状况，也包括当地的整体经济发展水平、人们的消费能力等。体育赛事的承办需要巨额的成本投入，当前在我国举办的大型体育赛事大都离不开政府的财政支持，举办地所在政府的财政状况直接关系到赛事的申办及成功举办。据相关资料显示，上海市为提升城市形象，打造F1赛事品牌，先后投资26亿元人民币建设上海国际赛车场，并为交通等相关配套设施投入至少为7亿元人民币；据不完全估算，2008年北京奥运会的政府投入约为300亿美元，其中不仅包括了奥运会的举办费用，还包括了修建与修缮体育场馆费用以及道路、机场、地铁等交通设施建设费用、电话电视转播等通信设施、水电热气等市政设施费用，还有控污绿化等环保费用等。赛事比赛地整体经济发展水平越高以及人们的消费能力越强，则对体育赛事的成功举办就越有利：一方面，体育赛事的举办牵涉到举办地的相关机构与部门，尤其是举办地的体育、文化、广告、传媒、中介、金融、保险等第三产业部门；另一方面，人们的消费能力与门票的销售量之间存在一定的正相关性，居民的可支配收入越高，则门票的销售前景越乐观。

## 第二节　体育赛事的关联产业

### 一、体育赛事的要素投入和消费主体

#### (一) 体育赛事产业的投入要素

体育赛事投入要素是指体育赛事生产过程中所需要的商品和劳务，包括直接要素和间

接要素。直接要素是指直接与举办体育赛事有关的必需投入，属于硬性投入；间接要素是指不举办体育赛事也需要，但为了保证体育赛事的成功举办需提前的投入，属于非硬性投入。传统经济学认为劳动和资本是两大基本要素，从体育赛事产业的定义所知，这里的劳动是指运动员、教练员、裁判员以及安保、交通、餐饮、医务、运输等大量的赛事后勤人员等，这里的资本主要是指体育场馆、设备、用品等物质资本。

（二）体育赛事产品的消费主体

从体育赛事产业的定义所知，体育赛事的基础性产品是各类人体运动的动作组合产品，即竞赛表演，其衍生产品包括广告权（包括球队冠名权、赛事冠杯权、赛事场地广告牌使用权、队服不同部位的广告使用权等）、符号特许经营权（包括会徽、队徽、吉祥物、明星肖像权等）、转播权等（全球、全国、地方比赛实况的电视包括网络直播节目）。其消费主体主要有两大类：一类是观赏性消费的大众；另一类是将体育赛事服务产品和无形资产作为生产、营销活动投入要素的企业。前者的消费方式主要表现在人们支付门票费用的直接现场观看比赛和通过支付有线电视费用的间接观看比赛；后者则是一些生产企业通过买断或部分买断竞技运动观赏服务产品以及衍生出的各类无形资产的特许经营权，并作为其再生产投入支出的消费。

1. 大众消费群体

生活消费是指人们把生产出来的生活资料或消费品，用于满足生活需要的行为和过程。生活消费品包括物质消费品、精神文化消费品和劳务消费品，而大型体育赛事服务提供的各类可供观赏的动作组合服务产品（即各类具有观赏价值的精彩体育比赛或表演等）作为精神文化消费品给社会居民带来了特殊的生活消费，社会居民通过购买门票消费获得观赏大型体育赛事服务提供的各类可供观赏的动作组合服务产品以满足其娱乐需要。

2. 传媒业

传媒业是将社会各类事物进行传播服务的行业，为了获得最大利润，总是最大限度地寻求收视率高的载体（传播内容），以获取更多的广告收入，实现高效率的再生产。在现代社会里，体育与社会的关系日益密切，但人们不可能都亲临赛场观看比赛，越来越多的人乐意待在家里收看体育比赛的转播。因此，大型体育赛事服务提供的各类高规格的可供观赏的人体运动动作组合服务产品（即各类精彩的体育赛事、表演等）具有相当的收视率，竞技赛事尤其是大型赛事，已成为各家媒体不惜重金竞争转播专有权的对象。随着经济的增长，媒体传播技术的进步，竞技运动观赏服务产品作为媒体业的再生产投入品的“载体”价值得到了快速提升。以夏季奥运会电视版权出售状况为例（表 8-2），说明体育赛事服务产品已成为传媒业再生产的投入要素，赛事组织者与传媒业通过竞技运动产品的市场交换实现其价值。

**表 8-2 奥运会电视转播权收入** 单位：百万美元

| 年份 | 1984 | 1988 | 1992 | 1996 | 2000 | 2004 | 2008 | 2012 |
|---|---|---|---|---|---|---|---|---|
| 地点 | 洛杉矶 | 汉城 | 巴塞罗那 | 亚特兰大 | 悉尼 | 雅典 | 北京 | 伦敦 |
| 收入 | 288.3 | 407.1 | 635.6 | 895.0 | 1 331.6 | 1 494.0 | 1 739.0 | 2 600.0 |

3. 博彩业

博彩业是提供满足人们博弈心理需要的服务性产业部门。在其提供服务性产品同时也需要投入,如可以用转盘机、扑克等作为投入,也可以将竞技赛事作为投入(竞猜类博彩)。相对而言,将竞技赛事作为其投入,能产生较高的比较利益,故欧美有些发达国家的博彩业从不放弃任何一项大型赛事,常常支付巨额费用将竞技赛事作为其再生产的投入要素。

4. 其他行业

由于大型体育赛事服务一般具有社会影响大的特点,各类企业都有可能通过向体育赛事提供货币、物资、服务等支持,获取广告权以及通过支付货币获得使用赛事符号权以达到扩大和加强与目标受众之间的沟通,提高企业品牌的知名度、美誉度以及顾客对企业品牌的忠诚度等目的。如1996年亚特兰大奥运会组委会与美国奥委会共同制定了赞助计划,根据这一计划,组委会将得到可口可乐公司、柯达公司、IBM公司等提供的5.374亿美元的收入,占全部收入的33.8%。1994年世界杯足球赛,有11家世界著名企业提供赞助,其中7家每家出资3 000万美元,代价是换取4块场地广告牌,另外4家每家出资2 000万美元,代价是2块场地广告牌。基于以上分析,可以构建体育赛事产业的投入要素和消费主体结构图(图8-1)。

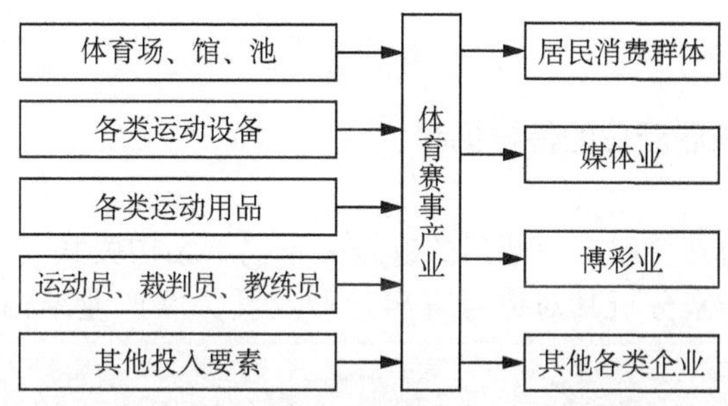


**图8-1 体育赛事产业的投入要素和消费主体**

## 二、体育赛事的前后向关联产业

体育赛事产业与其相关产业关联包括前向关联产业部门和后向关联产业部门等。根据产业关联理论,建筑业(生产各类运动场馆)、机械制造业(生产各类运动设备、仪器等)、运动用品加工业(生产各类球、球拍等用品)、俱乐部和单项协会(培养运动员、教练员和裁判员等)、服务业(提供安保、交通、餐饮、医务、运输等大量的赛事后勤人员)等为体育赛事产业的生产提供投入要素,这些产业部门是体育赛事产业的后向关联产业;而体育赛事产品及其无形资产需求主体的产业部门则是体育赛事产业的前向关联产业,如媒体业、博彩业以及其他产业部门。三者之间形成一连串不均衡的链接过程,可以得出体育赛事产业与这两类产业部门的关联模型(图8-2)。

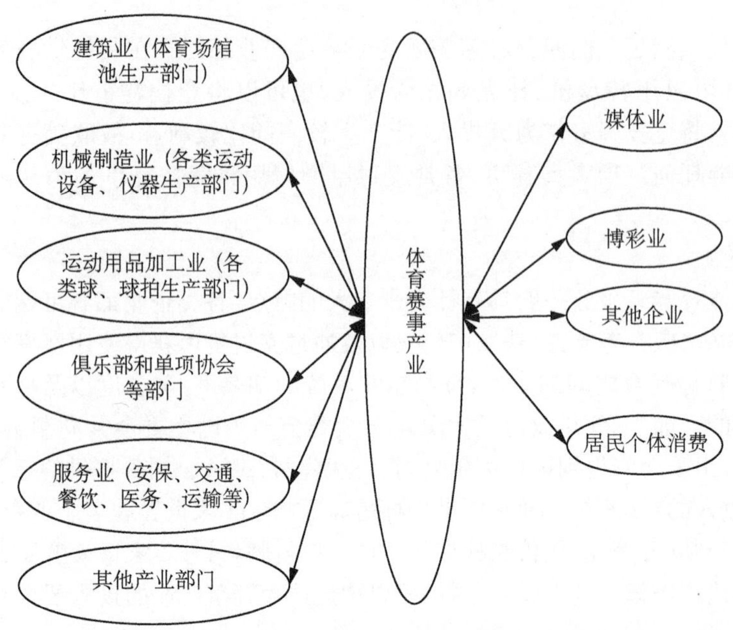


图 8-2　体育赛事产业与前后向关联产业部门的关联模型图

## 三、 体育赛事与关联产业的传导机制

从体育赛事产业与其关联产业部门的链接关系揭示结构关联变动的传导性机制，并通过外部环境变量的选择来分析其对体育赛事产业及其关联产业结构关联效应放大和耦合水平提高的机理。

### （一）体育赛事产业与其关联产业部门的内部关联传导机制

以体育赛事产业的前向关联产业的需求变动对体育赛事产业和体育赛事产业后向关联的影响为轨迹，从一个角度分析其内部传导机制。当传媒业、博彩业以及其他产业部门对体育赛事产品及其无形资产需求增加（水平、规模和质量）时，便会释放出强烈的需求信号，体育赛事产业部门针对需求信号就会主动配置生产要素，提高生产能力，以调整供给结构，满足需求结构的变动；体育赛事产业部门就会产生扩大生产规模和提高生产能力的需要，由于引致效应，又会引发对体育赛事产业后向关联产业部门的产品（如运动设备、体育用品等产品）以及其他生产要素的需求变动，继而促使这些产业部门增加各类生产要素的资源配置，适应体育赛事产业需求扩张性变动的需要。作为体育赛事产业及其前后向关联产业的关联系统，通过以需求带动扩张所带来的自动投资，调整和改变各产业部门之间生产能力的配置构成，以维持和提高其内部关联的组织程度，从而适应需求结构的变动，提升各产业部门的效能。在实现上述正向传导变动的同时，媒体业和博彩业等产业部门对体育赛事产业的作用还体现在扩大社会影响力、提高体育赛事产品的无形资产价值。

体育赛事产业总量的增加，取决于其前向关联产业需求的增加，而体育赛事产业的总量增加又会有效地刺激其后向关联产业的总量扩张，产业间连锁反应构成了结构关联的传导机制。

（二）外部变量影响下的体育赛事产业与其关联产业部门的关联传导机制

1. 人均可支配收入的影响

人均可支配收入与体育正常产品消费之间一般存在正相关关系，当人均可支配收入达到一定水平时，体育产品消费量将会随之扩大，这种体育产品需求的扩张行为，不仅使体育赛事产业的资本存量利用效率得以提高，同时还会引致社会资源转移，使体育赛事产业资本投资增量提高，以满足各类体育消费的需要。另外，在人均可支配收入提高带来的体育产品消费增量不断增加的同时，将会产生三种明显的效应：第一，随着体育产品消费总量的增加，人们的体育消费观念的偏好通过人与人的社会互动产生扩散效应，从而提高体育赛事产业的社会影响力，并使体育产品及其无形资产的价值不断提高；第二，随着体育赛事产业的资本存量使用效率和资本转移投资增量的提高，必将产生对体育赛事产业后向关联产业部门产品需求扩张的刺激，使这些产业部门的产业规模，水平和质量得到提高；第三，随着产品品质和社会影响力的不断提高，体育产品及其无形资产作为再生产投入品的比较利益大幅提高，客观上会刺激体育赛事产业前向关联产业部门对体育产品及其无形资产的需求扩张，从而实现产业间结构关联效应放大的结果。与此同时，体育赛事产业前向关联产业还将反向加速人们体育消费观念和偏好扩散以及对体育无形资产的价值提升起到重要影响。

2. 经济全球化的影响

经济全球化是世界经济发展的大趋势，是社会生产力和生产关系不断发展变革以及科技进步的必然趋势和客观反映。经济全球化有利于促进体育赛事产业与其关联产业部门间的传导效应的实现，主要体现在以下几方面。

第一，经济全球化促进资源在全球范围内的合理配置，使各类生产要素的配置构成随世界市场的需求结构变动而进行适应性的变动。经济全球化使得体育赛事产品的投入要素和消费主体均有可能来自全球市场，如体育赛事产业对运动员、教练员、裁判员等人力资源的需求将不受本国人力市场不足的束缚，从而使得体育赛事产业能够在国际市场范围内与其前后向关联产业发生联系，其结果将大大削弱各产业间的传导受“瓶颈”效应的制约，有利于传导效应的实现。

第二，经济全球化为跨国公司全球化发展提供了保障。跨国公司通过实施全球化的经营战略培育世界名牌、开拓国际市场。体育赛事正是迎合了跨国公司的这种需要，国际上一些著名的跨国公司通过出巨资购买体育赛事产品实施产品经营，以实现全球化经营战略的需要，如阿迪达斯、百威啤酒、飞利浦等。跨国公司利用体育赛事为平台，推动其全球化发展的同时，其反作用是可以提升体育赛事在世界范围的影响力，进一步提高体育赛事产品的价值。其结果表现为体育赛事产业与体育赛事产业前向产业部门（跨国公司）的双向传导效应的加强以及促进两者间传导效应放大。

3. 制度变量的影响

当体育赛事产业发展的制度安排从直接的计划分配资源状态向有序的市场分配资源转换时，市场机制这只“看不见的手”的作用会逐渐扩大，各类资源的配置构成则会随着需求结构的变动而有弹性地变动,体育市场则逐渐会在相对完全竞争状态下形成进入与退出机制,使体育赛事产业资源结构趋于合理化,并在制度保证的前提下,使体育赛事产业与其关联产业部门结构关联变动的正向传导机制得以真正实现。

制度变量尽管是非直接生产要素,但其作用不可低估。制度要素("看得见的手")与市场机制("看不见的手")有效结合,促使体育赛事产业与其关联产业部门的结构关联链式传导机制真正形成。除了以上三个外部变量,市场上还有很多外部变量会对体育赛事产业与其关联产业部门的结构关联变动产生影响。

## 第三节　体育赛事对举办地经济发展的影响

自 1984 年洛杉矶夏季奥运会成功举办之后,世界上很多城市都在积极争取大型体育赛事的主办权,人们意识到举办体育赛事不再是单纯的促进体育事业发展,同时也促进了举办城市经济、社会、文化、旅游等方面的发展。目前为止,世界上已经涌现出许多因体育而闻名的城市,诸如持续荣获"国际最佳体育城市"称号的墨尔本,拳击爱好者心目中的拳击"圣城"拉斯维加斯,因足球而闻名于世的英国曼彻斯特、西班牙巴塞罗那、中国上海等等,人们已逐渐认识到体育赛事在提升城市竞争力中所起到的重要作用。其中,体育赛事对城市经济发展的影响尤为重要,由此所衍生出的体育赛事经济也成为人们关注热点。

### 一、体育赛事影响举办地经济发展的理论分析

体育经济学关注体育赛事对举办地经济发展的影响,在理论层面寻找体育赛事的举办与经济变量之间的联系,在实践层面回答为何相似的赛事会使某些举办地收益,却使另一些举办地受损。整体而言,体育赛事的经济影响是一个复杂的研究议题。主要原因在于,举办体育赛事既会带来公共财政的投入增加、失业率的降低、对外贸易(特别是服务贸易)的繁荣等积极经济信号,但也有可能伴随着价格不断上涨的房地产泡沫、交通和空气质量的压力增大等负面因素。有鉴于此,体育经济学家的通常做法是,聚焦于体育赛事举办地的国内生产总值这一关键维度,重点考察体育赛事的举办所造成的经济产出结果,从而以一种更加简捷和直观的方式理解体育赛事的经济影响。

#### (一) 体育赛事对举办地经济发展的积极影响

体育经济学对国内生产总值的诠释,依然延续自读者所熟悉的现代宏观经济学理论。国内生产总值(gross domestic product, GDP)由商品和服务的总消费支出($C$),投资总额($I$),政府支出总额($G$)以及进出口的净结果($NX$)组成。用公式表示为

$$GDP = C + I + G + NX$$

即使面临巨大的建设投资和其他成本支出,不同的国家和城市仍然竞相举办国际足联世界杯、夏季和冬季奥运会等国际体育赛事,原因在于举办地预期体育赛事所带来的收益能够在弥补成本的基础上对当地经济有所促进,即通过增加消费、投资、政府支出以及净出

口中的一项或几项促进 GDP 增长。需要再次强调的是，体育赛事的举办必然涉及更为复杂的无形收益和间接收益，但是从 GDP 的角度观察体育赛事的经济影响无疑最为重要，在统计测算上也更加便捷可行。

举办体育赛事对消费和出口的促进作用较为直观。一方面，国际足联世界杯、奥运会等赛事的门票收入是举办体育赛事拉动消费的典型渠道。此外，大型体育赛事本身即意味着通过知识产权(intellectual property，IP)获益的可能性，具体表现为球衣、纪念品等赛事衍生品的销售收入。另一方面，从国际贸易，特别是服务贸易的角度理解，体育赛事的举办会带来国际游客的大量涌入。不但纯粹的旅游业收入有助于扩大净出口，而且旅游活动具有综合带动作用，游客在举办地的餐饮、交通、购物等支出也间接促进了消费的进一步增加。

举办体育赛事对投资和政府购买的促进作用相对复杂，需要结合货币市场加以理解。举办大型体育赛事的前提是场馆和其他基础设施的配套建设，因而通常能够带来投资支出和政府购买的增加。投资和政府购买扩大意味着企业收入增加，从而带来失业率下降和工人工资水平的提升。而工资水平上升的直接结果包括消费增加、储蓄增加以及政府税率上升。从比较静态分析的意义上讲，似乎可以由此得出举办体育赛事导致利率下降的"结论"。但由于利率的形成与国内生产总值的变动有关，因此有必要针对货币市场进行专门分析。

如图 8-3 所示，流动性需求可以表示为国内生产总值的函数。当举办体育赛事通过影响消费、投资、政府购买等机制导致国内生产总值上升时，流动性需求曲线会从左下方向右上方移动。新的流动性需求曲线与货币供给曲线相交的结果，表现为新的均衡状态下利率水平的上升。这一结论的理论含义是，体育赛事并不必然意味着举办地的利率下降和国际市场的币值走弱。与此相反，由于国际游客在本地的消费增加，以及与赛事相关的制造业和国际贸易往来更加繁荣，举办体育赛事反而有可能促使国际市场进一步认可本国货币。

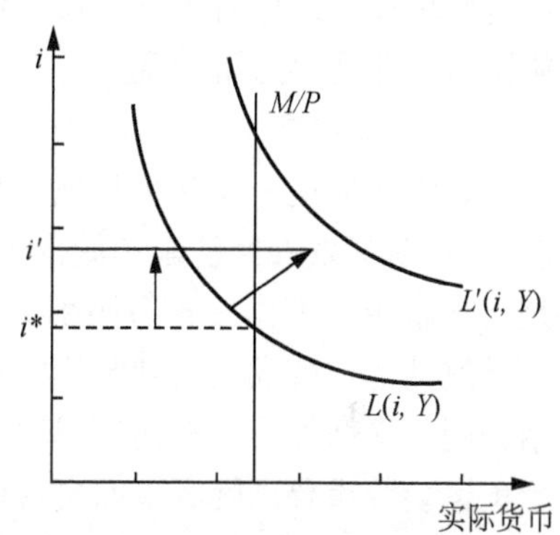


**图 8-3　举办体育赛事的货币市场影响**

（二）体育赛事对举办地经济发展的消极影响

1. 挤出效应

体育赛事为举办地带来经济效益的同时，也会带来一些负面效应，有可能对举办国和举办城市的经济产生不利影响。体育经济学对此的解释主要集中于挤出效应和虹吸效应这两种理论概念。

挤出效应的原始概念是指政府财政支出的增加会引起利率上升，进而导致私人投资减少的现象。体育经济学在分析赛事举办的负面影响时，所使用的挤出效应概念范围更将广泛，不仅包括了公共投资对于私人投资的挤出，也包括了赛事期间的消费相对于长期均衡消费的挤出。

从挤出效应的投资视角来看，体育赛事对经济发展的不利影响主要蕴含于货币市场的利率变动。图 8-3 指出了举办体育赛事会导致货币市场利率上升的经济后果。利率上升意味着货币资金的所有者能够获得更大报偿，但过高的利率则会抬高融资行为和经营活动的市场门槛，使得部分规模不足的企业无法将投资意愿顺利实现。筹办体育赛事通常情况下会使政府加大对于基础设施建设的资金投入，如通过增加政府财政支出保障体育场馆建设和配套设施建设等。这些大型设施往往投资弹性较低，更加依赖对于利率变动不甚敏感的公共部门投入。但是对于私人部门的投资者而言，利率提升会显著增加投资成本。因此，当政府部门出于举办体育赛事考虑而大量投资基础设施类项目时，就容易导致因利率上升而使公共投资挤出私人投资的现象。

从挤出效应的消费视角来看，体育赛事通常能够刺激居民和游客的短期消费。但这也意味着，一方面，对赛事门票、纪念品以及其他衍生品的消费支出有可能会挤出居民的日常生活消费；另一方面，虽然奥运会提升了外来旅游人员的消费，但游客的消费主要集中在餐饮、住宿、交通等个别领域，从而对于与体育赛事相关性较低的行业消费产生挤出效应。此外，体育赛事举办期间，由于投资增加和大量游客涌入，住宿、餐饮等消费价格快速上涨，有可能破坏举办地旅游市场的长期均衡。从而导致非赛事游客的旅游意愿有所下降，即赛事旅游挤出非赛事旅游的现象。

2. 虹吸效应

虹吸效应这一概念来自物理学，原指液体和大气的压强现象。经济学借鉴了这一概念，用于解释发展经济学和城市经济学中的特定现象。体育赛事所引致的虹吸效应，具体是指赛事主办地由于自身吸引力或国家财政预算的倾斜，吸引了大量其他区域的投资，反而导致其他地区发展受到影响的现象。换言之，虹吸效应的本质在于资源的稀缺性和配置结构的不平衡性。一般而言，举办体育赛事的资源需求与赛事的规模和影响力成正比。对于奥运会等重要国际赛事而言，甚至要投入举国财力完成必要的场馆和基础设施建设。有鉴于此，财政投资往往会选择优先保障奥运会等大型赛事的举办需求，资源投入向举办城市显著倾斜，从而带动其他地区的资金、人才向赛事举办地流动。由于资金、优质人才等资源显然具有稀缺性，资源向赛事举办地集中，必然意味着其他地区所能获取的资源相应减少。因此，在考虑虹吸效应的前提下，讨论体育赛事对于经济发展的影响，往往需要同时引入举办城市和举办国家两个视角。一般认为，如果体育赛事对于举办城市和举办国的经济产出均产生了正向影响，但举办城市的产出增加幅度大于举办国的产出增加幅度，则意味着出现了较为明显的虹吸效应。

## 二、体育赛事影响举办地经济发展的现实作用

### （一）体育赛事对我国宏观经济的影响

2013 年以来，我国每年举办全国性以上赛事超过 1 000 场，其中国际性体育赛事超过 200 场。从顶级竞技的网球公开赛到全民参与的马拉松，2018 年，国内规模达到 800 人及以上的马拉松赛事有 1 581 场，被中国田径协会认证的官方赛事为 339 场，全国马拉松累计参赛人数达 583 万，有 285 个地级市都举办了马拉松比赛。精品赛事不断涌现，带动上万亿元大市场。

2014 年《关于加快发展体育产业促进体育消费的若干意见》提出，到 2025 年，体育产业总规模超过 5 万亿元。取消商业性和群众性体育赛事活动审批、鼓励社会资本进入体育产业、激活赛事转播权市场等措施，释放了体育在经济领域的巨大能量。

中国体育产业发展还带动了体育同旅游、建筑、文化、教育等相关行业的跨界融合，对拉动消费、扩大就业、优化产业结构发挥了积极作用。

方兴未艾的马拉松产业、乘着改革春风的足球产业、"走出山海关"的冰雪产业……数据显示，2020 年，中国体育产业增加值占全国 GDP 的比重为 1.06%；到 2035 年，中国体育产业将更大、更活、更优，成为国民经济支柱性产业。根据中国田协《2018 中国马拉松大数据分析报告》，去年中国境内举办马拉松及相关运动规模赛事 1 581 场，年度总消费额达 178 亿元，全年赛事带动的总消费额达 288 亿元，年度产业总产出达 746 亿元。

据票务平台大麦网的统计，在 2019 年国际篮联篮球世界杯上，16 天赛期，累计出票量达 75 万以上，票房收入超过 2.8 亿元。同时本届世界杯还吸引到了超过 12 家本土企业参与赞助，中国品牌在世界级体育赛事的舞台上掀起了一阵营销浪潮。

2019 年深圳市计划举办包括国际高端体育赛事、高水平职业俱乐部赛事、本土自主品牌赛事等在内的主要体育赛事活动共计 542 场，体育赛事格局进一步国际化、高端化，成为全国唯一海陆空皆有大型体育赛事的城市。2020 年，深圳体育产业实现总产出达 1 060 亿元，同比增长 3.1%，体育产业创造增加值 415 亿元，同比增长 2.9%。体育产业增加值占全市 GDP 比重为 1.49%。目前，进驻深圳的职业体育俱乐部数量达到 16 家，其中昆仑鸿星女子冰球俱乐部夺得 2019～2020 赛季俄罗斯女子冰球联赛冠军，南岭铁狼足球俱乐部夺得五超联赛第七冠，深大乒乓球俱乐部夺得乒超联赛女团冠军。

### （二）体育赛事在不同阶段的影响

在体育赛事的筹办期、比赛期、赛后，体育赛事对促进举办地 GDP 和人均 GDP 的增加及直接或间接投资总额的增加效果是显著的。

#### 1. 在赛事筹办期的影响

赛事组委会、举办地所在的政府、赞助商等会在这个时期投入大量的资金来运营这场赛事，而投入资金的多少和范围是由赛事的规模和影响力等因素决定的，特别表现在城市基础设施（体育场馆设施、交通、通信等）的建设上，每当大型体育赛事举办之前，相关部门都会斥巨资对城市的基础设施进行修缮。比如，上海以承办八运会为契机，新建、改建了 38 个体育场馆；为 2004 年承办 F1 赛车比赛而专门兴建的上海国际赛车场堪称经典之作，F1 赛道的总投资约 50 亿元，赛车场区投资为 26 亿元；在维多利亚州的首府墨尔本，州政府体育娱乐部每年投入 400 万澳元（相当于 2 800 万元人民币）赞助给墨尔本政府，用于建设体育设施，此外，州政府和博彩公司每年还提供 250 万澳元用于小型体育场地建设；2007 年，在西班牙巴伦西亚市启航的美洲杯帆船赛中，直接用于改善通信设施和道路建设等城市基础设施建设的资金就达到了 8.6 亿欧元。青岛为举办 2008 年奥运会帆船比赛投资 200 多亿元用于建设铁路、海上交通、信息、通信、生态环境等；韩国仁川市为修建 2014 年亚运会场馆，政府累计支出 1.2 万亿韩元（约合人民币 71 亿元）。北京奥运会的前期投入近 202 亿元，GDP 增加额 342 亿元，人均 GDP 增加额为 2 483 元（表 8-3）。

表 8-3　2003～2007 年奥运会直接投资带动北京经济的增长

| 年份 | 投资总额(亿元) | GDP 增加额(亿元) | 人均 GDP 增加额(元/人) |
| --- | --- | --- | --- |
| 2003 | 13 | 22 | 160 |
| 2004 | 27 | 45 | 329 |
| 2005 | 63 | 108 | 779 |
| 2006 | 61 | 103 | 749 |
| 2007 | 38 | 64 | 466 |
| 总计 | 202 | 342 | 2 483 |

2. 赛后的影响

赛后，除了体育场馆的赛后利用，更多的是因为举办了品牌赛事而扩大了举办地的影响力，吸引人们去投资、旅游等。如厦门，2003 年开始的厦门马拉松使全世界人都认识了厦门这座城市，2003 年厦门旅游总收入 165.32 亿元，到 2013 年达到了 620.95 亿元，实现了大幅度增长。

## 三、 体育赛事对举办地相关产业的具体影响

产业是城市经济的核心，产业的形态与布局决定了城市经济未来的发展方向与潜力。现代城市发展进程中，大力发展服务业已经是许多大城市的重要目标。体育产业作为服务业中的一种，其经济效益和影响力已经得到认可，尤其是体育赛事产业，在促进体育产业发展的同时，也带动了举办地的旅游业、住宿餐饮业、传媒业、物流业的增值。

（一）体育赛事对旅游业的影响

体育赛事的集聚性会吸引众多外地的人们来举办城市观看比赛，比赛之后观光旅游自然是最佳的选择，可以在短期内增加旅游的人数，提升旅游业的经济收入。2000 年悉尼奥运会期间，外国旅游者就达 44 万人次。

第三届亚洲沙滩运动会在山东海阳举行，从 2012 年 6 月 16 日开幕到 7 月底，海阳市共接待游客 163 万，收入 8.75 亿元，分别较去年同期增长了 124%和 80%，其中来自北京、上海等省和青岛游客数量增长幅度大；从景区、酒店、旅行社游客接待量来看，亚沙会为海阳城市知名度带来的提升直接体现在旅游企业接待量的增长上，景区的团队和散客数量都较去年有大幅度甚至成倍增长，旅行社较亚沙会举办前，地接导游业务明显增多，改变了以前以组团为主的业务结构类型，转为以接待外地游客来海阳旅游为主，反映出外地游客涌入海阳的现状。

F1 落户中国，在 2004～2010 年比赛期间，估计吸引了数十万国内外游客前来观看，每年举办一级方程式车赛，都可带来数十亿人民币的消费额，F1 上海站的举办使得整个长三角地区的旅游业也得到了迅速的发展机遇。F1 期间，嘉定城内一房难求，连毗邻的江苏太仓市的宾馆都为之爆满。F1 在其他国家举办，可以让方圆 200 公里的旅馆全部爆满，这对于旅游产业来说是一个巨大的拉动。

厦门马拉松赛事在2014年给当地旅游业带来了90亿元的收益。马拉松赛事带来的可观收益不仅吸引着大城市，一些贫困县还将马拉松赛事纳入产业扶贫项目，收获颇丰。如2019承德“塞罕坝”杯一号风景大道马拉松赛举办期间，当地百余款农副特色产品线上线下同时展销，10家体育企业与当地农产品企业、贫困乡镇结对帮扶。当地还乘势推出了4条体育旅游精品线路，提供临时就业岗位700余个，其中吸纳建档立卡的贫困家庭成员150人，直接带动旅游人数超过10 000人。

（二）体育赛事对住宿餐饮业的影响

比赛期间大量观众和游客涌入举办城市，他们在城市中的衣食住行就会对城市的住宿、餐饮、娱乐、销售等行业产生经济效益，一些有饮食特色的城市更是备受游客喜欢。

如在厦门举办的国际马拉松赛，厦门市星级旅游饭店和餐饮业相继推出了“激情马拉松，美食迎嘉宾”等系列活动招揽顾客，成千上万的外来参赛者和旅游者与本市市民外出观看比赛，使得大多数餐饮单位日均营业收入都增长了35%，一些宾馆的入住率甚至高达100%，各种类型的商场超市零售额也大幅攀升。

宁波北仑在成为“2005～2008年中国女排主场”之后，北仑区先后承办了十大国际女排赛事，据北仑之窗官方网站数据，2011～2013年北仑区的批发零售业、餐饮住宿业也得到迅速发展。2011年到2013年北仑的社会消费品总额、批发零售贸易额、餐饮住宿零售额、增长速度都有不同程度的增加(表8-4)，这与举办女排赛事是分不开的。

**表8-4　2011年到2013年北仑批零贸易与住宿餐饮业的发展情况**　单位：亿元

| 年份 | 社会消费品总额 | 增长速度 | 批发零售贸易额 | 餐饮住宿业零售额 |
|---|---|---|---|---|
| 2011 | 105.53 | 19.4% | 93.89 | 11.64 |
| 2012 | 123.99 | 17.5% | 111.13 | 12.86 |
| 2013 | 141.48 | 15.6% | 126.45 | 15.02 |

2014年杭州马拉松有近一半的外地选手，比赛期间，体育馆附近的酒店爆满，加上出行、餐饮、购物等方面，估计人均消费约5 000元。

（三）体育赛事对广告传媒业的影响

随着数字传媒行业的飞跃发展，现代体育赛事的收入中，广告、传媒是非常重要的一部分，尤其是一些大型体育赛事，赛事电视转播权的费用占重要地位。

据统计，自1980年莫斯科奥运会以来，仅仅过了24年，奥运会的电视转播权费已经翻了近15倍。由1980年莫斯科奥运会的1亿100万美元、1984年洛杉矶奥运会的2亿8 700万美元、1988年汉城奥运会的4亿300万美元、1992年巴塞罗那奥运会的6亿3 600万美元、1996年亚特兰大奥运会的9亿3 500万美元和2000年悉尼的13亿3 320万美元，2004年雅典奥运会的14亿9 850万美元，2008年的17亿3 700万美元，2010年温哥华冬奥会和2012年伦敦奥运会电视转播权打包销售，总收益高达39亿美元。当然体育赛事影响传媒业的不只是转播权，还有广告费等。

（四）体育赛事对物流业的影响

物流业的快速发展是城市现代化的一个重要体现，在整个赛事运行的前期、中期、后期都离不开物流行业的合作，而且物流业几乎串联了赛事与其他所有行业间的联系。如2010年广州亚运会汇集了45个参赛国家和地区的数万名运动员、记者、观众，有关人员来往、出行、旅游及消费品的配送和比赛前后器材、体育用品的运送、储存、包装、信息处理等方面都需要物流系统的协调与控制。对于亚运会的主办者及主办城市来说，物流的参与，最大限度地保证了亚运会各项流动资源（人力、财力、物力等）在有限时间和空间内及时准确地进行支配、传递、交互，满足亚运会的要求。物流业服务了整个赛事的正常运作，在体育赛事中获得可观的经济效益。

体育赛事不仅自身作为“朝阳产业”“绿色产业”促进服务业的发展和产业结构的变革，更重要的是可以带动旅游、餐饮、住宿、广告、物流等相关产业的发展，对服务业的发展和整个产业结构的调整起到拉动作用。

## 四、体育赛事对举办地经济的负面影响

虽然体育赛事在很多方面可以促进举办地经济的发展，但体育赛事对举办地经济发展的负面影响也是存在的。

### （一）政府预算的增加

体育赛事的举办将会造成政府财政预算的大幅增加，其中很大一部分由参赛的运动员、教练员、记者、游客等所需的补偿费用转嫁而来。1976年的蒙特利尔奥运会是历史上对城市经济负面影响最严重的一次体育赛事，由于举办方在赛事预算方面的失误，导致15天的奥运会使蒙特利尔亏损10亿美元以上，该市政府花了30年的时间，发行全民彩票、最大化地利用体育场馆才还清债务，至今被称为“蒙特利尔陷阱”。大型体育赛事的举办往往与政府有着极大的关联，若出现赛事亏损的情况，增加政府的财政负担。还可能会推高当地物价，从而导致赛后的低谷效应等。

### （二）场馆设施利用问题

如要举办体育赛事，必须翻修和新建各类体育设施和场馆，我国四年一届的全国运动会每次也会在举办前由各地政府耗巨资新建改建各类体育场馆，以江苏省举办的十运会为例：在筹办本次赛事之前，全省各地政府大约投入了100亿元人民币的资金新建和改建多达132个场馆，而在这些场馆之中仅主赛场南京奥体中心体育场就耗资22亿人民币，这为体育场馆的赛后利用带来了巨大的挑战，许多场馆由于闲置或利用不足，而且场馆的运行维护成本又极其高昂，造成了一定的资源浪费。

在国外举办的各项体育赛事之后的场馆闲置和空置问题也日益成为各赛事主办地政府所头痛的难题。

### （三）对旅游业造成一定程度的挤出效应

体育赛事同样会为举办地的旅游业造成些许负面影响。由于举办体育赛事可能导致物价上涨、交通拥挤、环境恶化等问题，从而导致部分游客取消或避开赴主办地城市旅行，甚至一些本地居民会为了避开赛事的举办而选择外出旅行，导致本地消费的减少。

### （四）容易给非直接得益群体的生活带来影响

在体育赛事的举办之中，城市非受益人群特别指的是那些并不能因为赛事的举办而直

接获得好处的当地居民。由于举办体育赛事往往会使物价上涨，从而减少了当地居民的消费；举办体育赛事会招募许多志愿者，会使医院、福利院、养老院等其他福利机构的志愿者数量相应减少，当地居民失去志愿者的帮助；举办体育赛事也需要提供一些较安全的医疗卫生保障，一定程度上减少了当地居民的医疗保障；观众和游客的增加也会使人们的生活节奏变快，打乱原来的生活秩序。

（五）对举办地交通造成一定压力

每当大型体育赛事举办，举办地都会采取不同程度的交通管制措施。对日常交通造成非常大的压力，影响当地居民的正常出行，同时影响城市各项事务的正常运作，还容易出现交通事故等问题。例如，在 2010 年广州亚运会举办期间，从 2010 年 11 月 26 日 22 时到次日凌晨 2 时，当地临江大道时常实行双向交通管制，在交通管制期间，交通主管部门规定除亚运会闭幕式的专用车辆外，其他一切车辆都被禁止通行。

## 五、 体育赛事经济影响评估

（一）体育赛事经济影响评估模型

1. 投入-产出模型(input-output)

投入产出模型在当今的体育赛事经济影响评估中成为主流。投入-产出分析法，又称投入产出经济学，主要是从宏观上研究经济的均衡问题，可以用来研究体育赛事举办对某一区域所产生的直接和间接经济影响。投入-产出分析法运用投入产出表来计算体育赛事的经济影响，该表以矩阵形式记录和反映了一个经济系统内，由于赛事的举办而在各个产业部门之间产生的产品、服务流通和交换关系。在美国较为常用的模式为“规划影响分析模式”(impact analysis for planning，IMPLAN)、“地区性投入产出模型系统Ⅱ”(regional input-output model system，RIMS Ⅱ)以及“旅游经济影响模型”(travel economic impact model，TEIM)。亨弗雷斯和普卢默运用 RIMS 模型分析了 1996 年亚特兰大奥运会对于佐治亚州的经济影响，他们将奥运的经济影响分为短期影响和长期效益。短期影响指 1991～1997 年间由于奥运所导致的大量新增资金的注入，给佐治亚州所带来的经济影响，分析结果显示，举办 1996 年夏季奥运会将使佐治亚州增加 19 亿美元的经济收入，新增 7.7 万个全职和兼职的就业机会，并使佐治亚州的政府部门增加 1.76 亿美元的税收收入；长期效益则包括所建造的世界级设施，由于媒体的大量宣传所导致的国际及整个国家对亚特兰大市和佐治亚州认可度的提升，以及包括创造就业机会和促进文化、教育项目等在内的社会效益。

魏小真等运用投入产出模型法分析了奥运发展规划对北京市经济发展的影响。分析结果显示：奥运将使北京市国民经济出现“三个速度”加快，即经济发展速度加快，实现人均 GDP 6 000 美元目标的速度加快，以及第三产业比重提升的速度加快；同时奥运将影响北京市的经济结构，促进产业升级。黄荣清等利用投入产出模型分析了奥运对北京市就业水平的影响。分析结果显示：2003 年到 2008 年的 6 年间，由于场馆及相关设施建设，运行费用筹资，以及旅游对劳动力需求的拉动，增加的就业人数共计 88.30 万人；奥运经济的拉动，每年所需增加的劳动力数量在 14.71 万人；对就业拉动最大的年份是奥运会举办当年即2008年，估计可增加23万个工作岗位。

2. 可计算一般均衡(computable general equilibrium, CGE)模型

CGE模型实际上就是描述经济系统供求平衡关系的一组方程，用以描述供给、需求和供给关系(或称市场关系)(表8-5)。在供给部分，模型主要对商品和要素的生产者行为以及优化条件进行描述，包括生产者的生产方程、约束方程、生产要素的需求方程以及优化条件方程等；在需求部分，一般把总需求分为最终消费需求、中间产品需求和投资需求三部分，把消费者分为居民、企业和政府三类。模型主要对消费者行为及其优化条件进行描述，包括消费者需求方程、约束方程、生产要素的需求方程、中间需求方程及优化条件方程等。一方面，它是投入产出模型和线性规划模型的结合和完善，这主要表现为CGE模型通过引入经济主体的优化行为，刻画了生产之间的替代关系和需求之间的转换关系，用非线性函数取代了传统的投入产出模型中的许多线性函数；另一方面，则在于CGE模型在传统的投入产出一般均衡基础上，引入了通过价格激励机制发挥作用的市场机制和政策工具，从而将生产、需求、国际贸易和价格有机地结合在一起，以刻画在混合经济条件下，不同产业、不同消费者对由一定政策冲击所引起的相对价格变动的反应。

**表8-5 CGE模型的基本构成**

| | 供给 | 需求 | 供给关系 |
|---|---|---|---|
| 主体 | 生产者＝国民经济生产部门 | 消费者＝居民＋企业＋政府 | 市场 |
| 行为 | 生产者追求利润最大化 | 消费者追求效用最大化 | 寻找使市场均衡的价格 |
| | 生产函数 | 消费者效用函数 | 产品市场均衡方程 |
| | 约束方程 | 约束方程 | 要素市场均衡方程 |
| 方程 | 优化条件方程 | 优化条件方程 | 居民收支均衡方程 |
| | 生产要素的需求方程 | 产品需求方程 | 政府预算均衡方程 |
| | | 生产要素的供给方程 | 国际市场均衡方程 |
| 变量 | 商品价格与数量、生产要素与数量、制度变量、表示技术进步的变量、宏观变量 | | |

近几年在对体育赛事经济影响评估的研究中，研究者们开始利用可计算一般均衡模型对赛事经济影响进行评估。英国在对2012年伦敦奥运会经济影响进行研究时，针对奥运会专门建立了一个CGE评估模型；庞军利用可计算的一般均衡模型对2008年奥运会投资对北京市的经济影响进行了研究。结果显示：①奥运投资将对北京市的经济发展起到积极作用，2002～2007年，奥运直接投资将拉动北京市实际GDP平均每年增加约2.6个百分点，奥运总投资则将拉动北京市实际GDP平均每年增加约5.5个百分点。②奥运投资会增加北京市的就业岗位，2002～2007年，奥运直接投资将导致北京市新增就业岗位1 267 055个，奥运总投资将导致北京市新增就业岗位2 825 336个。其中，两者对北京市就业岗位增加的促进作用均在2006年达到最大，分别增加就业岗位277 451个和629 970个。

3. *乘数分析方法*

另外还有成本-收益分析、社会福利影响分析、网络图分析、直接运用乘数(乘数是指在一定的边际消费倾向条件下，投资的增加或减少可导致国民收入和就业量若干倍的增加或

减少)系数计算等方法,在体育赛事相关经济影响的实际评估中经常会用到乘数来估算赛事给举办地经济方面带来的影响,目前常用的乘数有:销售乘数、收入乘数、产出乘数、就业乘数、税收乘数等。

(二) 体育赛事经济影响评估分析

申丽萍等在《大型体育赛事经济效益评估体系的构建》中对大型体育赛事经济效益的内容进行了分析,认为大型体育赛事的经济效益主要分为直接经济收益和间接经济收益两部分。

直接经济收益主要从两个方面来衡量:赛事主办方的经济收益和赛事的不同层次的赞助商的经济收益。赛事主办方的经济收益主要体现在以下几个部分:一是出售赛事的电视转播权而产生的收入;二是赛事期间出售门票产生的收入;三是各类纪念品销售带来的收入;四是来自各层次赞助商的赞助。对于不同层次的赞助商而言,其直接收入就是通过与体育赛事的联系,使受众对其产品产生积极的联想从而产生现实的购买欲望而带来的那部分收益。

间接经济收益主要指为赛事举办进行的一系列的投资通过产业间关联效应对 GDP 的拉动作用,这些相关联的产业包括:①建筑业,各类体育场馆池的生产部门;②器材制造业,各类体育场馆池配套的体育设备、体育用品生产部门;③基础设施产业部门,因比赛要进行的城市基础设施配套建设;④环保业,赛事期间城市环境保护建设部门;⑤服务业部门,涉及保险、通信、宾馆、饭店、餐馆、劳动力培训等服务部门;⑥传媒业;⑦博彩业;⑧社会居民消费主体;⑨其他行业。

思考题

拓展阅读

# 第九章

# 体育场馆经营管理

**【导　　读】**

近年来，越来越多的体育场馆建成，我国大型体育场馆的经营管理也逐步走向正轨，越来越现代化、制度化。目前在进行大部分体育场馆的经营管理时，管理者还需要学习掌握更加详细专业和系统的知识，不仅有利于体育场馆经营管理的发展和优化，也有利于其对场馆的可持续发展起到建设性作用。通过本章的学习，要求学生能够了解和掌握体育场馆的基本概念；能够给不同类型的体育场馆以及相应的组织形式，理解体育场馆经营的概念、核心目标等等。在扎实理论基础的前提下，学生要能够掌握体育场馆无形资产的概念，分清有形资产和无形资产都有哪些，并掌握无形资产开发的一些基本性的原则，同时系统掌握无形资产开发的基本思路，可以制定和构思切实可行的开发方案，锻炼学生的实践能力和解决问题的头脑。最后要求学生掌握体育场馆投融资的相关内容，如投融资的基本概念和基本方式，重点掌握几个具体的投融资方式并可以举出相关的案例进行说明，在面对具体的体育场馆时，对其投融资方案选择给出一定的建议等等。

学习体育场馆经营管理这章内容，需明确体育场馆的概念，体育场馆经营管理包括哪些内容？体育场馆经营管理对体育场馆的发展有什么作用？体育场馆经营方式都有哪些？本章主要对这些内容进行介绍和阐述，为学生后续章节的学习奠定扎实的基础。

**【学习目标】**

掌握体育场馆、体育场馆无形资产、体育场馆投融资的概念和分类；了解体育场馆无形资产开发原则与基本思路；熟悉体育场馆投融资的基本方式以及选择依据。

**【思维导图】**

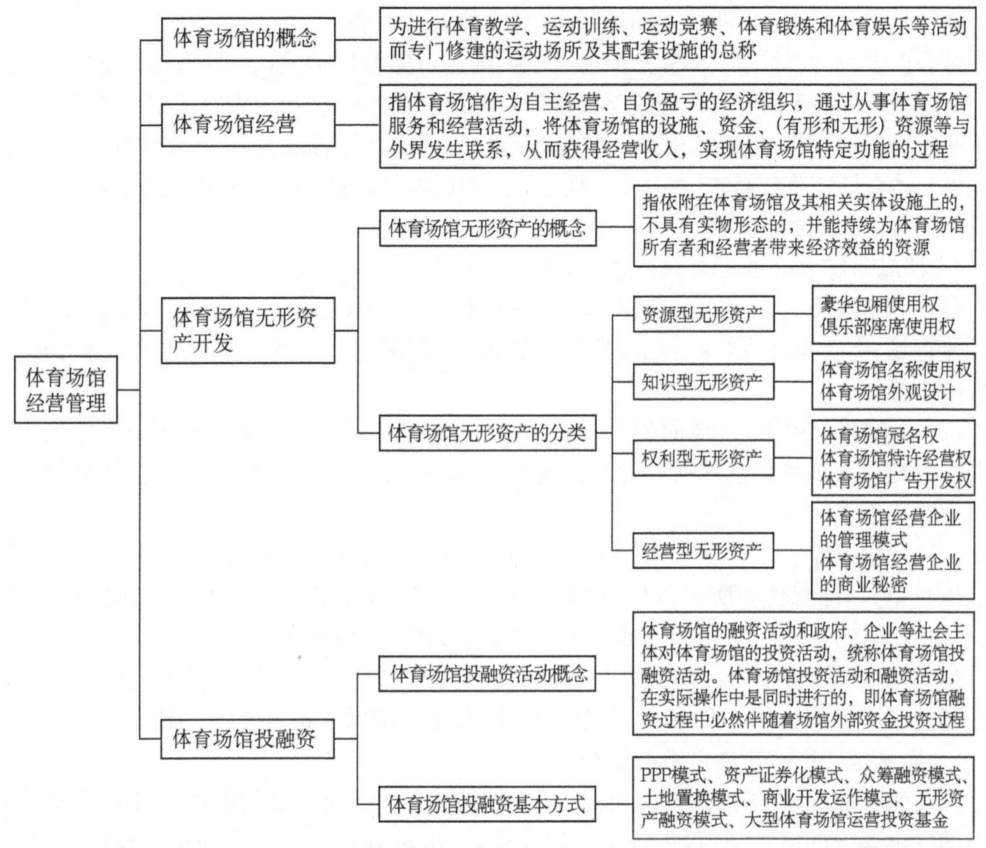


# 第一节　体育场馆经营的基本理论

## 一、体育场馆的概念与分类

### (一) 体育场馆的概念

对于体育场馆概念的定义，国内外不同学者有不同的界定。

赵钢和雷厉定义体育场馆为：体育场馆是进行运动训练、运动竞赛及身体锻炼的专业性场所。它是为了满足运动训练、运动竞赛和大众体育消费而专门修建的各类运动场所的总称。钟天朗定义体育场馆为：为满足运动训练、运动竞赛和大众体育消费而修建的各类运动场所的总称。它主要包括对社会公众开放并提供各类服务的体育场、体育馆、游泳池，体育教学、训练所需的田径棚、风雨球场、运动场及各类室外场地，群众体育健身娱乐休闲活动所需的体育俱乐部、健身房、体操房和其他简易的健身娱乐场地。谈群林等指出：体育场馆是体育竞赛、训练以及健身娱乐活动的载体，为体育运动的发展提供了重要的物质基础和保障。曹缔训认为:体育场馆是为满足运动训练、运动竞赛和群众健身娱乐的需要而专门修建的各类运动场所的总称。日本学者宇士正彦认为:运动设施包括运动形成所必需的一切地理性、物理性条件的运动场所,并包含用具和设备。

综合以上,本教材认为体育场馆的定义为:为进行体育教学、运动训练、运动竞赛、体育锻炼和体育娱乐等活动而专门修建的运动场所及其配套设施的总称。体育场馆是体育事业、体育产业发展的物质基础,是普及群众性体育活动、满足大众体育健身、提高竞技体育水平的重要载体。体育场馆兼具经营性、公益性属性,是现代城市规划建设、更新开发的重要环节。

(二) 体育场馆的类型

1. 按照体育中心占地面积划分

(1) 小型体育中心:占地面积在20万平方米以下的称为小型体育中心,场馆设施涵盖基础体育场、体育馆、游泳池。比较典型的案例有:英国伦敦水晶宫体育中心、南京五台山体育中心等。

(2) 中型体育中心:占地面积20万～60万平方米。场馆内一般具有多个体育场,多个专业体育馆以及训练配套场所。比较典型的案例有:加拿大蒙特利尔奥运会体育中心、南宁体育中心等。

(3) 大型体育中心:占地面积60万～200万平方米。场馆设施包括多个体育场、多个专业体育馆、训练配套场所以及体育博物馆、研究院、档案馆等。如国家奥林匹克体育中心、上海亚东体育中心、广州天河体育中心、南京奥林匹克体育中心等。

(4) 特大型体育中心:占地面积在200万平方米以上。如世界上最大的体育中心,伊朗德黑兰的阿里亚美尔体育中心,占地500公顷,位于德黑兰市西14千米处。

2. 按照体育场馆的使用功能划分

(1) 竞赛场馆:严格按照国际奥委会和世界各单项体育协会制定的竞赛规则对场地、器材的要求建设的体育场馆,供承接各种比赛,一般设有看台和必要的辅助设施。如北京奥运会共有竞赛场馆37个,北京残奥会有场馆20个。

(2) 教学训练场馆:按照体育教学或运动训练的需要而建造,为学校体育教学提供场地,同时为参加各类体育赛事的运动队提供日常训练的场地和相关服务。例如北京体育大学的7座场馆在备战北京奥运会期间承担相关教学和训练任务。

(3) 健身娱乐场馆:以满足大众健身娱乐需要为目的而建设的体育馆或场地。主要包括各种健身房、健身馆、康体中心等。提供的服务主要涉及提供健身设施、健身指导、体质评价、运动处方等多方面。

3. 按照体育场馆的使用性质划分

(1) 专用性体育场馆:只适用于一类或者一个项目的场馆,例如游泳馆为专用性体育场馆,只能开展游泳、跳水、水球、花样游泳等项目。棒球场、曲棍球场、自行车场也为专用性体育场馆,其他项目在该场馆难以开展。

(2) 综合性体育场馆:指能够适用于多个不同种类运动项目的场馆。综合性体育场馆多以体育场、体育馆命名。例如,首都体育馆的比赛场地可用于进行篮球、排球、手球、乒乓球、体操、滑冰等运动项目;北京工人体育场可用于进行田径、足球等运动项目。

4. 按照体育场馆的适用项目划分

(1) 田径场馆:主要用于开展田径运动的教学、训练以及比赛,具体可以分为标准田径场馆和非标准田径场馆，都设有环形竞赛跑道以及各项田赛区。

（2）球类场馆：主要用于开展各类球类运动的教学训练和竞赛。由于不同项目对场地存在不同要求，因而不同项目的场地具有不同的规格。

（3）游泳类体育场馆：为开展游泳运动修建的体育设施，供游泳、跳水等水上项目综合使用。正式的比赛游泳池长 50 米、宽至少 21 米、水深在 1.8 米及以上。游泳类体育场馆还建有辅助用房，如水质检测室、控制中心、沐浴更衣室等；另外还设有训练设施，如综合训练馆、陆上训练房等。

（4）冰雪场馆：用于满足冰雪运动相关项目的教学训练、竞赛、健身休闲娱乐等活动的场所。具体可以开展的运动包括花样滑冰、高山滑雪、单板滑雪等。冰雪场馆需要考量的内容涉及滑冰场、滑雪场、雪道面积、雪道长度等，在修建时需要注重相关配套设施如制冷设备、压雪机、索道等的专业性。

（5）其他类体育场馆：包括体操馆、射击馆、摔跤馆、柔道馆、自行车赛车场、马术场等。

5. 按照体育场馆的投资主体划分

（1）国有体育场馆：大多数体育场馆，尤其是大型体育场馆的投资主体都是中央和地方政府，此外，大型体育场馆具有投资规模大且资金回收周期长的特点，比较难以吸引社会和个人资金的投入。政府一般负责重点体育场馆建设，如奥林匹克中心的建设等。

（2）私有体育场馆：私有体育场馆具有竞争性，它所建设的体育场馆和生产的体育产品具有较好的吸引力和市场购买力，通过市场自由定价收费的方式，对场馆进行经营管理，从中获取利润。

（3）合资体育场馆：体育场馆的投资结构呈现多元化的趋势，社会资本以及私人资本积极参与到场馆的建设中，与政府携手建设运营体育场馆。我国新建的合资体育场馆的建设模式中，具有代表性的有 BOT 模式、TOT 模式和 PPP 模式。

6. 按照体育场馆的隶属单位划分

全国的体育场馆可分为行政机关体育场馆、事业单位体育场馆、企业体育场馆、其他单位体育场馆。根据 2020 年全国体育场地统计调查数据结果显示，其中行政机关管理的体育场馆面积有 1.19 亿平方米；事业单位管理的体育场馆面积 13.88 亿平方米；企业管理的体育场馆面积 5.59 亿平方米。

## 二、体育场馆管理的组织形式

### （一）体育场馆管理历史沿革

1. 计划经济时期（1949～1978 年）

新中国成立之初的一段时间内，我国实施计划经济体制，体育作为国家的公益性、福利性的事业，政府统一调配人力、物力、财力用以支持体育事业发展。在这一时期，体育场馆管理主要具有以下几个特点：

一是体育场馆管理具有高度的计划性特点。体育场馆实行场馆负责制，场馆负责人由上级领导直接委任，并对上级负责，形成一元化的领导管理形式。体育场馆是各级体育行政部门下属的事业单位，由各级体育行政部门进行统一直接的领导。

二是政策执行具有垂直性特点。全国的体育工作由国家体委主管，国家体委掌握全国的体育资源,通过政策文件将相关行政命令自上而下逐级传达,无论是在体委的级别和权力上,还是政策命令的传递路径上,都呈现出垂直化的体系特征。

2. 改革开放初期(1978～1991 年)

十一届三中全会后,迎来了改革开放的新局面,形成了"以公有制为主体,多种所有制经济共同发展"的经济制度,整个经济社会环境更加开放、多元,发展更迅速。国家倡导社会各行业、多渠道投资发展体育场馆。

这一时期,体育场馆管理主要具备以下特点:一是体育场馆管理着重于开发场馆的多元化功能。体育场馆管理需要适应于当下更开放、更多元的社会经济环境,在满足体育训练、体育比赛、大众健身等任务的基础上,开发多种功能,以满足社会主要矛盾对体育场馆的需要。二是体育场馆采取"以体为主,多种经营方式并存"的管理方式。1986 年,国家体委公布《关于公共体育场所应进一步改善经营管理积极向群众开放的通知》,规定要正确处理好经济效益和社会效益之间的关系。这一时期,体育场馆的管理更侧重于提高使用效率,开展各类经营性活动,以增加场馆收入等方面。

3. 社会主义市场经济时期(1992 年至今)

社会主义市场经济体制确立后,体育场馆的各种资源要素开始倡导由市场进行配置。新材料、新技术投入体育场馆的建设,体育场馆更加注重标准化、节能化、环保化管理,且随着时代的进步和科技的发展,智慧化场馆也应运而生。

在这一时期,体育场馆管理具备以下几个特点:第一,体育场馆管理的理念创新。体育场馆在管理和运营的过程中,能耗和维护成本较高,因此,各类体育场馆在原有的承包责任制、租赁经营、股份制运营等模式的基础上,探索更多新的管理模式。第二,体育场馆开始市场化、产业化的尝试。1995 年《体育产业发展纲要》提出"以体为主、以体养体、以副助体、多种经营"的体育管理体制,使体育场馆的属性逐渐由事业型向经营型转变。第三,体育场馆管理的智慧化趋势。2016 年后,数字技术的发展催生出新的经济结构和经济形式,5G、云计算、大数据、互联网、区块链等新技术的诞生为体育场馆管理提供了更多新的技术手段和平台,促进体育场馆管理新模式的产生和管理效率的提升。

(二) 体育场馆管理的组织形式类型

体育场馆管理的组织形式是指,通过建立体育场馆的组织机构,确立体育场馆的经营管理模式,对管理者的工作职责、管理权限等进行划分,协调管理者的相互关系,最终实现场馆诸要素有效配合,实现场馆既定目标的目的。体育场馆的组织形式在一定时期内具有相对稳定性,但同时,也会根据环境的变化而进行调整。

1. 传统事业单位组织形式

在计划经济体制时期(1949～1978 年),主要的管理组织形式为传统事业单位组织形式。例如,20 世纪 50 年代的北京工人体育场、北京工人体育馆等。

传统事业单位组织形式的场馆特点有:第一,体育场馆下属于各级体育行政部门,由国家财政全额拨款用以场馆发展。第二,上级政府部门对公共体育场馆国有资产使用效益不担负直接责任。第三,公共体育场馆无自主用人权。

传统事业单位组织形式存在劣势:一是难以适应场馆发展的需要,限制场馆的市场化运营。二是场馆接受体育行政部门的直接管理,缺乏自主性和灵活性。三是脱离消费者的实际需求，服务意识较差，服务种类单一。

2. 事业单位内部企业化组织形式

改革开放后，主要的管理组织形式为事业单位内部企业化组织形式。例如，广州天河体育中心等。

事业单位内部企业化组织形式的体育场馆具有如下特点：第一，有条件的事业单位体育场馆向经营性的企业单位转变。第二，体育场馆依旧是体育行政部门下属的事业单位。第三，实行政府部门对体育场馆差额拨款的财政政策。第四，主要采取的经营形式有集体或个人承包经营、租赁经营等。

事业单位内部企业化的组织形式也存在缺陷：一是场馆的管理大权仍在国家手中，没有真正放权，限制了场馆管理的自主权。二是体育场馆投资主体和经营方式单一，社会参与程度不够，经济效益低下，阻碍了体育场馆的发展。

3. 事业单位与企业双轨制组织形式

十四大之后，社会主义市场经济体制开始确立，主要的组织形式是事业单位与企业双轨制。例如，深圳大运中心等。

双轨制的组织形式下，体育场馆经营管理具有以下特点：第一，保留原有事业单位，同时成立具有企业性质的场馆运营公司，国家对体育场馆不再拥有绝对的管理权和经营权。第二，通过行政力量推进体育场馆的企业化。第三，行政手段和市场经济手段相互协调配合。

双轨制的组织形式，扩大了体育场馆的经营范围，提高了体育场馆的服务能力与水平，满足了人民群众对体育产品的多样化需求。在双轨制的组织形式下，需强调体育场馆的经营性与公益性并重，正确处理事业和企业之间的关系。

4. 企业化组织形式

2013年《关于加强大型体育场馆运营管理改革创新 提高公共服务水平的意见》以及2015年《关于做好政府向社会力量购买公共文化服务工作的意见》等文件的发布，促进体育场馆引入现代企业制度，实施企业化改革，积极进行运营管理体制改革和机制创新。例如，武汉体育中心。

企业化组织形式下，体育场馆的经营管理具有如下特点：第一，体育场馆作为一个独立的企业，拥有独立法人地位，拥有包括体育场馆及其附属设施的所有经营性资产的财产权，对场馆资源拥有占有、使用和处置的权力；第二，成为企业的体育场馆，自主经营、自负盈亏，拥有独立的经营管理权。

## 三、体育场馆经营的经济学属性

### （一）体育场馆经营的概念

体育场馆经营是指，体育场馆作为自主经营、自负盈亏的经济组织，通过从事体育场馆服务和经营活动，将体育场馆的设施、资金、（有形和无形）资源等与外界发生联系，从而获得经营收入，实现体育场馆特定功能的过程。

### （二）经营性体育场馆的准公共产品属性

萨缪尔森在1954年《公共支出的纯理论》一书中给出公共产品的严格定义，公共产品是指在消费中既无排他性也无竞争性的产品。排他性是指，一种物品具有的可以阻止一个人使用该物品的特性。竞争性是指,一个人使用一种物品将减少其他人对该物品的使用的特性。公共产品又可以分为纯公共产品和准公共产品,纯公共产品具有完全的非竞争性和非排他性,准公共产品则指具有有限非竞争性或有限非排他性的公共产品。对于经营性的体育场馆而言,应属于准公共产品,一方面,经营性体育场馆以盈利为目的,不具有排他性,场馆通常需要支付一定的费用才能进入从事体育类或泛娱乐类活动;另一方面,经营类体育场馆具有有限的非竞争性,如果大量的体育消费者进入场馆进行消费,达到了“拥挤点”后,每增加一名体育消费者的边际成本上升。

(三)体育场馆经营的核心目标

受我国计划经济时期体制的影响,体育场馆通常由国家财政拨款建立,受国家机关的领导,体育场馆的事业单位属性强烈,因而体育场馆的资产属性被削弱,忽略了其带来的潜在经济效益。但随着社会主义市场经济的发展,体育场馆经营理念的转变,其作为“国有资产”的经济属性逐渐得到认同。资产经营的核心目标是效益或者利润,但体育场馆经营的核心目标有别于生产型企业对于企业经济效益的纯粹追求,由于体育场馆属于前期投入成本高,维护成本高,而成本回收周期较长的资产,因此体育场馆经营的目的更多是扩大资金来源,增强自身造血能力,缓解财政压力,弥补场馆经费不足的情况。另外,从经营的资产性质上讲,体育场馆的资产可以分为经营型资产和非经营型资产。

(四)体育场馆经营兼顾社会效益和经济效益

目前我国体育场馆建设资金主要来源于政府投入,体育场馆要服务于全民健身国家战略的实现,体育场馆提供的公共体育产品具有广泛的社会影响,多数是具有正外部性的产品,例如,把体育场馆设施看成是一个标志性建筑,它能够在艺术影响力方面产生正外部性;体育健身步道、体育公园可以满足人们精神、身体上的需求,在提升生活质量方面产生正外部性。同时,体育场馆具有效用可分割性,其效用也可以只对为其付款的人提供,即“谁付款,谁享用”,可以为不同的人所占有和消费,为体育场馆创造经济效益。体育场馆经营过程中既要注重社会效益,产生更多的正外部性,又要不断增强自身造血能力,创造经济效益,促进体育场馆可持续发展。

(五)体育场馆经营前期投资大回报周期长

体育场馆投资成本具有沉没性,一旦投入不可挪用,基本没有残值,因而必须按照既定的用途使用下去,否则无法收回投资;由于投资规模大、使用时间长,往往需要巨额投资,使用自然寿命长,市场周期稳定。因此我国体育场馆建设运用、投融资等手段也向着多元化的方向发展,例如在体育场馆建设的 PPP 模式中,通过引入社会资本把高额费用和成本以市场化的方式变为效益。

## 第二节　体育场馆无形资产开发

### 一、体育场馆无形资产的概念与分类

(一)体育场馆无形资产的概念

无形资产是在生产、经营和管理过程中使用的,不具有实物形态的非货币资产,具有形

态的无形性、收益的不确定性等特征。在我国,无形资产包括商誉、专利权、非专利技术、商标权、著作权、土地使用权、特许权等内容。

体育无形资产是指处于体育市场,在体育运动过程中出现的所有不具有实物形态、非货币的资产组成的集合,这些资产经过其所有者和使用者在体育市场中的开发、利用,能够在一定时间范围内带来一定程度的经济效益。体育无形资产的价值不是一成不变的,而是在体育产业内部因素和外部政治、社会环境条件的影响下不断变化的。体育无形资产是体育产业所有资产中的重要组成部分。

综上所述,可以得出体育场馆无形资产的定义,即:体育场馆无形资产是指依附在体育场馆及其相关实体设施上的,不具有实物形态的、并能持续为体育场馆所有者和经营者带来经济效益的资源。

体育场馆无形资产具有无形资产的一般特征,但它也有一些自身独有的特征。一是开发时必须定位准确:以体育场馆冠名权为例,如果体育场馆在开发冠名权时,没有找到与自身匹配的赞助冠名商,就会导致冠名效果不理想。二是与竞赛有高度的相关性:一方面要求我们在开发体育场馆无形资产时,必须抓住体育赛事的特色;另一方面是指体育场馆无形资产需要通过媒体进行大量的宣传,才能够充分体现出其价值。三是具有时效性:如果从事体育场馆无形资产开发的企业和单位忽略时间因素,错过最佳开发机会,体育场馆的无形资产就会贬值。四是依附性:我国体育无形资产以权利型的资产为主,大部分体育场馆无形资产来自政府和法律赋予的权利,对政府体育主管部门有着极强的依赖性。

### (二) 体育场馆无形资产的分类

目前,我国体育场馆无形资产按无形资产的性质大致有四类:资源型无形资产、知识型无形资产、权利型无形资产和经营型无形资产。

#### 1. 资源型无形资产

体育场馆资源型无形资产是指体育场馆自然存在的,依托于实物资产而形成的使用权、租赁权、处置权、收益权等相关资产,主要包括豪华包厢使用权、俱乐部座席使用权、永久性座席使用权、场馆租赁权、场馆使用权和处置权等。

这里对豪华包厢使用权、俱乐部座席使用权进行详细的介绍。

(1) 豪华包厢使用权。豪华包厢不仅是各大型场馆运营的主要组成部分,也是场馆在建设初期就会纳入考虑的问题,拥有豪华包厢的场馆也能吸引更高水平的球队入驻。豪华包厢的运营是体育场馆重要的收入来源,有学者调查发现,每一个豪华包厢将带来 5 万美金的收入,每一个俱乐部座椅将带来 1 千美元的收入。自 20 世纪 80 年代以来,豪华包厢使用权已经成为国外大型体育场馆的一大重要的无形资产开发项目。美国自 20 世纪 90 年代以来修建的大型体育场馆平均每个体育场配置 143 套豪华包厢,7 086 个俱乐部座席;平均每个体育馆配置 92 套豪华包厢,2 152 个俱乐部座席。

豪华包厢使用权一般是以套餐的形式出售的,除了拥有豪华包厢的使用权,还会配套其他福利待遇,如高品质的食物和饮料、VIP 停车服务、贵宾私人入口、俱乐部会员、大型赛事套票等等。每个包厢相当于一个“小型社交圈”,可以让社会高端人士在这个空间里充分享受时尚娱乐、休闲、商务的洽谈。

(2) 俱乐部座席使用权。虽然俱乐部座席使用权的收入并没有豪华包厢使用权多,但它更适合中产阶级的体育爱好者,因此也备受国外发达国家体育场馆经营者的关注和使用。一方面,俱乐部的座席一般位于私人座席的下方,在视觉上拥有较好的视野。除了拥有好的视野外,俱乐部座席还会提供其他的福利权利,如专业化的服务、优先购买季后赛门票的待遇、VIP 停车位等。另一方面,俱乐部座席还包括永久性座席,俱乐部永久性座席的开发目的就在于希望体现出球票的两种用途,一是让体育球迷觉得享受到了优惠,二是能以此将这笔资金作为体育场馆融资的一部分。因此,永久性座席是体育场馆经营者在体育场馆建设完工之前就已经售出的。体育场馆经营者会根据市场行情、周边球迷数量、赛事影响力等因素,制定数量、位置、价格不同的永久性座席。

2. 知识型无形资产

知识型无形资产是指人类智力发明创造的成果在一定条件下形成的资产。体育场馆知识型无形资产主要包括场馆名称、徽记、标识使用权,场馆外观设计,场馆的核心经营技术等。

这里就体育场馆名称使用权和场馆外观设计进行详细的介绍。

(1) 体育场馆名称使用权。体育场馆名称是体育场馆在没有获得冠名权之前的名字。它是体育场馆的一个标识,社会大众对某个场馆的认知,首先是从这个体育场馆的名称开始的。虽然它不是体育场馆最本质的东西,但是通过名称却能反映出该体育场馆组织所肩负的职能、所处的地位。

(2) 体育场馆外观设计。体育场馆除了是大众参与体育活动的公共场所外,它还是一个城市、一个地区的标志性建筑。因此,体育场馆的外观设计必须秉承“美观、大气、能体现城市魅力文化”等的特征。在体育场馆进行建造方案设计时,不仅要保证体育场馆的功能性,还要更多地融入城市当地文化。以美国洛杉矶的玫瑰碗球场为例,它位于美国洛杉矶郊区的帕萨迪纳市,1987 年玫瑰碗体育场被载入国家历史建筑登记册,被指定为国家历史地标。玫瑰碗球场整体外观呈现为一个碗形,其显著的玫瑰标志引人注目,大部分来当地旅游的人都会在玫瑰碗球场门前合影留念。

3. 权利型无形资产

体育场馆权利型无形资产是我国体育场馆无形资产的基础,它主要包括场馆冠名权、特许经营权、商业赞助开发权、广告开发权、场馆形象权(图形、录像、照片)等。

这里就体育场馆冠名权、特许经营权和广告开发权进行详细的介绍。

(1) 体育场馆冠名权。体育场馆冠名权开发是指体育场馆经营者将具有社会认知性的体育建筑物、设施名称进行有偿转让,并为冠名企业提供有形的经济利益和无形的社会效益的过程。体育场馆冠名权使企业与体育场馆建立伙伴关系,同时还能产生较高的投资回报率。美国巴克莱中心球馆和花旗体育场的冠名价格高达 4 亿美元。随着冠名权的发展,冠名权协议已经从单一维度标识协议,演变为多维度、打包式的综合协议。如为冠名企业提供款待其重要客户的豪华包厢,成为冠名权交易协议中一项基本条款。除此之外,冠名企业能获得的权利还有很多,如每年可以在场馆内开展览会和企业内部员工活动、获得赛事门票、制造销售相关特许商品、在体育场馆内展示和宣传冠名企业标识等信息的权利等(表 9-1)。

表 9-1　国内部分体育场馆冠名情况

| 时间 | 场馆名称 | 冠名方 | 冠名后名称 |
|---|---|---|---|
| 2011 年 | 上海世界博览会文化中心 | 德国梅赛德斯-奔驰公司 | 上海梅赛德斯-奔驰文化中心 |
| 2013 年 | 大连体育中心体育馆 | 中升集团 | 大连市中升文化中心 |
| 2014 年 | 东莞篮球中心 | 东风日产 | 东莞东风日产文体中心 |
| 2017 年 | 成都大魔方演艺中心 | 五粮液集团 | 五粮液成都金融城演艺中心 |
| 2017 年 | 北京五棵松体育馆 | 华熙国际集团 | 北京凯迪拉克中心 |

（2）体育场馆特许经营权：又称特许权、专营权，是指通过支付相应费用，获得在体育场馆区域内，享有经营和销售体育产品以及服务的特许经营的权利，包括餐饮销售、指定产品展示、招待活动、标志产品、广告经营、指定服务等。体育场馆特许经营是最为活跃，盈利最显著的一类无形资产，作为一种无形的品牌，具有极其昂贵体育场馆的品牌附加值。目前，体育场馆特许经营权常与冠名权等无形资产结合，打包进行销售，以增强对冠名企业的吸引力。冠名企业除了能获得体育场馆的冠名外，还会配套获得很多其他权利，比如特许商品的制作和销售权。当体育场馆足够知名后，场馆本身可以利用其自身的知名度和粉丝忠诚度，开发相应的特许商品，如吉祥玩偶、马克杯、T 恤衫等特许商品。

（3）体育场馆广告开发权：体育场馆经营者有权利向外招募有关企业，企业利用一定媒介或形式，如展板、电子屏幕等，发布各类广告，利用其他形式发布带有广告性质的信息的经营活动。我国大型体育场馆的广告开发权开发具有重要意义：一是可以盘活大型体育场馆存量无形资产，二是拓宽大型体育场馆经营中获取资金的渠道，三是转变大型体育场馆经营者的经营观念，四是传播城市文化、塑造城市形象。目前，已开发的大型体育场馆的广告空间主要有在大型体育场馆内外墙壁、低地面、扶梯、过道、围栏、护栏、灯柱及楼顶等位置。还有学者提出在大型体育场馆建设时期中的广告开发，即在大型体育场馆的建设初期利用巨幅的广告将建设中的大型场馆包裹，一方面可以遮住未完成的场馆形象，另一方面在于挖掘其广告开发权的潜在经济价值。

4. *经营型无形资产*

体育场馆经营型无形资产是指市场营销活动中形成的和与经营活动相关的构成经营环境的资产。经营型无形资产主要包括经营企业的管理模式、营销关系网、商业秘密、经营管理方法、公共活动机会以及商品的销售、展示、演示机会等。

（1）体育场馆经营企业的管理模式：体育场馆经营企业为实现其经营目标组织资源、经营生产活动的基本框架和方式。企业主要的管理模式有以下几种：自主经营、共同经营和外包。以 NBA 竞赛场馆为例，对于场馆无形资产开发的管理模式主要有政府和 NBA 球队共同开发，NBA 球队与其他职业体育联盟球队共同开发以及 NBA 球队独自开发三种模式。再以国内舟山市体育中心为例，其体育场和体育馆委托浙江黄龙体育舟山有限公司运营管理。实际为场馆运营管理公司通过合同获得接管体育场馆的经营管理权，通过受托方先进的运营管理理念，高效的运营管理机制和相适应的运营管理标准，按照合同的约定盘活和开发体育场馆的硬件设施和经营资源，提高场馆运营管理效益和提供公共体育服务的能力水平。

(2) 体育场馆经营企业的商业秘密：商业秘密由我国《反不正当竞争法》专门保护，并给出明确定义，即它是指不为公众所知悉、具有商业价值并经权利人采取相应保密措施的技术信息、经营信息等商业信息。体育场馆经营企业的商业秘密是体育场馆经营企业的财产权利，它关乎该企业的竞争力，对企业的发展至关重要，有的甚至直接影响到企业的生存。体育场馆经营企业的商业秘密通常包括客户名单、公司文件、财务报表、公司重大决策、企业档案、有情报价值的商业信函等。这就要求我国体育场馆业形成规范的、科学的营销关系网络，场馆经营管理者对自己的商业信息有保密意识，建立维护场馆商业机密的保护体系，尽最大可能保护企业的核心商业秘密不被泄露，保证自身的合理权益不受侵害，维护企业的竞争力和利益。

## 二、 体育场馆无形资产开发的基本原则

无论哪种类型的体育场馆，在进行无形资产开发时，都必须遵循一定的原则，才能有序地对体育场馆进行开发与管理。

### (一) 计划性原则

体育场馆无形资产开发并不是一蹴而就，场馆方要预先进行周密的准备工作，对目前市场环境和需求的必然趋势有了基本认识，再逐步地采取步骤和方案，从而布局一套完整的开发计划和实施过程，以谋求最大预期利益及长远利益。

在无形资产开发的研究阶段，为了获得最新的市场经济环境以及体育场馆无形资产开发现状，需要全面分析企业面临的形势及其发展战略、计划，在此基础上对体育场馆各类无形资产进行研究、评估，确定体育场馆无形资产开发的目标，选择出符合该场馆现阶段发展的无形资产进行开发。在美国 NBA 竞赛场馆从设计之初就考虑到了场馆的无形资产开发问题，从而布局时将座位分为更多类别，并设置不同级别的包厢。

在实际某个无形资产开发运营过程中，也同样需要有计划性。场馆方要有相应的长期运营规划，判断中短期或长期合作协议的利弊。在国外，很多场馆的冠名权一次就签 20 年甚至 30 年，通过长期的布局来进行有效运营。

### (二) 赛事相关性原则

体育场馆无形资产开发过程中必须重视其与赛事的高度相关性。体育场馆除了具有满足大众健身的功能外，还承担着各种体育赛事的举办。

体育赛事是体育产业的核心内容，体育场馆服务业、体育场馆建设都是体育产业的副产业。如广告开发权、特许经营权等无形资产的开发与大型赛事有着直接联系，影响场馆无形资产的生成和开发价值的大小。因此体育场馆的无形资产开发应该以体为本，以大型赛事为突破口，根据赛事本身及其特色挖掘可开发的无形资产。

以特许经营权为例，体育场馆可以利用其主要承办体育赛事打造的知名度和粉丝忠诚度，开发相应的特许商品。北京鸟巢因为承办过举世瞩目的奥运会、残奥会，其影响力也让鸟巢的无形资产得到了充分开发。2018 年，鸟巢结合北京奥运会十周年之际推出了一系列具有收藏价值的产品进行出售，如各种类型的纪念章(图 9-1)、金银模型、纪念金卡等。

**图 9-1　北京奥运会 10 周年铜镀金纪念章**

（三）合理性原则

合理性原则主要是指在体育无形资产的开发中平衡体育场馆提供体育活动与商业化运作之间的关系。积极开发体育场馆无形资产，不仅有利于最大限度地实现体育场馆的商业价值，也有利于积累稳定的客流量，保证体育场馆的使用率。但是公众与体育场馆的关系通常被认为是情感的而不是交易，过度的商业开发会引起球迷的不满和抗议。

英超巨头阿森纳与阿联酋国际航空公司达成协议以 1.45 亿英镑的价格将新球场冠名为酋长体育场时，尽管对于双方来说都是一项没有风险的精明投资，但阿森纳的铁杆球迷却认为俱乐部为了商业的利益而出卖了自己的精神家园，提出强烈抗议。

目前，对于中国的许多大型公共场馆以及奥运场馆利用而言，也需要考虑如何进行合理性的场馆无形资产开发，做到社会效益与经济效益相统一，在承担社会服务功能的同时进行商业化的盈利活动。

（四）排他性原则

一般而言，体育场馆的无形资产开发具有排他性。未经许可，其他任何企业或个人都不得使用体育场馆的无形资产。在开发过程中，与体育场馆方签订了合约的赞助商，具有相应的排他权益。

例如在冠名权的开发中，一般场馆不得和第三方（尤其是赞助商的竞争方）开展任何的权益合作，其中包括场馆内外，或者与场馆有关的所有标志、广告、营销渠道等露出，包括显性和隐性的露出，显性的露出有场馆内固定的标志牌、场馆的附属标志牌以及其他的标志广告和 LED 等；隐性的露出有营销活动、市场推广、单体项目合作等。

因此体育场馆与赞助商的磋商期间，应该对排他领域加以细分阐述，并且考虑到未来举办重大赛事赞助商冲突的可能性，预留可能存在的排除情况，一定范围内保留场馆运作的空间。例如，允许冠名赞助商的竞争方品牌提出租赁包厢需求但不发生品牌露出；授予租借场馆的活动主办方单项活动的赞助权利但明确范围，且确保场馆冠名商标纸不被遮蔽、发生重大移动或者改动等。

（五）契合性原则

契合性可以定位为体育场馆无形资产与开发方式、合作伙伴之间的匹配。无形资产开发需要结合具体的场馆资源、市场内外环境的基础上准确进行合理的市场定位，进行必要的、科学的分析。

虽然许多案例证明了体育场馆通过无形资产的开发几乎都获得了巨大的投资回报，但是如果开发的计划与体育场馆的契合性不高，或者与体育场馆合作的赞助商与自身不匹配，那么将是无意义的行为。与烟草，酒精，赌博和高脂肪、高盐或高糖产品等的经营性质敏感的赞助商合作，会削弱效果，因为公众对自身健康的负面影响的敏感性日益提高。企业或社会责任的问题如环境问题、不道德的企业行为甚至犯罪的发生，也会引起争议。

2019 年，观致汽车成为广州宝能国际体育演艺中心的冠名方，更名为“广州宝能观致文化中心”。该场馆为国内集体育、电竞、演艺活动为一体的大型综合场馆，吸引了大量的年轻族群现场观看，这也与观致汽车品牌提出的年轻化战略相契合，强化当下年轻主力消费群体的品牌价值。这也是双方达成合作的原因所在。

（六）综合性原则

目前，我国体育场馆无形资产开发主要是以整体冠名权、特许经营权等权利型体育场馆无形资产开发为主。但从国际上看，大部分体育产业发达国家对无形资产的理解远不止这些，而是遵循多种体育场馆综合利用开发原则，侧重于以豪华包厢使用权、俱乐部座席为代表的资源型体育场馆无形资产，再搭配其他多种体育场馆无形资产资源例如特许经营权、场馆内外场地广告牌、专有技术、商誉共同开发等形式。

无形资产的本质是创新，我国在体育场馆无形资产的开发中，需要汲取国外的优秀案例和经验，加大对豪华包厢使用权、广告开发权等的利用，通过综合性、多方位的无形资产创新开发与利用，使体育场馆资源发挥最大的价值。

## 三、体育场馆无形资产开发的基本思路

体育场馆无形资产的开发，属于体育无形资产开发的范畴。开发的一般思路是：①调查（包括问卷调查、面谈）实际情况、汇总分析与预测；②创意构思，策划切实可行的方案；③采用合适的开发模式并实施方案，在此过程中，还需要对无形资产开发进行评估与调整。

（一）体育场馆无形资产调查与预测

把市场需求作为体育场馆无形资产开发的出发点，不但使开发过程有一个明确的目标，而且保证以后有广阔的市场前景。可以通过面谈和问卷调查这两种询问方式来进行深入的市场调查。

问卷调查是派有关人员将成形的问卷通过实地走访进行发放，获取现实市场和该体育场馆周边的情形和需求，如有必要可以通过统计学有关分析方法，对收集到的现实数据进行信效度检验、相关性分析等，预测该体育场馆周边的未来消费情况以及未来可开发的商业价值。面谈是指调查者与被调查者面对面交谈的形式，一般是对相关领域的专家进行的深入访谈，依靠体育场馆行业的专业人士知识、经验来进一步获得数据，对无形资产进行专

业分析、预测和判断,从而获得客观可靠的意见和信息。

(二)构思和制订可行的开发方案

无形资产是一种创造性的劳动,需要把调查和预测中取得的各种信息加工制作成创意和构思,这是体育场馆无形资产开发实质性的一步。总体来说,创意构思主要来源于市场的需求和体育场馆发展的趋势,但其具体形式往往是开发人员或者组织的其他成员突发奇想后的产物,也可以是团队互相启发、共同探索之后的努力。

在制订开发方案过程中,必须做到与市场现实需求相结合,真正从满足社会大众需求和自身盈利两者相对平衡的角度出发,制订切实可行的体育场馆无形资产的开发方案。

第一,对选择开发的体育场馆无形资产进行可行性分析,运用 SWOT、PEST 等模型从理论知识上判定各个待开发的无形资产的可行性和开发利弊。核心性的问题主要有:该方案有什么风险?该方案是否具有独创性和竞争性,能够为场馆创造多大的利润?社会效益和后续发展如何?该方案是否具有现实性,所涉及的人员以及资金条件是否完全具备?

第二,根据开发利弊和现阶段场馆实际需求情况,对待开发的无形资产按轻重缓急程度安排开发顺序,如场馆冠名权和永久性座席等资金流大的无形资产可以放在优先位置进行开发,以保证体育场馆在建设前期就已拥有大量的稳定资金流,缓解该体育场馆经营者的资金压力。

(三)选择恰当的无形资产开发模式

目前,我国综合性大型体育场馆无形资产开发所采用的模式主要有三种:单独开发、合作开发、委托开发,可以根据所在地域市场经济条件和体育场馆自身的优势,采用不同方式进行。

单独开发主要是指场馆开设一个下属的市场部门,投入资金、组织技术力量进行场馆无形资产开发。这种模式的无形资产开发由场馆自主决定利益的分配和权益的归属,对场馆无形资产的保护与增值具有积极的意义。

合作开发是指场馆由一个以上的企业或个人共同投资、共同参与进行场馆无形资产开发。场馆的合作开发一般是以特定的场馆无形资产要素为目标,如广告开发权、冠名权,组建专门的经济实体来进行负责。

委托开发就是将场馆无形资产委托给受托方按照预先规定的合同进行开发、经营管理,分为外部委托和内部委托。外部委托是指将场馆的无形资产委托给专业的公司进行开发、经营的管理;内部委托则是将其委托给下属的公司(具有独立的法人资格)。

三者相比,单独开发的自主性更强,收益性也更高,但风险也会相伴随地上升;合作开发则有利于分担风险并可能引入更有创新的思想和开发方案,而且由于合作双方的牵制也会促使彼此更好地协作以实现利益最大化;委托开发是最省力省心的,但也不利于场馆无形资产的保护。根据适合的开发模式,自行运作或招募与体育场馆方理念一致的公司、企业来合作,并将场馆的无形资产落地实施。

(四)对体育场馆无形资产进行评估

体育场馆无形资产评估是场馆无形资产开发的前提和关键,从根本来说是体育场馆无形资产在价值形态上的评估:是指以无形资产价值形成理论为基础,充分考虑影响体育场馆无形资产价值变动的各种相关因素,选用适当的评估方法,对体育场馆无形资产在一定时点上的价值进行量化的过程。一般来说，体育场馆的无形资产评估工作从项目策划开始到实施开发方案过程中都有涉及，其目的是总结过去、控制现在、预测未来，从而保护体育场馆无形资产所有者和经营者、使用者的合法权益，更有效地利用体育场馆无形资产。

我国常用资产评估方法有三种：收益法、成本法、市场法。其中收益法是指通过估算评估资产的未来预期收益并将其折算成现值，借以确定被评估资产价值的一种资产评估方法。运用收益现值法对无形资产进行评估时，是以无形资产投入使用后连续获利为基础的，它比较真实并准确地反映了体育场馆本金化价格，对投资决策来讲，最容易被买卖双方所接受，因此收益法在体育场馆无形资产评估时最宜采用。

在评估过程中，要注意合理确定无形资产的超额获利能力和预期收益，分析与之相关的预期变动、收益期限、与收益相关的资金规模、配套资产、风险因素等。经过一系列的计算评估后，最终形成有关无形资产评估报告，得到的评估报告可以为场馆无形资产做进一步调整与开发。

## 第三节　体育场馆投融资

### 一、 体育场馆投融资概念

投融资方式在我国主要是指在资源配置过程中，投融资的决策方式（谁来投资）、投资筹措方式（资金来源）和投资使用方式（怎样投资）的总称，它是投融资活动的具体体现。投融资中包含了投资和融资两个同时进行的过程，投资主体进行资产的重新分配和融资主体的资金获取。

体育场馆的融资活动和政府、企业等社会主体对体育场馆的投资活动，统称体育场馆投融资活动。体育场馆投资活动和融资活动，在实际操作中是同时进行的，即体育场馆融资过程中必然伴随着场馆外部资金投资过程。

体育场馆投资活动：政府、企事业单位或其他社会组织将自有资金或实物资本投入到体育场馆的建设和运营管理过程中，以获得体育场馆的所有权或经营权的过程。投资形式可以是资金也可以是实物资产，如政府提供土地等。

体育场馆融资活动：体育场馆作为融资主体，在拟建或运营时期，以未来可能产生的现金流或经营权为依托，向政府、企业、个人筹集资金或实物资产的资金融通过程。目前体育场馆常采用的融资形式主要有三种，一是经营权或使用权作为回报的融资活动，二是将场馆未来可以产生现金流的资产进行资产证券化，三是出售体育场馆的无形资产。

### 二、 体育场馆投融资基本方式

体育场馆建设的资金来源可分为政府资本、私人资本、公私联营资本三类，体育场馆建设及运营需要庞大的、持续性的资金投入，仅依靠政府资本是行不通的，必须拓展其他的资金渠道，吸纳社会资本进入。可以说，投资主体和融资方式的多元化，在很大程度上决定了体育场馆运营的市场化程度，并最终影响体育场馆的经营效率及收益。

本节将介绍七种私人资本或公私联营资本投入的体育场馆投融资模式，分别是：PPP模式，资产证券化模式，众筹融资模式，土地置换模式，商业开发运作模式，无形资产融资模式，大型体育场馆运营投资基金。

(一) PPP 模式

1. PPP 模式概述

政府和社会资本合作模式，简称 PPP(public-private-partnership)模式，该模式强调政府公共部门与私人资本通力合作，共担风险，共享收益。PPP 模式在体育场馆中的应用，实质是政府公共部门与社会企业共同出资进行大型体育场馆的融资、设计、建设、运营。

2. PPP 模式的主要类型

(1) BOT 模式：BOT(build-operate-transfer，建设-经营-转让)模式是指一国财团或者投资人作为项目发起人成立项目公司，然后由项目公司负责大型体育场馆的项目融资、设计、建设，项目建成后，由项目公司拥有、运营和维护这项设施，并通过收取使用费用和服务费用，回收投资并取得合理的利润，协议期满后，这项设施的所有权无偿转交给政府。例如，北京部分奥运场馆、美国亚特兰大奥运场馆、悉尼奥运场馆等。

在 BOT 模式的基础上，还演化出了 BOO(build-own-operate，建设-拥有-经营)模式、BTO(build-transfer-operate，建设-移交-运营)模式以及 BOOT(build-own-operate-transfer，建设-拥有-经营-转让)模式等。

(2) TOT 模式：TOT(transfer-operate-transfer，移交-运营-移交)模式是指由政府部门融资建设的大型体育场馆，建成后政府将经营权出售给民间投资者，投资者在约定时间内通过经营收回投资并取得回报后，再将经营权无偿交给原产权所有人的经营方式。

(3) ROT 模式：ROT(renovate-operate-transfer，改扩建-运营-移交)模式的意思为重整、经营、转让。此种模式下，政府主要行使监督权，社会资本方对过时、陈旧的项目设施、设备进行改造更新和经营，若干年后再转让给政府。

ROT 模式的特殊之处在于“重整”，有利于盘活存量场馆资源，改善场馆的闲置浪费现象。一是可以促进老旧场馆的升级改造。如南京全民健身中心，通过应用 ROT 模式，拆除老馆的危旧设施，并增设体育和娱乐设施，将其转化为集合多种项目的体育服务综合体。二是有助于解决大型体育场馆的赛后运营难题。深圳大运中心就是典型案例。2011 年大运会后，深圳大运中心一直处于亏损状态，每年需承担 6 000 万元的高额运维成本。2013 年，深圳市龙岗区政府将大运场馆 40 年的特许经营权转交给佳兆业集团，通过承接各类商业、文化、公益活动，大运中心经营状况逐渐好转。北京冬奥会延庆赛区场馆也采用了 ROT 模式。

3. PPP 模式在我国体育场馆建设中存在的问题

虽然 PPP 模式在我国体育场馆的建设中得到了一定程度应用，但总体来看，体育场馆 PPP 项目进度缓慢且落地困难，许多项目因运作不规范被撤项，或因后期运营困难被迫中途退出。鸟巢就是失败案例之一，PPP 项目虽为鸟巢解决了前期的建设效率和资金筹集问题，但由于项目定位不明确，商业化运作不成功，债务压力过大，最终社会资本方放弃了 30 年特许经营权，由政府接收管理。造成这种现象的原因，主要有以下几方面。

(1) 政府角色的缺位及错位：一是政府对于场馆 PPP 模式的运作机制和政策缺乏认知度，如青岛体育中心 PPP 项目全是政府资本，无社会资本参与，不具备 PPP 项目的实施条件，故而被撤项。二是政府本应承担监督、指导、合作职责，但实际实施过程中往往占据主导地位，给项目运营造成阻力。在项目的设计及后期运营过程中，社会资本方话语权较低。

(2) 投资回报机制不合理：社会资本方进行项目投资，看重的是项目盈利能力。因此，如果该项目不具备较好的盈利空间，投资人无法获得合理回报，就无法吸引资本投入。我国大型体育场馆普遍经营状况较差，且政府与民营资本所有者之间目标差异性和天然关系不对等，政府契约精神薄弱，不能充分保障社会资本方的权益，导致项目吸引力不足。

(3) 配套立法不完善：现有法规在 PPP 模式运作的具体细节上有所欠缺，造成了项目信息公开度低、运作不规范、监管不足等现象，致使 PPP 项目无法善终。截至目前，我国企业类体育场馆的数量已经突破 14 万个，体育场馆 PPP 模式的应用还有很大的空间，只有解决好上述问题，才能更好地利用 PPP 模式推动体育场馆的建设运营。

### (二) 资产证券化(ABS)模式

#### 1. 体育场馆资产证券化概述

体育场馆资产证券化模式就是以体育场馆所拥有的资产为基础，以该项目资产的预期收益为保证，通过在资本市场上发行债券来筹集资金的一种融资方式。资产证券化在国外体育场馆融资中十分常见，如美国科罗拉多州新建的 Pepsi Center 体育馆和洛杉矶 Staples Center 体育馆，以及欧美的一些俱乐部主场，如 2006 年，阿森纳足球俱乐部以未来门票收入为抵押，运用资产证券化技术融资 2.6 亿英镑。

#### 2. 体育场馆资产证券化的流程

简单来说，体育场馆资产证券化的流程可分为四步(图 9-2)：第一，形成资产池。资产池中包含了预期能够产生现金流的各类场馆资产，包括经营权、场地租赁权、赛事活动举办权、特许经营权、冠名权、广告权、门票收入、会员资格、转播权、纪念品销售权等。第二，场馆资产所有权人将基础资产“真实销售”给特殊目的机构(special purpose vehicle, SPV)。第三，以资产池为支撑，SPV 向投资者发行资产支持证券。第四，场馆资产支持证券的承销。

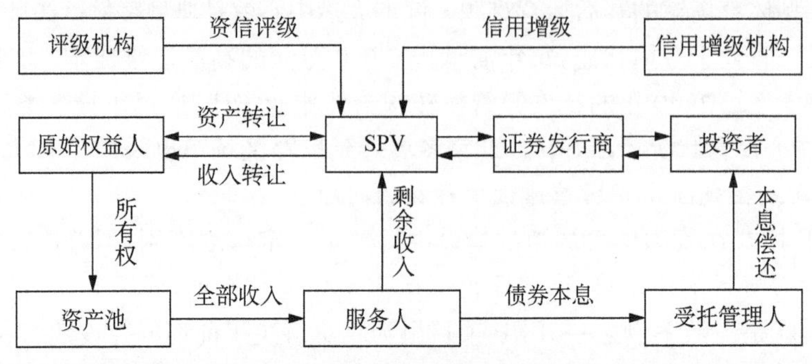


**图 9-2 资产支持证券化操作流程**

3. 体育场馆资产证券化的案例

纽卡斯尔俱乐部每年的套票供不应求，表明该俱乐部在未来有可预期的稳定现金流，因此纽卡斯尔俱乐部主场圣·詹姆士公园球场在扩建时选择资产证券化方式进行融资，委托 Schroders 公司发行以俱乐部未来套票收入为支撑的长达 16 年的债券，债券额度为 5 500 万英镑，经穆迪等多家信用评级公司评级，该债券被评为 A 级，吸引了大量的投资者。虽然额度仅有 5 500 万英镑，却吸引了 7 000 多万英镑的认购量。最后该债券全部被六家高级机构投资者所购买，实现了纽卡斯尔俱乐部主场扩建的融资需求。

（三）众筹融资模式

1. 众筹融资模式概述

众筹也叫作大众筹资或群众筹资，一般由发起人、跟投人和平台构成，可以简单地理解为向投资者募集资金，以支持发起的个人或组织的行为。低门槛、多样性、依靠大众力量、注重创意的众筹模式，是体育场馆筹措资金的重要途径之一。

2. 众筹融资模式的类型

按照募集渠道的不同，我国体育场馆众筹模式可分为两类：一是依托网络众筹平台进行的线上众筹模式，二是借助社交媒体和线下社群进行的线下众筹模式。相比线上模式，线下众筹规模有限，更加适用于小微体育场馆的融资。

（1）线上众筹模式。①体育场馆股权众筹：该模式是指小微体育场馆企业通过互联网形式公开进行小额股权融资的活动，回报给投资者的是体育场馆股权。由于体育市场刚刚活跃，所以体育场馆股权众筹的例子鲜见。②体育场馆债券融资：即体育场馆 P2P 网络借贷。该模式是指体育场馆企业通过互联网平台展开的借贷活动，投资人作为体育场馆企业的债权人，并获取利息。目前，国内众筹平台尚未涉及体育场馆众筹，更多的是面向体育赛事及衍生产品展开的众筹。但是，国外诸如 Fundrise、MichiganFunders 著名的众筹网站均涉及体育场馆建设众筹，其中，凯沃斯体育场重建项目的部分资金便是通过 MichiganFunders 平台以债权众筹的方式获得。③体育场馆奖励式众筹：该模式是指项目发起人在筹集款项时，投资人可能获得非金融性奖励作为回报。就体育场馆而言，非金融性奖励包括 VIP 资格、包厢的特许使用权、印有场馆或活动标志的纪念品等。④体育场馆捐赠式众筹：该模式是指参与场馆众筹的投资者得不到任何回报或奖励，属于公益性质。

（2）线下众筹模式。①体育场馆会籍式众筹：体育场馆会籍式众筹，是指依托于体育场馆，投资人通过资源和信息聚集，以合投、获取会员身份或者其他方式获得附加利益。②体育场馆使用权众筹。此种模式下，发起者通常基于一种情怀或者刚性需求，而自发组织起来为体育场馆建设或者依托于体育场馆运营主体而开展的体育活动筹资。该模式主要是为众筹支持者提供使用权，并不以追求经济为目的。如位于杭州滨江区一座商场顶楼的东联体育公园，由三十多位球迷自发筹集八百多万元建成。发起众筹的主要动机是，满足球友们的日常训练和比赛，并将其打造成东阳中学校友联盟平台，30 余名东阳中学校友拥有场地优先使用权。

（四）土地置换模式

土地置换模式是指在体育场馆建设中，政府通过向社会招标，由中标单位进行体育场馆的融资、设计与建设,作为回报政府会划拨其他土地给社会投资方,用作房地产、酒店等开发用途。

南通体育会展中心是我国第一个完全由民间资本投资、建设和运营的场馆,采用的正是土地置换融资模式。南通市政府将预期盈利能力较低的体育会展中心与具有较高商业价值的中央商务区两个约1平方公里的土地进行"捆绑招商","打包"进行公开招标。最终南通中南控股集团以19.04亿元,竞得1平方公里土地的使用权和体育会展中心项目的建设权。土地置换模式中央商务区及中心的土地在原8亿元市场价的基础上增值11亿元,妥善解决了体育会展中心建设资金的筹集问题及其赛后运营问题。

(五)商业开发运作模式

商业运营开发单位将盈利弱的大型体育场馆设施搭配盈利能力强的商业设施(如酒店房地产等商业设施),向国内外招标确定项目法人,由项目法人负责项目的融资,满足体育场馆建设运营资金需要。投资单位通过盈利能力强的项目收回成本,获得收益,解决了单靠体育场馆本身经营的资金回报困难。

五棵松文化体育中心是采用该模式进行招标的典型案例。在2002年10月五棵松文化体育中心项目的招标过程中,明确表示,五棵松文化体育中心项目既包括篮球馆综合体的建设,又有配套商业设施的开发,其赛后运营的定位为满足公众文化体育活动的需求。2008年奥运会后,五棵松体育馆成为热门体育赛事、文体盛会、商业演出的云集之地,场馆利用率达到70%,每年举办演唱会、体育赛事、文娱活动等近500场,吸引人流约500万人,成为北京最具活力的体育娱乐新地标。

(六)无形资产模式

无形资产融资模式就是利用无形资产为场馆融取资金。体育场馆无形资产融资主要有三种方式:冠名权融资、特许经营权有偿转让以及广告开发权出让。

场馆的无形资产融资中,冠名权最受企业青睐,因为体育场馆冠名能够为品牌提供较高价值。如美国修建的美国西运动场、夏洛特、库尔斯体育场和阿林顿棒球场等场馆中都利用冠名权来为体育场馆建设融资。国内如五棵松体育中心,从最初的"万事达"到"乐视"到现在的"凯迪拉克",冠名权得到了极大开发。总体来看,冠名权的价值依赖于场馆的经营状况,活动丰富、商业化程度高的场馆冠名权价值更高。

(七)大型体育场馆运营投资基金

场馆运营投资基金,作为发展体育场馆服务业的一种创新投融资工具,能够满足体育场馆在资本支持和经营管理服务上的双重需求。该基金主要投资于创业、基础设施建设、场馆举办的各项与体育相关的活动,支持培育体育场馆品牌、开发全民健身服务项目、普及青少年体育活动和竞赛活动、培育国内外大型体育赛事品牌、体育场馆人才建设、体育场馆服务机构的培育以及体育场馆企业集团的培育等,为场馆举办大型活动和再建设提供资金和管理保障。

在我国,体育产业投资基金的数量逐步增加,几乎所有体育基金都将体育场馆的建设及运营纳入重点投资领域,近些年,智慧场馆也是一大投资方向(表9-2)。

表 9-2　2013 年至今部分体育产业基金

| 成立日期 | 体育产业基金 | 筹集资金 | 出资方 | 投资方向 |
|---|---|---|---|---|
| 2013.1.8 | 中体鼎新体育产业投资基金 | 3 亿元 | 中国体育报业总社、北京鼎新联合投资管理有限公司 | 体育产业领域具有良好成长性的优质企业，包括体育用品制造、体育场馆运营、健身服务、体育互联网及其他体育产业相关企业 |
| 2015.6.30 | 动域资本体育产业基金 | 20 亿元 | 贵人鸟股份、虎扑体育、景林投资 | 智慧运动场、跑步和在线增值服务等热点领域 |
| 2015.10.26 | 浙江体育产业基金 | 50 亿元 | 莱茵体育浙江黄龙体育发展有限公司、建银国际财富管理有限公司 | 浙江省内体育产业及其衍生行业的相关企业、“互联网＋体育”“全民体育休闲”“体育时尚”“体育赛事运营”等行业 |
| 2016.9.6 | 佳兆业凯兴体育基金 | 100 亿元 | 佳兆业、凯兴资本 | 体育场馆、体育培训、竞赛演出及体育衍生商品和服务等 |
| 2016.9.27 | 江苏省体育产业投资基金 | 10 亿元 | 江苏省体育产业集团、江苏省政府投资基金、省广播电视集团、省文化投资管理集团、省沿海创新资本管理有限公司 | 体育本体产业、与体育产业能够进行融合的健康、养老、教育、文化、旅游、传媒等相关产业领域的优质企业以及符合“互联网＋体育产业”方向的优质项目 |
| 2016.10.29 | 邓亚萍体育产业投资基金 | 50 亿元 | 邓亚萍团队、中原资产管理有限公司 | 体育赛事、体育场馆建设及运营、体育用品制造及销售、体育培训及运动康复、体育旅游、体育传媒、体育会展等领域 |
| 2017.11.25 | 浙江智能体育产业专项基金 | 母基金 200 亿元、专项基金 30 亿元 | 华运智体、杭州未来科技城管委会、浙商金汇信托、浙报传媒等 | 智能体育产业创新项目，包括智能穿戴设备、智慧场馆、体育软件等 |
| 2018.1.13 | 匹克厦门文广产业投资基金 | 10 亿元 | 匹克体育产业集团、厦门文广传媒集团 | 体育地产、体育特色小镇、全民健身中心及配套综合服务运营商以及影视剧制作、影视配套服务产业、体育文创会展、泛文化娱乐等相关领域企业 |
| 2019.8.27 | 北体大冠军体育产业投资基金 | 0.5 亿元 | 浙江华睿冠创投资管理有限公司、北京体育大学产业集团 | 体育教育、运动健康、体旅融合、科技传播、场馆运营、冰雪产业、国际交流、俱乐部经纪和产业科技园 |

## 三、体育场馆投融资模式选择

### （一）我国体育场馆投融资的现状

#### 1. 体育场馆融资方式较为单一

2020 年全国体育场地统计调查数据显示，全国体育场地 371.34 万个，体育场地面积

30.99 亿平方米(图 9-3),从所属机构类型来看,事业单位体育场馆面积达 13.88 亿平方米,占比达 45%,企业性质的体育场馆面积为 5.59 亿平方米,占比为 18%。事业制场馆主要的融资渠道是银行贷款和财政拨款;企业制场馆融资则以银行贷款为主。由于体制和政策的限制,投资机制则在场馆运营中较为单一。在我国现有的体育场地中,私有经济和外商经济等民间资本投资兴建的体育场地数量非常少,与私有经济等民营经济在我国经济结构中占较大比例的地位不太相称。单一的投资主体使大型体育场馆的供给难以满足城市发展对大型体育场馆的需求。

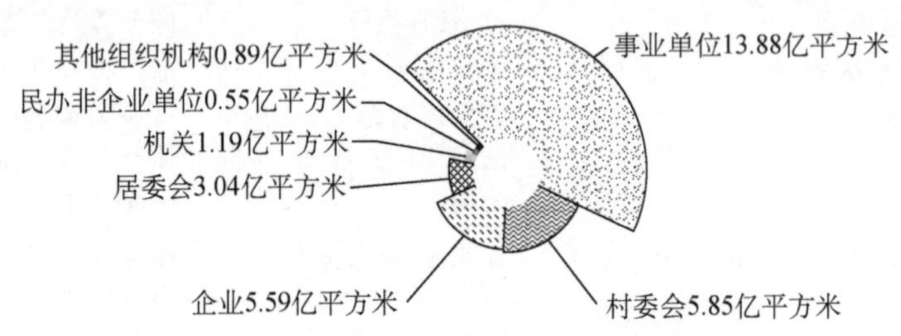


**图 9-3 2020 年全国体育场地面积情况**

2. 全国体育场地建设资金呈增长趋势

2014 年,国务院发布《关于加快发展体育产业促进体育消费的若干意见》,明确提出到 2025 年体育产业总规模超 5 万亿元、人均体育场地面积达 2 平方米的发展目标,近几年,我国体育场地数量不断增加,从 2014 年全国体育场地数量为 172.8 万个,增加到 2020 年 371.34 万个,实现 114%的增长率。全国体育场地总场地面积也从 2014 年 20.43 亿平方米,增长至 2020 年 30.99 亿平方米;人均体育场地面积更是提前实现了发展目标,2019 年人均体育场地面积达 2.08 平方米,2020 年达到 2.2 平方米(图 9-4)。虽然这与同期英国、美国、日本等发达国家的水平还有较大差距,但从趋势上看,我国人均投入体育场地建设资金不断增加,未来体育场地数量将不断增长。

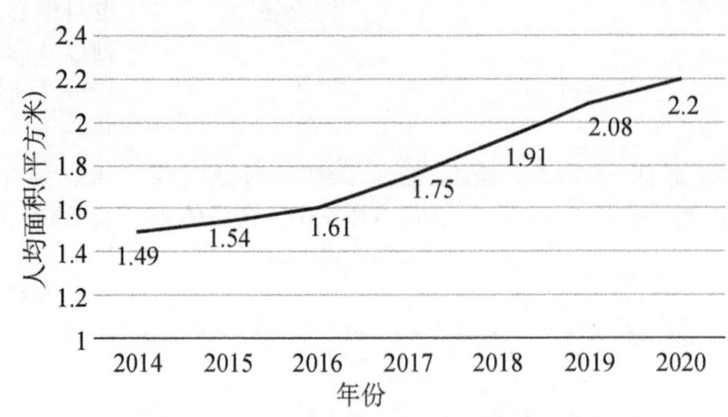


**图 9-4 2014~2020 年人均体育场地面积**

3. 我国体育场馆建设数量在地区分布上不均衡

从体育场馆的地区分布状况来看(图 9-5),分布在东部地区的体育场地最多,达 71.10 万个,占 43.29%;场地面积总计 9.38 亿平方米,占 48.13%。其次是中部地区,体育场地数量共计 40.39 万个，占 24.59%；场地面积共计 4.18 亿平方米，占 21.43%。余下依次是西部地区及东北地区。

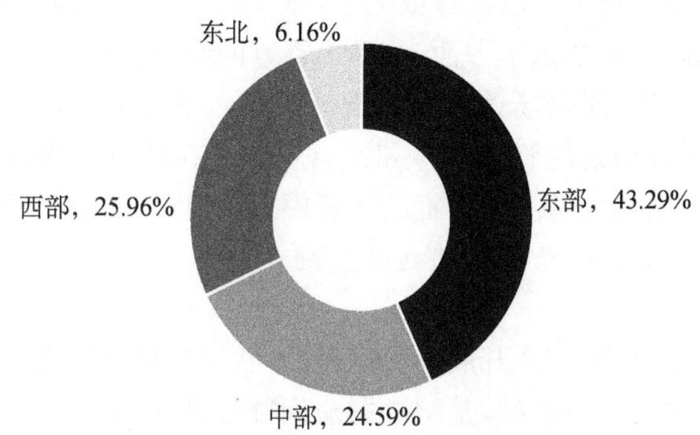


**图 9-5　我国体育场馆数地区分布状况**

4. 体育场馆融资需求大，融资投入不足

体育场地前期修建投资大，建设周期长，投资回流慢，直接效益不明显，其建设发展需要国家、社会、企业和个人等多方的投入与支持，需要建立相应的社会化的多元投入机制，仅依靠地方政府的财政投入是远远不够的，随着我国居民生活水平的提高，体育健身日益成为他们生活的必不可少的一部分，而我国目前的大型体育场馆现状是无法满足广大人民群众对体育场馆的需要，迫切需要加大对体育场馆建设的投入，而以单位自筹和财政拨款为主的投融资方式显然是难以满足场馆快速发展对资金的需求。

5. 投资主体呈现多元化趋势

自 2014 年起，各种社会资金发起设立的体育产业投资基金也相继成立，这在一定程度上反映出体育场馆建设的投资主体初步呈现出向多元化方向发展的趋势。引入社会资本是我国进行大型体育场馆融资模式的一大突破，它促进了我国大型体育场馆融资模式的多样化，减轻了政府财政负担和投入不足的压力。

（二）我国体育场馆投融资模式的选择依据

1. 体育场馆的内部功能定位

体育场馆的种类丰富，功能不一，其投融资模式的选择要依据体育场馆的功能定位。根据体育场馆的使用性质，可以将其分为体育比赛场馆、教学训练场馆和体育健身娱乐场馆；按照体育场馆的用途可以将其分为专用性体育场馆和综合性体育场馆；根据体育场馆的规模可以将其分为小型体育中心、中型体育中心、大型体育中心和特大型体育中心；根据承办比赛的级别可以将体育场馆分为特级、甲级、乙级、丙级四个等级；按照经营性质，可以将其划分为公益型体育场馆、商业型体育场馆、混合型体育场馆。不同类型的体育场馆所适合的投融资方式不同，是体育场馆投融资方式选择的重要依据。

2. 体育场馆的外部环境

体育场馆所处的城市经济发展水平、地理位置、政治环境等会对体育场馆投融资模式选择产生一定影响，一般来说，城市经济发展水平越高，人们体育需求旺盛，体育场馆自身造血能力更强，社会资本也将更活跃。而经济发展一般或落后的地区，在体育场馆投融资模式选择上会受到一定限制，主要依靠政府财政拨款。

3. 投资主体的选择

在大型体育场馆投融资模式的选择依据中，体育场馆投资主体的选择也是必不可少的依据之一。主要包括以下几个基本方面：一是投资方的经济实力，二是投资方的投资时限，三是场馆项目的投资构成，四是场馆项目的投资周期。不同的投资主体，决定了体育场馆的产权性质，决定了体育场馆的管理主体和经营主体。在体育场馆建设或运营过程中，在选择投资主体时，应根据自身情况及确定的融资模式，对投资主体进行鉴别和筛选。

（三）我国体育场馆投融资模式的选择原则

1. 公益性原则

党的十九大报告指出，要广泛开展全民健身活动，加快推进体育强国建设，体育场馆设施是健身活动开展的重要物质基础，是解决群众到哪健身的问题。因此对于体育场馆投融资模式的选择首先要遵循公益优先原则。满足全民健身和公共体育服务需求。例如在体育场馆投融资的BOT模式中，政府在不投入资金的前提下，实现了对社会提供公共服务这一基本职能，并且在特许期后可以获得体育场馆的控制权。

2. 效益最大化原则

随着社会经济的快速发展，仅依靠财政拨款投资建设运营体育场馆难以为继，体育场馆必须不断提升自身造血能力，在投融资模式的选择上注重场馆的经济效益，通过市场化运作实现盈利。同时明晰体育场馆所有权和经营权，使政府部门和社会资本能够相互协调，共同推进体育场馆的建设运营。

3. 法律性原则

近年来在国家政策推动的作用下体育产业投资基金的数量和资金筹集的规模都有显著的增长，体育投融资模式也呈现出多元化趋势，但在真正运作过程中，存在产权不明，资产管理不顺等问题，因此，在选择体育投融资模式时要遵循相关法律规定，加强对过程的监管。

4. 可持续发展原则

在体育场馆投融资模式的选择原则中，可持续发展也是其中一个不可缺少的原则。所谓可持续发展原则，即体育场馆投融资模式的选择必须充分考虑场馆建成之后的经营和管理是否能良好地持续发展下去，而不至于因场馆的闲置或废弃而造成资源和资金的巨大浪费。

思考题

拓展阅读

# 第十章

# 奥 运 经 济

**【导　　读】**

北京 2022 年冬奥会是在我国举办的全球瞩目重大活动，冬奥会精神、冬奥会故事和冬奥健儿为立德树人提供了鲜活的素材。本章立足于奥林匹克的更高、更快、更强、更团结，多角度转化成课程思政的教学体系，引导和激励学生顽强拼搏、勇于奉献，塑造爱国主义、集体主义的精神风貌。此外，充分提升中国故事在国际上的表现力、传播力、影响力。本章首先详细描述了奥运会的发展历程，接着深入分析了奥运会赞助及奥运会的经济影响，最后探讨了在我国举办的两届奥运会，并启发我们对北京 2022 年冬奥会结束后的新思考。奥运经济是体育学界关注的热点，充分认识奥运会的经济影响，对进一步提高奥运经济相关政策的科学性、加强宏观经济调控具有重要意义。

**【学习目标】**

了解奥运会发展历程；掌握奥运会赞助体系及奥运会的经济影响；熟悉我国的奥林匹克运动情况。

**【思维导图】**

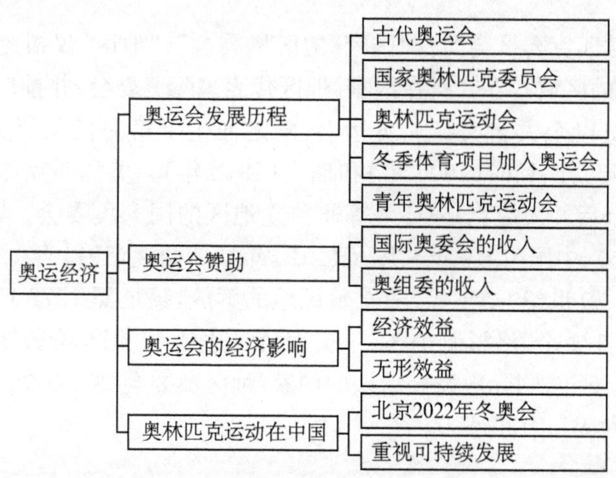

## 第一节　奥运会发展历程

### 一、古代奥林匹克运动会

在长达12个世纪多的时间里(公元前776年～公元393年),奥林匹克运动会一直是在距今天的雅典只有4个小时的车程的奥林匹亚(Olympia)举办。已知的第一个赛跑(约200米)获胜者就产生于公元前776年。公元393年举办了最后一届古代奥运会,此后奥运会便被君士坦丁堡罗马大帝狄奥多西一世下令禁止。其实,古代奥运会与当时新兴的基督教在文化上存在着不一致性;而奥林匹亚神殿也在公元522年的地震和551年的海啸中被摧毁。

19世纪,奥林匹亚遗址被考古学家发掘。当时,古希腊文化在欧洲和北美风靡一时,有人建议恢复奥林匹克运动会,甚至也举办过几届(1859、1870、1875和1889年在希腊雅典;1834和1836年在瑞典的伦罗伦萨;1832年起在法国格勒诺布尔;1840和1844年在加拿大蒙特利尔;1890年起每年都在英国马齐文洛克举办)。1892年,顾拜旦首次提出每四年举办一次奥林匹克运动会,以及在世界各大都市轮流举办的设想。这一设想成就了现代奥林匹克运动会的成功,这是由于它仿效了其同期的世界博览会主办权的竞争方式,使得各个城市(国家)为争夺赛事主办权而展开竞争。

值得注意的是,除了赛跑和铁饼这两个项目得以保留之外,古代奥运会和现代奥运会几乎没有任何关系。当时,顾拜旦在现代奥运会中加入了一些20世纪初发展起来的体育项目,如自行车赛、赛艇、举重等。在1894年于巴黎召开的代表大会上,顾拜旦等人成立了国际奥林匹克委员会;顾拜旦成为继希腊人维凯拉斯(Vikelas)后的第二任国际奥委会主席,且一直任职到1925年。为避免巴黎与伦敦之间的竞争,1896年的首届现代奥运会的举办权被授予了希腊雅典。

### 二、国家奥林匹克委员会的出现

国家/地区奥林匹克委员会简称“国家/地区奥委会”(“地区”仅指经国际奥委会承认,但未获联合国认可的区域),在其所在国家/地区代表国际奥委会,并推广奥林匹克价值观。首届奥运会,运动员以个人名义参加奥运会;随之而生了第一批国家奥委会:德国(1985年)、奥地利(1906年)、比利时(1906年)和瑞士(1912年)。奥林匹克体系确立之初,顾拜旦承认如波希米亚(后并入捷克)或芬兰等非独立地区的国家奥委会。国家奥委会纷纷成立:加拿大(1904年)、中国(1910年)、埃及(1910年)、新西兰(1911年)、日本(1911年)、巴西(1914年)等等。20世纪60年代,随着殖民地的解放,慕尼黑1972年奥运会时国家/地区奥委会的数量为121个,洛杉矶1984年奥运会时达到140个,伦敦2012年奥运会更是达到了204个。2016年,国际奥委会承认的国家/地区奥委会共206个,其中最晚加入的两个国家/地区是科索沃和南苏丹。

1979 年,国家/地区奥林匹克委员会协会成立(ACNO,简称“国际奥协”)。值得注意的是,国际奥委会的委员是个人,人数比国际奥协的委员人数少了将近一半;并且,国际奥委会委员的职责是在各自国家代表国际奥委会,但他们并不是其国家在国际奥委会的代表。国际奥协奉行“一个国家/地区奥委会一票”的原则,其实,这与国际奥委会的传统格格不入。自 2001 年起,奥林匹克团结基金会成立,对归属于国家/地区奥委会的电视转播权份额进行了重新分配,自此后,国际奥协扮演着日益重要的角色。

## 三、 奥林匹克运动会

从雅典 1896 年奥运会开始直到东京 2020 年奥运会,(夏季)奥运会每四年举行一次,仅两次世界大战期间中断过三届(1916 年、1940 年和 1944 年)。可以将其划分为五个时期:艰难起步时期(1896～1912 年)、迅速发展时期(1920～1936 年)、战后发展阶段(1948～1968 年)、遭受抵制时期(1972～1988 年)以及全球化时期(1992～2020 年)。表 10-1 为各时期的夏奥会主办城市。

**表 10-1 各时期的夏奥会主办城市**

| 1896～1912 年<br>艰难起步时期 | 1920～1936 年<br>迅速发展时期 | 1948～1968 年<br>战后发展阶段 | 1972～1988 年<br>遭受抵制时期 | 1992～2020 年<br>全球化时期 |
|---|---|---|---|---|
| 1896 年 雅典 | 1920 年 安特卫普 | 1944 年 伦敦* | 1972 年 慕尼黑 | 1992 年 巴塞罗那 |
| 1990 年 巴黎 | 1924 年 巴黎 | 1948 年 伦敦 | 1976 年 蒙特利尔 | 1996 年 亚特兰大 |
| 1904 年 圣路易斯 | 1928 年 阿姆斯特丹 | 1952 年 赫尔辛基 | 1980 年 莫斯科 | 2000 年 悉尼 |
| 1908 年 伦敦 | 1932 年 洛杉矶 | 1956 年 墨尔本 | 1984 年 洛杉矶 | 2004 年 雅典 |
| 1912 年 斯德哥尔摩 | 1936 年 柏林 | 1960 年 罗马 | 1988 年 汉城 | 2008 年 北京 |
| 1916 年 柏林* | 1940 年 东京* | 1964 年 东京 | | 2012 年 伦敦 |
| | | 1968 年 墨西哥城 | | 2016 年 里约热内卢 |
| | | | | 2020 年 东京 |

* 表示奥运会未举办。

自雅典 1896 年奥运会获得首次成功后,直至斯德哥尔摩 1912 年奥运会,奥运会才开始独立于世界博览会。第一次世界大战后,奥运会确定了五环标志、会旗、会歌、誓词、领奖台、火炬传递等等,而奥运会也自此步入了迅速发展时期。第二次世界大战后,在东西方竞争背景下,奥运会呈现新发展趋势。1956 年,奥运会首次在欧洲和美国以外的地方举办(1940 年东京奥运会取消),摆脱殖民统治的新兴国家也开始参与进来。自巴塞罗那 1992 年奥运会以来,各国纷纷积极参加,奥运会开启了全球化发展时期。近些年以来,奥林匹克运动蓬勃发展,奥运会的规模日益扩大。

奥运会遭到抵制(1970～1980 年)。迄今为止,冬奥会从未遭到过抵制。对奥运会的第一次抵制运动发生于 1956 年的墨尔本奥运会;此后,二十世纪七八十年代在如下几次(夏季)奥运会中发生了影响大的抵制运动:蒙特利尔 1976 年奥运会、莫斯科 1980 年奥运会、洛杉矶 1984 年奥运会、汉城 1988 年奥运会。

## 四、冬季体育项目加入奥运会

自1924年起,除了第二次世界大战期间中断过(1940年和1944年),从1924年的夏慕尼到2022年的北京,冬奥会每四年举行一次。可以划分为四个时期:与夏奥会捆绑的初期(1924～1936年)、战后时期(1948～1960年)、城市奥运会时期(1964～1992年),以及独立冬奥会时期(1994～2022年)。表10-2为各时期的冬奥会举办城市。

表10-2　各时期的冬奥会举办城市

| 1924～1936年<br>与夏奥会捆绑的初期 | 1948～1960年<br>战后时期 | 1964～1992年<br>城市奥运时期 | 1994～2022年<br>独立冬奥会时期 |
|---|---|---|---|
| 1924年 夏慕尼 | 1944年 科尔蒂* | 1964年 因斯布鲁克 | 1994年 利勒哈默尔 |
| 1928年 圣莫里茨 | 1948年 圣莫里茨 | 1968年 格勒诺布尔 | 1998年 长野 |
| 1932年 普莱西德湖 | 1952年 奥斯陆 | 1972年 札幌 | 2002年 盐湖城 |
| 1936年 加尔米施-帕滕基兴 | 1956年 科尔蒂 | 1976年 因斯布鲁克 | 2006年 都灵 |
| 1940年 札幌* | 1960年 斯阔谷 | 1980年 普莱希德湖 | 2010年 温哥华 |
| | | 1984年 萨拉热窝 | 2014年 索契 |
| | | 1988年 卡尔加里 | 2018年 平昌 |
| | | 1992年 阿尔贝维尔 | 2022年 北京 |

*表示冬奥会未举办。

冬奥会始于1924年,初期作为(夏季)奥运会的附属,在条件允许的情况下,通常会与(夏季)奥运会在同一个国家的场地举办(1928年和1948年的圣莫里茨冬奥会是个例外),举办时间为(夏季)奥运会前的一个冬季。二战后,冬奥会与(夏季)奥运会主办国相互捆绑的历史便结束了。从因斯布鲁克1964年冬奥会开始,冬奥会经常是在山脚下的小城举办,而不是高海拔的场地;1980年的美国普莱西德湖冬奥会是个例外,这是由于它是当年唯一的候选城市。自1994年起,冬奥会就固定在(夏季)奥运会的前2年举行,这非常有利于冬奥会取得一定程度的规模和自治。值得注意的是,早期的冬奥会往往在冬季运动胜地举办,这些运动场所已具备了举办奥运会的既有的必要基础设施;住宿开发很少,主要使用已有的酒店。从1960年代起,围绕着冬奥会所进行的相关设施建设呈现增长态势。

## 五、青年奥林匹克运动会

青年奥林匹克运动会创办于2007年,分为冬青奥会和青奥会。截至目前,青奥会只举行了几届。青奥会是针对14～18岁的运动员所举办的奥林匹克运动赛事,包括了26个奥运会项目和7个冬奥会项目;从2014年起,青年运动员也会参与一些奥运会表演项目。青奥会也受到了所有知名的国家/地区奥委会的支持。从2023年起,青奥会的举办时间定在冬奥会和夏奥会之间的那一年。表10-3为2010～2020年冬、夏青奥会举办时间和地点。

表 10-3 2010～2020 年冬、夏青奥会举办时间和地点

| (夏季)青奥会 | 冬青奥会 |
| --- | --- |
| 2010 年 新加坡<br>2014 年 南京<br>2018 年 布宜诺斯艾利斯 | 2012 年 因斯布鲁克<br>2016 年 利勒哈默尔<br>2020 年 洛桑 |

### 六、如何成为奥运会主办城市

自 1894 年国际奥委会成立之后，都是由国际奥委会授予奥运会举办城市的主办权。在国际奥委会成立之初，通常是通过默契来决定主办权。总体而言，随着奥运会的规模和知名度越来越大，主办权变得越来越抢手。

为了避免过多的候选城市进入到最终投票环节，有备选资格城市的预选程序通常因当年候选城市的多寡而有所不同。例如，国际奥委会执委会从 2002 年奥运会起组织了一系列的预选程序。现在，国际奥委会会提前与有意向申办的城市接触，并建议其大约在投票前两年明确意向(即所谓的"邀请"阶段)。接下来，国际奥委会执委会分三个阶段对这些意向城市进行考察，每个阶段大约持续半年。三个阶段考察的内容分别是：①奥运愿景、理念和战略；②奥运会的运营管理、法律保障和奥运场馆的财务来源；③奥运会交付标准、赛事举办经验和赛后奥运场馆的遗产继承问题。在每个考察阶段结束后的申办资料递交之时，国际奥委会执委会将认定参选的城市是否有资格进入下一阶段的遴选。最后，国际奥委会委员投票选出主办城市。往往在奥运会举办前 7 年，主办城市就已经通过选举产生了。

## 第二节 奥运会赞助

国际奥委会在授予奥运会主办权时，即在与主办城市签订合约的同时，会与主办城市、主办国奥委会确定最少分成额度，但预算安排由主办城市和奥组委来负责。在申办阶段，国际奥委会要求申办城市提交"候选文件"，不仅包括了预期收入，还包括了预期投资。与此同时，国际奥委会还要求候选城市和国家的政府对未来奥运会的预算费用做出承诺，以"确保为支付奥运会所需的所有主要基础设施投资的融资"，并"弥补奥组委潜在经济缺口"。

奥运会的经济账并不容易厘清，这是由于历届奥运会不一定对外公开发布准确数据，很多基本数据在特定范围内无法获得。因而，本节仅梳理国际奥委会的收入、奥组委的收入和奥运会的支出。

### 一、国际奥委会的收入

国际奥委会成立初期依赖于顾拜旦的资金支持，后来主要由奥组委资助，这种情况一

直持续至20世纪80年代。自20世纪60年代,国际奥委会从未要求其委员缴纳任何费用。

奥运营销计划(Olympic Marketing Program)包括:国际奥委会管理转播权出售、全球合作伙伴计划(TOP)和国际奥委会的官方供应商和许可计划。此外,国家/地区奥委会、奥组委和国际单项体育联合会也都有各自的商业计划。以2013~2016年的国际奥委会收入来源为例,73%来自于转播权收入、18%来自于TOP计划营销权(表10-4)。

**表10-4　国际奥委会的转播权和TOP计划的总收入**　单位:百万美元

| | 1993~1996年 | 1997~2000年 | 2001~2004年 | 2005~2008年 | 2009~2012年 | 2013~2016年 |
|---|---|---|---|---|---|---|
| 转播权 | 1 251 | 1 845 | 2 232 | 2 570 | 3 850 | 4 157 |
| TOP计划 | 279 | 579 | 663 | 866 | 950 | 1 003 |
| 总计 | 1 530 | 2 424 | 2 895 | 3 436 | 4 800 | 5 160 |

国际奥委会将90%以上的收入分配给各个国家/地区奥委会、国际单项体育联合会、奥组委等组织(表10-5),国家/地区奥委会利用这些资金来发展各自的奥运队伍和奥运选手等,国际单项体育联合会(夏季项目和冬季项目)用这些资金来支持其全球范围的体育运动发展。

**表10-5　国际奥委会的分成**　单位:百万美元

| 主办城市/年 | 对国家(地区)奥委会的分成 | 对国际单项体育联合会的分成 | 对夏奥组委会与冬奥组委会的分成 |
|---|---|---|---|
| 盐湖城/2002 | 87 | 92 | 552 |
| 雅典/2004 | 234 | 257 | 965 |
| 都灵/2006 | 136 | 128 | 561 |
| 北京/2008 | 301 | 297 | 1 250 |
| 温哥华/2010 | 215 | 209 | 775 |
| 伦敦/2012 | 520 | 520 | 1 374 |
| 索契/2014 | 199 | 199 | 833 |
| 里约/2016 | 540 | 540 | 1 531 |
| 平昌/2018 | 215 | 215 | 887 |

## 二、奥组委的收入

奥组委的经费收入来源主要包括:国内赞助(现金或实物)、国际奥委会的分成、票务收入和各国(地区)或当地政府的财政补贴。此外,还有一些补充资金,如奥运会纪念品的生产权、彩票专利费等收入。其中,奥组委获得的分成收入由直接分成,即一部分转播权销售分成收入和奥林匹克全球合作伙伴计划(TOP)的赞助收入,对奥组委的支持(包括通过奥组委的“知识转移”计划)，授权奥组委使用奥林匹克标志以及奥组委标志进行国内商业活动获得的额外收入(表 10-6)组成。

表 10-6 奥组委的收入 单位：百万美元

| | 1993～1996 年 | 1997～2000 年 | 2001～2004 年 | 2005～2008 年 | 2009～2012 年 | 2013～2016 年 |
|---|---|---|---|---|---|---|
| 国内赞助 | 534 | 655 | 796 | 1 555 | 1 838 | 2 037 |
| 票务 | 451 | 625 | 411 | 274 | 1 238 | 527 |
| 授权 | 115 | 66 | 87 | 185 | 170 | 74 |
| 总计 | 1 100 | 1 346 | 1 294 | 2 014 | 3 246 | 2 638 |

（一）电视转播权和赞助权

表 10-7 列出了自巴塞罗那 1992 年奥运会起，至伦敦 2012 年奥运会的奥运电视转播权情况(包括了所有数字平台)。1992 年之后，国际奥委会开始独立协商转播权。表 10-8 罗列了自 1985～2016 年，全球合作伙伴计划(TOP)的收入与数量情况。

表 10-7 奥运会转播权情况(1992～2014 年)

| 夏奥会 | 总金额(百万美元) | 转播国家(个) | 冬奥会 | 总金额(百万美元) | 转播国家(个) |
|---|---|---|---|---|---|
| 1992 年巴塞罗那 | 636 | 193 | 1994 年利勒哈默尔 | 353 | 120 |
| 1996 年亚特兰大 | 898 | 214 | 1998 年长野 | 513 | 160 |
| 2000 年悉尼 | 1 332 | 220 | 2002 年盐湖城 | 738 | 160 |
| 2004 年雅典 | 1 494 | 220 | 2006 年都灵 | 831 | 200 |
| 2008 年北京 | 1 739 | 220 | 2010 年温哥华 | 1 280 | 200+ |
| 2012 年伦敦 | 2 569 | 220 | 2014 年索契 | 1 260* | 200+ |

* 表示估算值。

表 10-8 全球合作伙伴计划(TOP)收入及数量情况(1985～2016 年)

| 时期 | 总金额(包括实物价值)(百万美元) | 数量 |
|---|---|---|
| 1985～1988 年<br>(卡尔加里-汉城) | 106 | 9 |
| 1989～1992 年<br>(阿尔贝维尔-巴塞罗那) | 192 | 12 |
| 1993～1996 年<br>(利勒哈默尔-亚特兰大) | 376 | 10 |
| 1997～2000 年<br>(长野-悉尼) | 579 | 11 |

（续表）

| 时期 | 总金额（包括实物价值）（百万美元） | 数量 |
|---|---|---|
| 2001～2004年（盐湖城-雅典） | 650 | 11 |
| 2005～2008年（都灵-北京） | 866 | 11 |
| 2009～2012年（温哥华-伦敦） | 957 | 11 |
| 2013～2016年（索契-里约） | ＞1 000 | 10 |

（二）国际奥委会的全球合作伙伴计划

20世纪80年代，商业赞助商开始赞助国家体育组织（奥组委、国家奥委会和国家单项体育协会）及国际体育组织（国际奥委会和国际单项体育联合会）。奥组委还特别建立了商业化项目。这些项目以及电视转播收入使得1984年洛杉矶奥组委成了首批收获巨额利润的奥组委之一。国家奥委会、国家单项体育联合会和运动员委员会开始从商业企业获得赞助，但随之而来的是奥组委和国家奥委会之间产生的排他性问题。比如，赞助了洛杉矶奥组委的富士公司不允许赞助美国奥委会及其代表队，后者便接受了柯达的赞助。为了应对这些问题，国际奥委会于1985年创立了全球合作伙伴计划（TOP），允许像柯达这样的跨国公司可以在生产同类产品的同类企业中，对国际奥委会、所有国家/地区奥委会及接下来的冬奥会和奥运会享有排他性的独家赞助权。此项计划获得的收入（2009～2012年期间达到上亿美元）由国际奥委会与奥组委、国家/地区奥委会、国际单项体育联合会一起分享。奥组委负责管理"国内赞助"计划，该计划覆盖那些只能赞助在本国举行的奥运会的企业。

（三）奥运会预算支出

举办城市政府和奥组委共同承担举办奥运会的责任。奥运会的成本主要包括四方面。一是运营预算支出，包括奥运会的活动管理、开幕式、闭幕式和安保支出。奥组委的收入普遍能够实现运营支出的预算平衡。然而，9·11事件之后，安保成本迅速上升，由于州和地方政府直接参与且是唯一可以召集军队、警察、外交服务等的机构，因此大部分安保成本由他们承担。二是体育场馆建设预算支出，一般由政府相关部门承担，具体费用主要取决于建造、翻新和整修设施的数量。三是非体育基础设施预算支出，包括道路建设、水处理、公共空间开发、美化等与奥运场馆和主办城市发展规划有关的成本。根据国际奥委会要求，夏季奥运会主办城市至少要有可供观众居住的40 000间酒店客房和可容纳15 000名运动员和官员的奥运村。此外，城市内部和外部交通设施要确保游客可以顺利到达城市，到达每个体育场馆，而这通常需要增加额外支出。有学者认为，奥运会结束后很长时间仍在使用的建筑或交通基础设施（机场、铁路、高速公路等）不应计入非体育基础设施预算。同样，建设奥运村和媒体中心的费用也不应由奥组委负责，而主要应由未来（私人）业主负责，因为他们可以从出售或租用奥运村的房屋住所、媒体中心设施中受益。四是城市或山地运行费用。奥运会是赛时城市运行费用，冬奥会是城市和山地运行费用。

实际上,自巴塞罗那1992年奥运会至索契2014年冬奥会,每届奥运会的实际成本均高于最初预算,说明从预算平衡的角度来看,奥运会可能会对当地财政造成一定压力。

(四)冬奥会与奥运会的区别

与奥运会相比,因涉及项目、参赛国家等相对较少,冬奥会奥组委获得国际奥委会的分成收入往往少于夏奥会。在国内赞助收入方面,冬奥会与奥运会的差距并没有呈现出明显的规律性,如索契2014年冬奥会国家赞助收入仅次于北京2008年奥运会,而雅典2004年奥运会的国内赞助收入仅高于长野1998年冬奥会。

与奥运会相比,冬奥会由于运动项目普及面相对较窄,仅靠赛事维持可持续性的困难更大。奥运会需要可以容纳50个项目的场地,冬奥会需要可以容纳15个项目的场地,但索契2014年冬奥会几乎需要新建所有必要的设施,而洛杉矶1984年奥运会几乎全部利用租借来的现有设施。冬奥会设施“白象”问题①经常出现。首先,某些国际单项体育联合会提出的体育运动独占设施的要求往往会产生“白象”问题,应该更多地支持并鼓励多体育运动项目和多用途设施。其次,参与者少的项目往往会产生“白象”问题。比如,雪车/雪橇轨道的建造和运营成本很高,然而,全世界参与这两项运动的只有几千人。东北亚、北美洲和欧洲现有14条轨道。因此,从这个意义而言,国际奥委会决定强制候选城市利用现有设施是朝着正确方向迈出的一步。最后,如果附近有类似设施,那么竞争因素也可能会让一项体育设施成为“白象”。例如,冬奥会结束之后,很少有城市需要3～4个冰场。因此,如果附近已有相关设施,则不应再新建任何设施,需新建的设施应分布在更广阔的区域。

《奥林匹克2020议程》建议,候选城市尽可能利用现有或临时设施,冬奥会所需的雪橇、雪车、速度滑冰场等使用附近的现有设施(在同一国家甚至国外)。这意味着体育设施建造的成本费用还将大幅度缩减。

## 第三节 奥运会的经济影响

一般来说,奥运会的经济影响为直接经济影响和间接经济影响的总和。直接经济效益主要指组委会在比赛期间通过增收节支所获得的效益;间接经济效益是指通过举办奥运会对举办城市和国家的经济发展的促进和拉动作用,包括对投资、就业、旅游、贸易等的影响。

奥运会的成本-收益分析并不容易,尤其是收益的货币化计量。一方面,诸如城市形象改善、地区产业升级等很难量化为货币;另一方面,分析的结果很大程度上取决于收益的货币化方式,这让成本-收益分析充满争议。因此,必须谨慎对待奥运会净总收益(或成本)的评估。

### 一、奥运会对主办城市经济影响的乘数效应

奥运会之所以能够对主办城市的经济发展产生巨大的影响,最根本的原因是奥运会能

① 所谓“白象”,寓意因不适合当地居民需要,在运动会之后很少被利用的体育设施。通常,这些设施会被关闭甚至拆除,或者需要当地政府每年耗费巨资来运作。

够给主办城市带来巨大的投资需求。马克思明确指出，资本积累作为剩余价值的资本化，是扩大再生产的源泉。现代西方经济学也非常关注投资对经济增长的乘数效应(multiplier effect)。按照经济学理论，当总投资增加时，收入的增量将是投资增量的数倍，投资乘数就是指收入的变化与带来这种变化的投资支出的变化的比率。如果以 $k$ 代表投资乘数，以 $\Delta y$ 代表增加的收入，$\Delta i$ 代表增加的投资，则有 $\Delta y = k\Delta i$。

那么乘数有多大呢？为了回答这个问题，我们追踪收入变动的每一步。在两部门经济中，当投资增加 $\Delta i$ 时，收入会相应增加 $\Delta i$。收入的这一增加又使消费提高了 $MPC \times \Delta i$($MPC$ 是边际消费倾向)。消费的这一增加又一次提高了支出和收入。这第二轮增加的收入 $MPC \times \Delta i$，又提高了消费，这次消费的增加量是 $MPC \times (MPC \times \Delta i)$，它又提高了支出和收入，如此等等。这种投资引发的从收入到消费又到收入的反馈会无限期地继续，对收入的总效应，也就是乘数效应，可由如下过程得到：

$$\text{投资引起的收入最初增加} = \Delta i$$
$$\text{消费的第一轮变动} = MPC_1 \times \Delta i$$
$$\text{消费的第二轮变动} = MPC_2 \times \Delta i$$
$$\text{消费的第三轮变动} = MPC_3 \times \Delta i$$
$$\cdots\cdots$$
$$\text{最终增加的收入 } \Delta y = (1 + MPC_1 + MPC_2 + MPC_3 + \cdots\cdots)\Delta i \qquad \text{公式(1)}$$

由 $\Delta y = k\Delta i$ 可知，投资乘数 $k = \Delta y / \Delta i$，又由(1)式可以得到投资乘数为：

$$k = 1 + MPC_1 + MPC_2 + MPC_3 + \cdots + MPC_N \qquad \text{公式(2)}$$

乘数的这个表达式是无限等比数列(infinite geometric series)的一个例子，根据等比数列性质，(2)式可以写为以下结果：

$$k = 1/(1 - MPC)$$

或

$$k = 1/(1 - \beta)$$

式中，$MPC$ 和 $\beta$ 表示边际消费倾向。

显然，由于边际消费倾向不为负，所以 $k$ 是一个大于 1 的数，即乘数效应值。例如当 $\beta = 0.8$ 时，$k = 5$，其含义为投资每变动 1 个单位，就会使得国内生产总值变动 5 个单位。产生这种国内生产总值成倍增长的原因在于，国民经济是一个相互依存、相互联系的有机整体，国民经济某一部门产生的投资首先会增加本部门及本地区的收入，这是首轮或直接经济影响。首轮的投资产生的收入会进一步通过投入产出链，在其他部门或地区诱发第二轮、第三轮乃至若干轮的新的投资并产生新的收入，在国民经济各部门中引起连锁反应，从而增加其他部门的收入，即派生性影响或间接经济影响，最终使国民收入成倍增长。

## 二、经济效益

有研究认为奥运会对于举办国经济可能具有正面影响。体育赛事的支持者总是声称举办大型赛事的巨大经济效益。奥运会吸引了成千上万的现场观众和数以十亿的观众。而大型体育赛事对应税销售收入、就业、个人收入等重要经济变量的影响非常值得深入研究。

奥运会带动的新增就业机会主要产生在建筑业、制造业、商业、饮食服务业、旅游业等行业上。建筑行业是历届奥运会中受益最大的产业部门，几乎历届奥运会都在体育场馆建设和基础设施建设方面投入了大量的资金，建筑业发展获得了勃勃生机。奥运会的筹备和举办会吸引大量的旅游者，主要包括：奥林匹克大家庭成员（国际及各国体育组织官员、运动员与教练员、记者、赞助商等）、境外游客及主办城市地区以外的游客。

现代奥运会有力地推动了城市现代化进程。首先，现代奥运会是城市重要基础设施建设的重要推动力。其次，有利于改善主办城市的生态环境，促进城市的可持续发展。举办奥运会一般都对主办城市生态环境的改善有巨大的促进作用。

### 三、无形效益

民族自豪感和国家/城市形象的提升可被视作奥运会的主要效益之一。在很多情况下，举办奥运会为主办赛事的地区/国家带来无形的收益。而对这些无形效益的测量是具有相当高的难度的，并且，学术界对此也并未取得一致。首先，由于奥运会会提高劳动力幸福感，进而会带来生产力的提升。即无形的幸福感等还是很有可能造就有形的生产力和实际收入等。其次，很多人认为，举办奥运会的另一个主要无形效益是提升了国家/城市的形象，具有名片效应。为了观看奥运会，很多观众到访一个城市，之后很可能会再次到访，该城市的旅游业、酒店业的收入便会被带动起来。一个在国际上某些大不太知名的城市，也会因为其举办奥运会，而大大提高了知名度。进而，来该城市的访客人数获得增加。甚至，企业或许会将制造工厂和公司总部搬到奥运会的举办城市。还有，主办奥运会可能会改变人们对一个城市的看法，主观认为该举办城市已经是一个“世界级别”的城市。

## 第四节 奥林匹克运动在中国

### 一、北京2022年冬奥会的经济账

2008年北京奥运会是一次财政运营良好的奥运会。根据北京奥运会财务收支和奥运场馆建设项目跟踪审计结果显示：北京奥组委收入达到205亿元，较预算增加8亿元；支出达到193.43亿元，较预算略有增加；收支结余超过10亿元。收入的主要构成包括国际奥委会开发的市场收入和电视转播权收入中按协议分配给主办城市的部分，此部分收入约占奥组委收入总额的40%；奥组委根据主办城市合同，在国际奥委会授权下实施的市场开发收入，主要包括合作伙伴、赞助商、供应商等不同级别的赞助收入以及特许经营收入；门票、住宿、收费卡、利息、资产处置等其他收入。奥运会商业赞助包括四个级别：官方合作伙伴、官方赞助商、官方独家供应商和官方供应商。

通过奥运会的经济账可见，奥运赛事对城市发展等存在短期正向影响，然而，举办奥运会也对举办地带来多维度和综合性考验。总体而言，进入21世纪以来，关于奥运会的猛烈

批评似乎有点夸大其词。当然,相当多的建议值得引起国际奥委会、奥运城市、奥组委和当地政府的重视。正如前几章所言,预期收入方面,根据 2015 年签订的《主办城市合同》,北京冬奥会获得的分成预计约为 6.3 亿美元,较索契 2014 年冬奥会的 5.8 亿美元有所增长。除国际奥委会电视转播收入分成外,北京冬奥会预计国内赞助收入约为 6.68 亿美元,财政补贴为 1.2 亿美元,特许经营收入 1.22 亿美元,门票收入 1.5 亿美元,其他收入 1.4 亿美元,合计 12 亿美元(表 10-9)。

**表 10-9 北京冬奥会的预计国内收入** 单位:百万美元

| 收入来源 | 金额 |
| --- | --- |
| 赞助收入 | 668 |
| 特许经营收入 | 122 |
| 门票收入 | 150 |
| 财政补助 | 120 |
| 其他 | 140 |
| 总计 | 1 200 |

根据《北京 2022 年冬季奥林匹克运动会和残奥会申办报告》,2022 年北京冬奥会的费用如表 10-10 所示。

**表 10-10 2022 年北京冬奥会的费用** 单位:百万美元

| 活动 | 由奥组委承担 | 由主办城市政府承担 | 共计 |
| --- | --- | --- | --- |
| 开幕式 | 31.0 | — | 31.0 |
| 闭幕式 | 13.0 | — | 13.0 |
| 2018 年平昌奥运会闭幕式上的旗帜交接仪式 | 0.4 | — | 0.4 |
| 颁奖仪式 | 3.6 | — | 3.6 |
| 各奥委会代表的欢迎仪式 | 0.5 | — | 0.5 |
| 文化项目 | 9.8 | 11.2 | 21.0 |
| 火炬接力 | 11.6 | 3.4 | 15.0 |
| 城市活动和文化广场预算 | — | 90.0 | 90.0 |
| 教育项目 | 1.0 | 82.0 | 83.0 |
| 体育活动 | — | 50.0 | 50.0 |
| 总计 | 70.9 | 236.6 | 307.5 |

### 二、重视可持续发展

冬奥会的主要场馆设施包括了体育场、激流回旋的斜坡和下坡滑雪道、越野滑雪道、雪车和雪橇道以及室内冰场;奥运村、媒体中心、酒店和交通等相关基础设施。由于冬奥会与夏奥会相比规模较小、举办地的景观较为脆弱,各种比赛所需的场馆类型(从山区到城市冰场)缺乏一致性,将运动员和观众运送到偏远场馆使得后勤方面面临着挑战,所以冬奥会明显不同于奥运会。这里的关键问题是,冬奥会是否会对赛事举办中心区域的发展产生同样的影响,以及公共部门在规划和管理冬奥会方面的作用是否应顺应更多的新兴方式。

自洛杉矶1984年奥运会开始,奥运会之所以受到众多国家青睐,在很大程度上是因为引入商业元素保证了奥运会自身的可持续运行。2013年5月,联合国教科文组织(UNESCO)在柏林召开的世界体育部长会议,将可持续性问题列入部长宣言,旨在削减大型体育赛事规模,以保障赛事的可持续性及遗产的传承。国际奥委会于2014年底通过的奥林匹克新一轮改革愿景《奥林匹克2020议程》(*Olympic Agenda*),将可持续性列为奥林匹克运动改革的三大主题之一,国际奥委会强调"将可持续性融入奥运会的各个方面""将可持续性融入奥林匹克运动的日常运行",这样即以长期的战略性地位确保可持续发展,把可持续性融入奥运会举办的方方面面。

北京2022年冬奥会审慎对待"白象"问题。2020年5月15日,国际奥委会、国际残奥委会和北京冬奥组委向社会发布了《北京2022年冬奥会和冬残奥会可持续性计划》。该计划确定了"创造奥运会和地区可持续发展的新典范"总体目标,明确了"环境正影响""区域新发展""生活更美好"三个重要目标,提出12项行动、37项任务和119条措施,将贯穿于北京2022年冬奥会和冬残奥会赛事筹办全过程。

北京冬奥会秉持可持续发展的重要理念,北京赛区的竞赛与非竞赛场馆,一方面,继续使用2008年奥运会的场馆设施;另一方面,新建场馆又考虑赛事需求和赛后利用,以减少场馆建设的财务压力。北京2022年冬奥会在场馆规划设计和建设过程中考虑了场馆的赛后运营,部分赛后运营设施与冬奥会设施将同步建成,如北京奥运村的部分公寓、国家速滑馆西侧的部分地下车库等。由于这部分建造不直接为冬奥会赛事服务,相关成本不计入冬奥会总投资。

## 三、北京2022年冬奥会的新思考

随着中国体育产业的不断发展,管理结构发生了变化,社会资本发挥着日益重要的作用,出现了新的利益相关方,体育管理机构、社会社团组织、私营部门等的权力分享在一定程度上发生了改变。其中,筹办冬奥会的一个焦点是如何让更多的社会公众更广泛地参与进来,充分调动包括当地居民、社会资本以及环保、交通、安保、文化、教育等各部门在内的利益相关者的积极参与。同时,面临着如何更好地利用市场运作机制和使用哪些市场开发手段等问题。张家口和北京处于不同发展水平,对冬奥会的准备及反应程度不同。相较于北京,对于张家口而言,如何更好地利用这一机遇达到更为深远的地区发展目的值得深思。

北京冬奥会被纳入京津冀协同发展国家战略,有效推动了冬奥会与城市生态环境改善、经济发展和社会进步紧密结合,让城市发展有力保障冬奥会举办,举办冬奥会加快城市发展,奥运与城市良性互动、共赢发展。此外,响应《奥林匹克2020议程》,坚持节俭办赛,充分利用现有场馆、合理规划场馆赛后使用,以市场为主渠道筹措赛事运行资金,严格控制建设成本和办赛成本。

北京冬奥会给中国和奥林匹克运动留下了丰厚遗产。北京和张家口都从中受益：首先，扩大了北京，尤其是张家口的国际知名度和影响力，有利于京张体育文化旅游带建设及区域经济发展。其次，吸引了大量政府投资和社会投资于国家速滑馆、冬季两项中心、北欧中心跳台滑雪场等的建设，升级了北京、张家口的场馆设施和基础设施。北京和张家口冬季运动设施的完善吸引更多高端及各层次冬季运动赛事，从而提升了中国冬季运动的整体水平，并成立了雪车、雪橇、冬季两项等项目的国家队，今后将会逐步提升中国冬季运动的竞技水平。最后，带动大众了解、参与冬季运动；吸引青少年参与，增加冬季运动人才储备，促进中国冬季运动的发展与普及。

### （一）重视奥运遗产

奥运会往往会对主办地在体育、经济、社会、文化、环境、城市、区域发展方面产生影响，同时也会留下形式丰富的奥运遗产。欧洲和北美洲许多发达城市和国家在整个 20 世纪所建造的体育设施和基础设施让它们从 20 世纪 60 年代甚至到今天都可以再次举办奥运会。在申办阶段，北京和张家口即做出了“创造可持续遗产”的重要承诺。2019 年 2 月份发布的《北京 2022 年冬奥会和冬残奥会遗产战略计划》涉及 7 方面 35 个领域，可谓是做好冬奥遗产工作的行动指南。提出的任务目标有：创造体育遗产，包括冰雪运动普及发展、冬奥场馆、办赛人才、赛会运行组织、筹办知识转移等；创造经济遗产，包括冰雪产业发展、市场开发、科技冬奥等；创造社会遗产，包括推广健康生活方式、推动健康中国建设、推广志愿服务、建设包容性社会；创造文化遗产，包括文化活动、宣传推广、媒体与转播等；创造环境遗产，包括生态环境、可持续性管理；创造城市发展遗产，包括城市基础设施、城市管理、城市服务保障等；创造区域发展遗产，包括推动京张地区交通、环境、产业和公共服务等协同发展。

### （二）承担合理的成本

无论是否举办奥运会，特定的主办城市或国家均需投资城市发展或体育设施，以满足自身需要、增进人民福利（尤其是新兴国家），因此，不应把所有这些设施的成本都归于奥运会。根据党的十八大以来中央关于改进工作作风、反对铺张浪费、开创赛会新风的要求，改变了很多以往的办赛惯例，其中，“开创赛会新风”使得节俭办赛成为新风。在“节俭办冬奥”的目标下，奥组委在筹办工作中没有一味追求规模，北京市整体基础设施完善，节约了一大笔开支，除了举办奥运会必要的翻修成本外，其他成本不应纳入在总预算中。

### （三）树立对奥运会功能的合理预期

奥运会支持方不应该总是宣称奥运会会解决一个城市或国家面临所有问题。在这方面，例如促进旅游或提高体育活动参与等目标往往只能部分实现。应鼓励对已举办的奥运会开展科学研究。奥运会的成功举办，离不开当地社区支持下的奥组委的良好管理和有关当局的合理规划。在这方面，独立的国家（政府）监督和国际奥委会监督对奥运会可持续性及其正面遗产至关重要。

### （四）严格规范奥运会的预算体系

奥运会的预算决算往往差别很大，一是因为赛事支持者的乐观（想说服决策者）；二是因为编制申办预算是在比赛近八年之前。这意味着所涉及的成本和收入有极大不确定性。

预算是一种管理工具,随环境的变化及收入和支出的波动一起变化是正常的。由于涉及公共资金,为了更加完全有效,可以建立一个独立的财务控制机构来监督奥运会预算的执行情况,这样从申办阶段起至后冬奥阶段为奥组委和地方公共部门的管理提供保障。

思考题

拓展阅读

# 第十一章

# 体育产业政策

**【导　读】**

体育产业政策是指政府为了促进体育产业发展和实现体育发展的社会目标，主动运用各种策略手段，对各种体育产业活动进行干预而制定的各种政策的总和，主要包括结构政策、组织政策、发展政策等。体育产业政策最为实质的作用，是弥补体育领域“市场失灵”的缺陷；同时还有利于促进体育产业超常规发展、增强本国体育产业的国际竞争力、实现体育产业资源优化配置。

本章从有利于站在准确历史方位来审视现实和谋划未来，建构出符合新时代要求的政策集群的角度出发，对我国体育产业政策自身产生、发展的历程进行了考察。通过学习，应准确把握我国体育产业政策的变迁、各阶段的特点，准确解读2016年以来的主要体育产业政策。应通过学习认识到：我国体育产业政策的变迁，与改革开放后我国社会主义事业发展的整体脉络是一致的，充分反映了在中国共产党领导下，我国从建设体育大国到建设体育强国转变的历史进程；反映了党和政府对体育发展的高度重视，以及在制定体育产业政策时所秉承的实事求是、适应社会发展、统筹协调、以体为本等重要原则。本章还对美国、英国、德国、俄罗斯、法国、意大利、西班牙等欧美国家体育产业政策的主要特点进行了简要介绍，应本着学习借鉴的态度进行了解。

**【学习目标】**

掌握体育产业政策的概念、分类、作用机理，熟悉制定体育产业政策的原则；掌握我国体育产业政策的变迁、各阶段的特点，熟悉2016年以来的主要体育产业政策；了解欧美国家体育产业政策。

【思维导图】

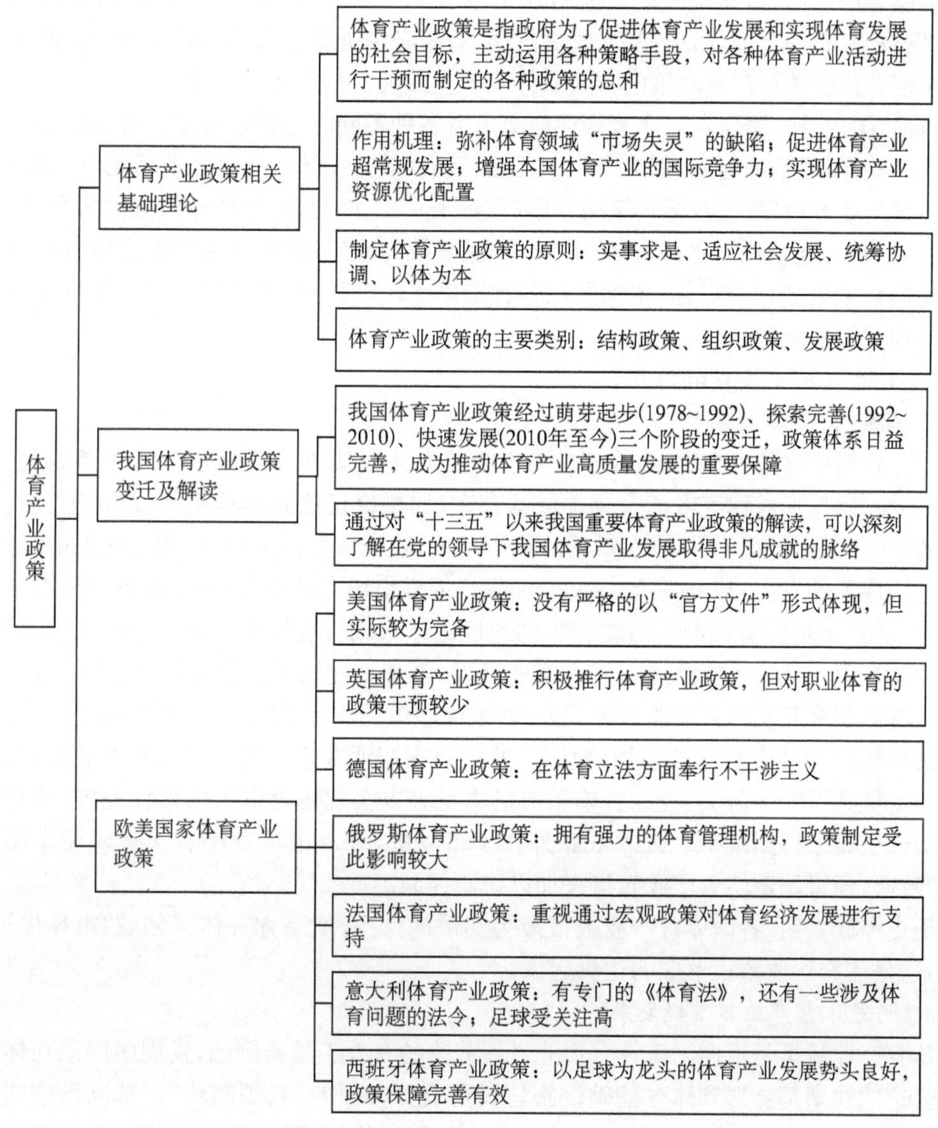


# 第一节　体育产业政策概述

## 一、体育产业政策的界定与作用机理

### （一）体育产业政策的含义

产业政策是指政府基于一定的经济和社会目标，对产业活动进行干预而制定的各种政策的总和。第二次世界大战后，在新的社会经济背景下，针对产业活动中出现的资源配置“市场失灵”等情况，进行了政策性干预，逐步形成了现代产业政策。

就体育产业而言，其发展不可能自动地或者完全靠市场机制作用自发地实现结构优化、比例协调、布局合理、组织完善、发展健康，政府必须进行适当的管理和调控。政府主要采用制定和执行体育产业政策的方式对体育产业发展实行必要的干预。

目前，国内外专家学者对体育产业政策有着各种不同的理解与界定。各种界定虽然在表述上有差异，但归纳起来，都含有以下元素：政府（政策主体）、体育产业活动（政策对象）、促进体育产业发展（政策目标）、策略手段（政策工具）。因此，综合产业政策的概念，以及体育事业发展的社会目标，本教材提出体育产业政策的界定：即政府为了促进体育产业发展和实现体育发展的社会目标，主动运用各种策略手段，对各种体育产业活动进行干预而制定的各种政策的总和。

（二）体育产业政策的作用

1. 弥补体育“市场失灵”的缺陷

产业政策形成的根本原因，在于政府有责任弥补“市场失灵”的缺陷，由于垄断、公共产品、外部性、信息不对称等市场失灵领域的存在，如果仅仅依靠市场机制，就无法避免体育领域的垄断、不正当竞争、体育基础设施投资不足、投资盲目且过热、区域发展失衡、忽视社会利益等现象的发生，甚至蔓延。例如，如果仅依靠市场力量投入，一些改革开放以来受益于优惠政策，市场经济体制相对较完善的地区由于市场资源要素充足，市场机制能够较好地调动及配置人、财、物资源进行体育产业开发；而那些边远省份及地区，则难以有充分的市场资源基础来开发体育产业。再例如，如果仅靠市场调节，资本的趋利性，会使得体育事业发展应承担的社会责任被忽视，我国一些项目在职业赛事发展快速发展的同时，已经出现社会责任感下降的苗头。总之，单靠市场本身难以实现体育资源的最佳配置，体育的社会公益性也难以得到维护。必须依靠外在于市场的，并对市场发展有宏观调控作用的力量，即政府，通过制定体育产业政策来加以协调控制。

历史经验表明，各国体育产业政策最为实质的作用，就是弥补体育领域“市场失灵”的缺陷，这是体育产业政策形成的逻辑起点。

2. 促进体育产业超常规发展

体育产业政策是贯彻国家体育产业发展战略的有效工具。例如，发展中国家在体育产业“起飞”的初期都会遇到体育基础设施建设薄弱等方面的“瓶颈制约”。基础设施建设的“外部性”较强，对整个体育产业发展具有重大的促进作用，但本身却投资巨大、营利性低、资本回收期长。在体育产业发展的“起飞”阶段，还存在着一个市场培育的过程，在这个过程中，部分领域盈利比较困难。仅仅依靠市场机制无法在短期内满足“起飞”所要求的条件，必须运用产业倾斜政策，聚集资本，加快“瓶颈”产业的发展，扶持部分对体育产业高质量发展有重要价值的产业领域度过市场培育期。例如，2014 年，《国务院关于加快发展体育产业　促进体育消费的若干意见》的发布，及后续一系列政策的出台，彻底激活了我国体育产业市场的潜力，鼓励社会资本进入体育产业、激活赛事转播权市场等措施，释放了体育在经济领域的巨大能量，体育产业规模和质量不断提升，体育消费水平明显提高，体育产业增加值的年均增长速度明显快于同期经济增长速度。

实践证明,体育产业政策是体育产业后发国家促进超常规发展,实现赶超目标的重要工具。

3. 增强本国体育产业的国际竞争力

体育产业的国际竞争力是建立在本国体育资源的国际比较优势、骨干企业的自主品牌建设能力、技术创新能力,以及国际市场的开拓能力基础之上的。产业政策对以上能力的促进有着重要作用。

例如,《国务院关于加快发展体育产业　促进体育消费的若干意见》中提出要完善创新驱动政策:"加强体育品牌建设,推动体育企业实施商标战略,开发科技含量高、拥有自主知识产权的体育产品。充分利用现有科技资源,健全体育产业领域科研平台体系,加强企业研发中心、工程技术研究中心等建设。支持企业联合高等学校、科研机构建立产学研协同创新机制,建设产业技术创新战略联盟。支持符合条件的体育企业牵头承担各类科技计划(专项、基金)等科研项目。完善体育技术成果转化机制,加强知识产权运用和保护,促进科技成果产业化。"近些年来,我国体育产业领域的创新能力不断提升,尤其是在体育用品领域,出现了一批具有国际竞争力的民族品牌,为消费者提供了专业化、高值感、国际化的商品。

实践证明,体育产业国际竞争力的增强很大程度上归因于体育领域的创新驱动政策。另外,体育产业政策促进体育产业的超常规发展也能提升本国体育产业的国际地位。

4. 实现体育产业资源优化配置

体育产业政策的根本任务和最主要作用是尽可能地实现体育资源的优化配置。体育资源的优化配置,包括资源在体育产业与其他产业之间的合理分配和有效利用、资源在体育产业内部不同领域、不同企业的合理分配和有效利用,这两方面分别是体育产业结构政策和体育产业组织政策的根本任务和主要作用。体育产业结构政策促进体育产业结构优化升级,促进体育产业结构的高度化和合理化,减少或避免资源的闲置和浪费;体育产业组织政策促进体育产业组织完善化,能够提高体育企业资源使用的效果。

历史经验表明,体育产业政策弥补市场失灵的缺陷,就是为了更好地配置资源;体育产业政策之所以能够促进超常规发展,首先是因为可以促进资源的优化配置。

## 二、制定体育产业政策的主要原则

### (一) 实事求是原则

制定体育产业政策,要坚持实事求是。其一,必须从体育产业发展现状及存在的主要问题出发,而不能从主观意愿出发,根据问题的实质和表现形式及其成因,有针对性地制定解决问题所要达到的目标,以及策略手段;其二,要因地制宜,我国幅员辽阔,各地经济、文化和风土人情不同,除了制定一些全国性的基础体育产业政策外,各地可根据具体情况制定一些地方性政策,以增强其针对性和实效性;其三,要切实可行,既不能好高骛远、不切实际,也不能出于决策者个人或群体的某种打算而降格以求。其中关键的是政策目标要有可行性,即有充足的社会资源(经济、人力、技术、信息和权力资源等)可资配置,且有占主导地位的可控环境条件的配合。

（二）适应社会发展原则

体育产业政策体系的设计，必须适应社会发展。其一，坚持改革创新，通过各种体育产业政策的制定，更好发挥政府作用，创新服务方式，营造竞争有序、平等参与的市场环境；其二，必须坚持开放的思想，要通过体育产业政策体系来扩大开放，以开放促改革、促发展、促创新，实现体育改革开放和体育产业化之间的良性循环；其三，必须摆正我国发展新的历史方位的科学定位——中国特色社会主义进入了新时代，制定体育产业政策时，必须深刻领会"新时代"的丰富内涵，肩负起新时代的历史使命；其四，充分发挥市场在体育资源配置中的决定性作用，培育和完善体育市场的运行机制，吸引多元投资主体，尤其是社会资本参与。

（三）统筹协调原则

制定体育产业政策，要立足全局，统筹兼顾。其一，坚持为人民服务的宗旨，统筹考虑体育产业和体育事业的关系，实现社会效益与经济效益双丰收，并把社会效益置于首要位置；其二，明确体育产业的内涵和外延，政策体系必须涵盖体育产业的各个主要门类和层次，尽量避免和减少遗漏及不必要的重复；其三，推进体育产业各领域，以及体育产业与其他产业的融合发展，积极拓展新业态，大力提升体育产业对经济社会发展的贡献率；其四，进行利益协调，充分考虑政策实施时所涉及的利益群体间的关系，消解政策可能引致的矛盾或者负面效应；其五，各项政策要衔接一致，力戒矛盾，使之形成一个配套呼应、秩序井然、上下统一的完整的政策体系。

（四）"以体为本"原则

制定体育产业政策，必须坚持"以体为本，全面推进"。"以体为本"在这里有两重含义：其一，体育产业特别是体育主体产业必须突出体育的特征，充分发挥体育的各种功能，使社会效益和经济效益相得益彰，把社会效益放在首位，更好地满足人们对体育的各种需求；其二，体育部门在发展体育产业时，特别是在这一过程中和其他部门打交道时，必须维护体育的特征和相对独立性，绝不能为了经济利益而破坏体育本身所应遵循的规则、伦理和价值体系。当然，"以体为本"不意味着将体育产业隔绝于社会经济发展之外，体育产业发展必须融入社会经济发展整体中去，与其他经济部门协调发展，体育产业政策的制定，要有利于推动体育产业成为我国经济转型升级的重要力量，有利于提高中华民族身体素质和健康水平，有利于满足人民群众多样化的体育需求、保障和改善民生，有利于扩大内需、增加就业、培育新的经济增长点，有利于弘扬民族精神、增强国家凝聚力和文化竞争力。

## 三、体育产业政策的主要类别

体育产业政策是包括体育产业结构政策、体育产业组织政策、体育产业发展政策等在内的一系列政策体系的总和。

（一）体育产业结构政策

体育产业结构政策是指政府依据体育产业结构演化趋势，为推进体育产业结构优化升级而制定的体育产业政策。体育产业结构政策的实质在于从推动体育产业结构的合理演进中，求得体育产业发展和资源配置效率的改善。体育产业结构政策按照政策目标和措施的不同，可以划分为多种不同的类型，主要有：主导体育产业选择政策、新兴体育产业扶植政策、衰退体育产业调整政策等。

体育产业结构政策除了具有体育产业政策的一般特征之外，与其他体育产业政策相比较而言，还存在以下特点。

1. 体育产业结构政策的目标是体育产业结构的优化升级

体育产业结构政策与其他的体育产业政策不一样，它的主要任务是按照体育产业结构变化的规律，调整不合理的体育产业结构，纠正失衡的比例关系，弥补短线体育产业，缩短长线产业，克服"瓶颈"制约，正确选择主导体育产业，扶植新兴体育产业，改造传统体育产业，淘汰落后体育产业，发展高新技术体育产业，提高体育产业发展的层次和技术水平，实现体育产业结构的合理化和高级化。

2. 生产要素在体育产业内合理流动是体育产业结构政策实施的关键

生产要素在体育产业之间的合理流动，对体育产业结构政策而言，具有特别重要的意义，是体育产业结构政策目标实现的必要条件。生产要素如果不能从传统体育产业、衰退体育产业、长线体育产业合理流向新兴体育产业、弱小体育产业、短线体育产业，体育产业结构政策将无法实施，体育产业结构就不可能实现优化升级。

3. 体育产业结构政策是具有战略性的政策

体育产业结构的变化是整个体育产业的基础性、深层次、长期性的质的变化，体育产业结构的优化升级是产业发展的重要标志和必要的基本条件，关系到产业的长期、协调、稳定增长。因此，以体育产业结构优化升级为己任的体育产业结构政策，对产业发展具有全局性、根本性的战略意义。

（二）体育产业组织政策

体育产业组织政策是指政府以获得理想的市场绩效为目标，对体育产业市场结构，以及市场行为进行干预的政策总和。体育产业组织政策存在不同的类型。

1. 以政策导向为标准

通常分为两类：一是鼓励竞争、限制垄断的促进竞争政策，目的是维护正常的市场秩序，具体表现为制定和实施反垄断法，或反托拉斯法及反不正当竞争的规定；二是充分利用专业化和规模经济的组织合理化政策，目的是限制过度竞争。

2. 以政策对象为标准

可分为两类：第一，市场结构控制政策，是从市场结构方面禁止或限制垄断的政策，如控制市场集中度、降低市场进入壁垒等；第二，市场行为控制政策，这是从市场行为角度防范或制止妨碍竞争情况、不公平交易现象以及诈骗、行贿等不道德商业行为发生的政策。

（三）体育产业发展政策

体育产业发展政策是指政府为了促进体育产业形成和发展而制定的一系列具体政策的总称。主要类型有：体育产业技术政策、体育产业布局政策、体育产业外贸政策、体育产业金融政策、可持续发展政策等。其中，技术和布局相关的政策是最核心的内容。

科学技术进步是推动体育产业发展的决定性因素。体育产业技术政策是政府对体育产业的技术进步、技术结构选择和技术开发进行的预测、决策、规划、协调、推动、监督和服务等方面的综合体现。主要内容包括体育产业技术发展的目标、主攻方向、重点领域、实现目标的策略和措施，是保障体育产业技术适度和有效发展的重要手段。

体育产业布局政策是政府为实现体育产业空间分布和组合合理化而制定的政策。体育产业布局的合理化，实质上是地区分工协作的合理化、资源地区配置和利用的合理化。产业布局政策既是体育产业发展政策不可缺少的重要内容，同时又是区域发展政策体系的重要组成部分。

与体育产业结构政策组织政策相比，体育产业发展政策具有综合性和多样性的特点。其一，广义的体育产业发展政策包含结构政策与组织政策，必须综合考虑、权衡经济性目标和社会性目标的关系和要求。其二，体育产业结构政策主要涉及体育产业结构的优化升级，体育产业组织政策主要涉及体育产业组织的合理有效化，体育产业发展政策则涉及体育产业形成和发展的各个方面，包括技术、布局、外贸、金融、发展战略和方式等，内容十分广泛多样。

## 第二节　我国体育产业政策

对我国体育产业政策自身产生、发展的历程进行考察，有利于站在一个准确的历史方位来审视现实和谋划未来，建构出符合新时代要求的政策集群。

### 一、我国体育产业政策变迁历程

我国明确提出发展体育产业，是在1992年的全国体育工作会议，也就是现在常提到的“中山会议”上。但是，发展体育产业的实践应该说始于党的十一届三中全会之后。从十一届三中全会至今，我国体育产业的发展大体上可分为三个阶段：体育产业的萌芽阶段(1978～1992年)、体育产业的探索发展阶段(1992～2010年)、体育产业的快速发展阶段(2010年至今)。我国体育产业政策变迁也经历了三个阶段。

#### （一）体育产业政策的萌芽起步(1978～1992年)

该阶段是我国改革开放、探索实践社会主义道路的重要阶段。虽未明确提出“体育产业”的概念，但在实践中已经出现了以开展体育经营活动为标志的体育产业业态。伴随着社会经济，特别是制造业的发展，以体育用品及相关产品制造业、体育竞赛表演业为代表，我国体育产业的发展开始起步。

1979年，中央批准了由国家体委、国家旅游局联合向国务院报送的《关于开放山区、开展国际登山活动的请示》，同意自1980年起，对外开放一些山区，以收费办法接待外国登山队来我国登山。该政策成为新中国成立以来第一个关于体育项目经营活动的规制政策。1980年，国家体委、财政部、国家劳动总局、文化部联合下发《关于充分发挥体育场地使用效率的通知》，允许体育场地面向社会组织电影、文艺演出等活动，并对票务收入等进行了规定。这是新中国首次允许体育场馆开展经营。1981年，国务院批转了《国家体委关于省、自治区、直辖市体委主任会议几个问题的报告》，提出要改变政府包办一切的做法，鼓励社会力量和群众自办体育，兴办各类民办体育。1983年，国家体委、财政部联合发布了《各级体委所属公共体育场所财务管理暂行办法》，国家体委发布《关于对群众自办武术馆和私人教拳加强管理的通知》，国务院批转《国家体委关于进一步开创体育工作新局面的请示》。这些政策文件从不同侧面鼓励有条件的体育项目或者体育场馆开展经营活动，支持社会力量自办体育。

随着改革开放的逐步深入，原有体制下那种过分集中于体委办体育，各级体委对体育事业的领导、协调、监督作用未得到充分体现等种种弊端逐步暴露出来；体育事业发展资金供给不足的矛盾也日益突出。在这种形势下，中共中央做出了关于进行体育体制改革的决定。1984 年，中共中央颁布了《关于进一步发展体育运动的通知》；1986 年，国家体委颁布了《关于体育体制改革的决定(草案)》。这两个重要文件的出台，推动了体育的社会化、科学化改革。

体育体制改革从两个方面加速了我国体育产业的初步形成。一是鼓励体育系统有条件的事业单位开展多种经营，扩大服务范围，积极增收节支，推动了体育场馆"以体为主、多种经营"方针的形成；二是促进了我国竞技体育的社会化。鼓励专业运动队与企业合作，提倡体育竞赛与经营活动联合进行，形成了"内引外联""体育搭台、经贸唱戏"的社会化特色。为了落实体育体制改革的精神，1987 年，国家体委发布《关于社会各行业与体委系统合办体育竞赛的管理办法》，鼓励、支持社会各行业提供经费与体委系统合办体育竞赛，包括各级体委举办的单项正式比赛，对社会赞助体育竞赛的冠名、奖励、广告等也首次做出了具体规定。

该阶段一个具有突破性的进展是体育彩票的发行得到批准。1986 年，国务院第 128 次常务会议批准有奖募捐活动，并要求从严控剂，只限于社会福利、体育等发展需要的，国家又拿不出很多钱支持的一些事业。

随着利用体育竞赛、表演活动开展广告宣传的企业越来越多，为了加强对体育广告的管理，国家工商行政管理总局和国家体委于 1986 年联合下发《关于加强体育广告管理的暂行规定》。针对执行过程中出现的一些问题，1987 年，国家体委办公厅又下发了《重申〈关于加强体育广告管理的暂行规定〉的通知》。为了促进通过体育广告和社会赞助活动筹集体育资金，推动社会力量办体育，1989 年，国家体委发布了《关于国家体委各直属企事业单位、单项体育协会通过体育广告、社会赞助所得的资金、物品管理暂行规定》。1992 年，国家体委扩大了原规定的适用范围，对立项申报、审批、管理、财务等也做出了进一步明确规定，发布了关于该规定的《补充规定》。

1985～1987 年，以长江漂流和黄河漂流为标志，我国民间户外运动掀起了一个今天依然难以超越的高潮。由于长江漂流共造成 11 人遇难，在社会上引起了一定的争议。1987 年 7 月，国务院办公厅下发《关于加强江河漂流活动管理的通知》，对江河漂流探险考察等科技、文化、体育活动提出"应从严控制，并严格履行审批手续"要求。

针对 1980 年起对外开放登山后在管理等方面出现的具体问题，1987 年，国务院办公厅、中央军委办公厅批准同意国家体委、总参谋部、外交部、国家旅游局、中国科学院《关于进一步加强对外开放山峰管理工作的请示》，决定由国家体委归口管理外国团队来华登山探险、攀岩等体育活动，山间旅游活动由国家旅游局统一安排。1991 年，经国务院批准同意，国家体委发布《外国人来华登山管理办法》，这是国家体委颁布的第 1 部关于体育经营活动的部门规章。1992年，国家体委、外交部联合下发《关于外国人来华登山签证发放办法的通知》。同年，海关总署下发《中华人民共和国海关关于境外登山团体和个人进出境物资管理规定》。这一系列规章、文件有效地规范了外国人来华登山活动。

总体而言，该阶段的主要特点有：第一，“以体育场馆改革为龙头，带动运动队和体育竞赛活动吸引社会资金”，它是体育界进行体育经营性活动的初步尝试。第二，允许或鼓励有条件的体育项目（登山、武术）开展经营活动，并出台了系列政策予以规范。第三，积极扶持社会力量和群众自办体育，作为对我国体育事业发展的重要补充。第四，政策内容调控面向日渐丰富，涉及体育广告、体育赞助、体育彩票等、社会力量举办体育竞赛、户外运动（漂流、登山）、体育企业管理等多个领域。第五，相当多的政策出台目的在于弥补体育事业发展资金不足，还不是严格意义上的体育产业，但这些政策的出台，为下一个阶段的政策探索打下了坚实的基础。

（二）体育产业政策的探索完善（1992～2010年）

该阶段是我国社会主义市场经济体制建立和社会快速发展的重要阶段。此间，我国体育事业、体育产业发生了翻天覆地的变化，体育产业政策在探索中不断完善。

以1992年邓小平视察南方谈话和党的十四大为标志，随着我国社会主义市场经济体制改革目标的确立，体育事业发展的社会经济环境发生了巨大变化。体育战线为建立与社会主义市场经济体制相适应的、符合现代体育运动发展规律的、国家调控、依托社会、充满生机与活力的体育体制和运行机制，加大了改革的力度。1992年6月，中国足协在北京西郊红山口（原八一体工大队所在地）召开工作会议（史称“红山口会议”），以改革为主题，决定把足球作为体育改革的突破口，确立了中国足球要走职业化道路的改革方向。1992年11月，国家体委在中山召开了全国体委主任座谈会（史称“中山会议”），学习邓小平视察南方谈话和党的十四大报告，探讨体育改革。在这次对体育改革发展具有转折性、历史性意义的会议上，把体育产业问题作为深化体育改革的一项重要内容列入议事日程。

1993年，全国体委主任会议上制定了《关于培育体育市场，加快体育产业化进程的意见》，提出体育事业要“面向市场，走向市场，以产业化为方向”的基本思路；1994年召开的体育经济问题研讨会和1995年全国体委主任会议，都把发展体育产业作为主题；1995年，国家体委下发了《体育产业发展纲要（1995—2010年）》，指出我国体育产业的3个类别，即体育主体产业、体育相关产业和体办产业；1995年，国务院发布了《全民健身计划纲要》，把全民健身作为整个中国体育工作的三个重点之一，提出要建立起社会化、科学化、产业化和法制化的全民健身体系的基本框架；1996年全国人民代表大会八届四次会议通过的《国民经济和社会发展“九五”计划和2010年远景目标纲要》进一步明确了体育要走“社会化、产业化的道路”。

在上述改革目标和基本思路的指导下，国家体委陆续推出了全国性单项协会实行实体化或项群管理、推进俱乐部的职业化、举办中国体育用品博览会，以及开放体育竞赛市场、发行体育彩票、成立体育基金会等具体措施。

国家体委在20世纪80年代后期就尝试进行单项运动协会实体化改革，1997年11月，在总结10年来运动项目管理体制改革实战经验的基础上，国家体委按“精简、统一、效能”的原则，撤销了具体管理运动项目的一、二、三司，组建和调整了9个运动项目管理中心，并颁布了《国家体委运动项目管理中心工作规范暂行规定》，将某些体育产业管理职能赋予运动项目管理中心。从而在运动项目管理体制上初步实现了政事分开、管办分离。到1998年共成立了20个运动项目管理中心。这些管理中心作为新旧体制变更时期的一种暂时过渡形式，在当时的时空背景下，较好地发挥了作为协会发展载体和依托的作用。

1998年4月，国家体委改组为国家体育总局，同年6月，《国务院办公厅关于印发国家体育总局职能配置内设机构和人员编制规定的通知》中，确定由体育经济司承担与体育产业相关的管理、服务等职能。2009年3月，国务院办公厅印发中央编委办公室《国家体育总局主要职责内设机构和人员编制的规定》，将体育经济司的有关职责修改为“拟订体育产业发展规划、政策，规范体育服务管理，推动体育标准化建设，负责体育彩票发行管理”。

1999年3月，第九届全国人大二次会议上的《政府工作报告》中提出要“积极引导居民增加文化、娱乐、体育健身和旅游等消费，拓宽服务性消费领域”，从倡导体育健身消费的角度肯定了体育产业发展的意义。2000年10月，中共十五届五中全会的《中共中央关于制定国民经济和社会发展第十个五年计划的建议》中指出，“引导文化娱乐、教育培训、体育健身、卫生保健等产业发展，满足服务性消费需求”，明确把体育健身作为一项产业，为体育产业的发展指明了方向。

在体育彩票规范化管理方面，1999年11月，国家体育总局发布《体育彩票财务管理暂行规定》；2000年9月，国家体育总局又发布了《中国体育彩票全民健身工程管理暂行规定》。

到2000年左右，我国体育产业已经突破了单纯创收增资和主要由体育行政部门一家办的模式，开始进行面向社会、多方位的开发，体育产业的格局初见端倪，形成了竞赛表演、健身娱乐等多种业态共同发展的态势。

2001年，北京赢得第29届奥林匹克运动会主办权，以及2008年奥运会的成功举办，实现了中华民族的百年期盼，各项体育事业的发展达到了新的历史高度，我国体育产业发展迎来了重大发展机遇。2002年7月，中共中央、国务院《关于进一步加强和改进新时期体育工作的意见》中明确提出要“大力发展体育产业，积极培育体育市场，为扩大内需、促进就业、拉动经济增长、实现现代化建设发展目标做出应有的贡献”。2008年9月，胡锦涛在北京奥运会、残奥会总结表彰大会上发表讲话，提出要“进一步推动我国由体育大国向体育强国迈进”，“要发展体育产业，引导更多社会力量兴办体育，促进体育事业和体育产业协调发展”。

2002年2月，国务院发布《奥林匹克标志保护条例》，进一步提升了对体育无形资产的保护力度。2006年9月，国家体育总局发布《关于对国家队运动员商业活动试行合同管理的通知》，指出运动员参与商业活动的核心价值包括其姓名、肖像、名誉、荣誉等无形资产，要求对国家队运动员的商业活动试行合同管理，并制定了相关细则。

国家体育总局于2005年和2007年先后召开了两届全国体育产业工作会议，分别提出了“体育产业跟群众体育、竞技体育，都是我国体育事业重要组成部分”，以及“体育产业绝不仅仅是体育部门自身所办的产业，而是作为社会经济生活一部分的体育产业，是全社会的体育产业”等重要发展思路。

2006年7月，国家体育总局颁布的《体育事业“十一五”规划》中明确提出“十一五”时期我国体育产业的发展目标，即要“初步建成与大众消费水平相适应，以体育服务业为重点，多业并举、门类齐全、结构合理、规范发展的体育产业体系，形成多种所有制并存、全社会共同参与、共同兴办的格局”。这标志着我国体育产业发展已进入新的战略机遇期。

与此同时，国家体育总局还开展了体育服务认证、全运会市场开发、体育服务标准化、体育产业统计、国家体育产业基地建设等多项体育产业相关工作，其中，2005 年，国家认证认可委员会、国家体育总局公布《体育服务业管理办法》。规定“国家实行统一的体育服务认证制度”。这是国家体育总局和有关部门联合发布的第一部体育服务业的技术政策文件，之后又陆续颁布了 26 项体育服务标准；2008 年，国家统计局和体育总局颁布了《体育及相关产业分类(试行)》，体育产业统计制度开始建立。

体育彩票管理工作进一步规范。2009 年 4 月，国务院第 58 次常务会议通过了《彩票管理条例》，条例加强了彩票管理，规范了彩票市场发展，维护了彩票市场秩序，保护了彩票参与者的合法权益，有效促进了社会公益事业发展。这是我国第一部关于彩票管理的行政法规。

税收政策逐步惠及体育产业。例如：2004 年，财政部、国家税务总局下发《关于调减台球保龄球营业税税率的通知》，决定“对台球、保龄球减按 5%(注：原为 20%)税率征收营业税”。

此阶段我国体育产业已初具规模，发展较快，体育产业政策具有以下特点。

第一，体育产业的主体地位正式确立。体育产业的基本概念和发展目标得以明确。体育产业政策的目标不再是仅仅着眼于弥补体育经费的不足，而是主要解决体育资源配置的效率与效益问题，即如何在体育事业发展中，切入产业运作方式，以完善运行机制。

第二，伴随着社会主义市场经济建设和体育体制改革的逐步深化，政府通过加快职能转变、建立与完善体育产业管理体制、规范体育市场、优化发展环境等方面促进了我国体育产业的发展。

第三，在 2008 年举办北京奥运会的积极推动下，政府以政策引导，通过体育竞赛表演业的发展，从而带动体育健身休闲、体育中介、体育培训、体育用品等市场的发展，初步构建了面向大众、以服务消费为主的体育市场体系。体育产业作为我国国民经济新增长点已初见端倪。

第四，体育产业政策层级和影响力明显提升，特别是进入 21 世纪后，许多政策由多个部委联合签署，预示着体育产业开始走出体育部门，在更广泛的领域产生作用。

第五，体育产业的政策体系初步形成。此阶段出台的政策既有综合性的政策，也有涉及不同内容、不同领域的政策。体育产业发展、结构等政策均有涉及。

第六，体育产业的标准化建设有序推进并取得重要成果。

(三) 体育产业政策的快速发展(2010 年至今)

此阶段迎来了我国全面深化改革的新时期。我国在坚持体育事业公益性、加快发展体育事业的同时，对发展体育健身市场、开发体育竞赛和体育表演市场、发展体育用品业等体育产业进行了积极探索，社会力量参与体育的热情不断高涨，国家也更加重视体育产业的发展，体育产业进入了由国家层面指导和引领的快速发展阶段。

2010 年，国务院办公厅印发《关于加快发展体育产业的指导意见》，提出了大力发展体育健身市场，努力开发体育竞赛和体育表演市场，积极培育体育中介市场，做大做强体育用品业，大力促进体育服务贸易，协调推进体育产业与相关产业互动发展等6项重点任务，并制定了7项发展措施，有力地引导和推动了体育产业的发展。这是我国首份在国家层面上对体育产业进行规划梳理，并提出目标任务的政策性指导意见。

2011年，国家体育总局发布《体育事业发展“十二五”规划》，明确了“十二五”时期我国体育产业的发展目标，即“扩大规模，优化结构，提高质量和效益，增强体育产业创新能力，推动建立和完善具有中国特色的体育产业体系，促进体育产业快速发展”。

同年，国家体育总局发布《国家体育产业基地管理办法(试行)》，对国家体育产业基地的概念和分类、设置原则、申报和审批、基地建设、管理和考核等做出了明确规定。

2012年，财政部、民政部、国家体育总局发布《彩票管理条例实施细则》。该细则为实施《彩票管理条例》提供了更为具体的操作指南，同时针对实施过程中的新情况、新问题提出了明确要求。

同年，国家体育总局印发《关于鼓励和引导民间资本投资体育产业的实施意见》，制定了14项吸引民间资本投资体育产业的政策措施，积极推动了体育产业的市场化、社会化。

同年，中国足球协会颁布《中国足球职业联赛管办分离改革方案(试行)》，进一步推进足球的职业化发展。

2013年2月，国家体育总局发布《经营高危险性体育项目许可管理办法》。同年5月，国家体育总局、人力资源和社会保障部、国家工商管理总局、国家质量监督检验检疫总局、国家安全生产监督管理总局联合发布《第一批高危险性体育项目目录公告》。同日，国家体育总局又下发了《关于做好经营高危险性体育项目管理工作的通知》。

2014年1月，国家体育总局和财政部颁布《关于推进大型体育场馆免费低收费开放的通知》，要求体育部门所属大型体育场馆应向社会免费、低收费开放，明确管理职责和保障措施。

2014年10月，《国务院关于加快发展体育产业促进体育消费的若干意见》出台，这是我国体育产业发展的里程碑事件。该意见以满足群众健身需求，提高全民族身体素质为出发点和落脚点，向改革要动力，向市场要活力，将全民健身上升为国家战略，倡导健康生活，助力经济发展，系统阐述了发展体育产业，促进体育消费的指导思想、基本原则、发展目标，主要任务和政策措施。该意见的出台，为体育产业的发展指明了方向，提供了保障。此后，各地方也纷纷因地制宜地制定了符合地方特色、可操作性强的实施意见。截至2015年底，全国31个省(区、市)按要求出台了实施意见，在全国掀起了发展体育产业的高潮。

《国务院关于加快发展体育产业促进体育消费的若干意见》出台后，涉及体育产业发展的相关规范性文件相继出台，发展体育产业的政策体系日益完善。

2014年底，《国家体育总局关于推进体育赛事审批制度改革的若干意见》《全国性单项体育协会竞技体育重要赛事名录》《在华举办国际体育赛事审批事项改革方案》等一系列关于体育赛事审批或举办的配套政策由国家体育总局发布。同年底，财政部和国家体育总局联合发布了《大型体育场馆免费低收费开放补助资金管理办法》，对相关补助资金的管理与使用进行规范，以提升资金使用效益。

2015年，国家统计局、国家体育总局出台了《国家体育产业统计分类》，将体育产业界定为“为社会公众提供体育服务和产品的活动，以及与这些活动有关联的活动的集合”；将体育产业分为 11 大类、37 个中类、52 个小类，较为全面地涵盖了体育产业各个领域，着力体现了体育产业与旅游、互联网、金融、信息服务、传媒、民族特色文化保护等业态融合发展的新趋势。

同年，国务院办公厅印发《中国足球改革发展总体方案》，这是中国足球改革与发展的纲领性文件，以总体要求、主要目标为大方向，通过对管理机构重新设计、职业俱乐部建设、完善竞赛体系、校园足球、社会足球、人才培养、国家队建设、场地建设管理、完善投入机制等涉及足球领域的各个层面的具体部署，为中国足球指明了前进方向。

同年，国家体育总局发布《体育场馆运营管理办法》，对体育系统各级各类体育场馆运营管理进行规范；财政部与国家税务总局发布《关于体育场馆房产税和城镇土地使用税政策的通知》，提到：对事业单位、居民委员会、村民委员会拥有的体育场馆进行补助，适当减免用于体育活动的房产、土地，免征房产税和城镇土地使用税。而对于经费自理的事业单位、体育社会团体、体育基金会、体育类民办非企业单位拥有并运营管理的体育场馆，在特定条件下，也可以对其用于体育活动的房产、土地，免征房产税和城镇土地使用税。

2016 年，是各种政策制定爆发的一年。这一年，国务院办公厅颁发《关于加快发展健身休闲产业的指导意见》，提出到 2050 年健身休闲产业总规模达到 3 万亿元。

同年，国家体育总局正式下发《关于加强国家体育产业基地建设工作的通知》，进一步扩展和理清了国家体育产业基地的概念体系，自此，“国家体育产业基地”不再是某一类基地的名称，而是作为此项工作的统称。

同年，国家体育总局与国家旅游局签署了《关于推进体育旅游融合发展的合作协议》，国家旅游局、国家体育总局共同印发《关于大力发展体育旅游的指导意见》，国家旅游局、国家体育总局等部委局发布《关于促进自驾车旅居车旅游发展的若干意见》。

同年，中共中央、国务院印发了《“健康中国 2030”规划纲要》，其中设有专门章节论述“积极发展健身休闲运动产业”的措施。

同年，国家发展改革委、国务院足球改革发展部际联席会议办公室（中国足球协会）、国家体育总局、教育部共同编制了《中国足球中长期发展规划（2016—2050 年）》《全国足球场地设施建设规划（2016—2020 年）》，足球改革进一步细化、具体化。“足球运动管理中心”撤销，中国足协与国家体育总局正式脱钩。

同年，国家体育总局发布了《冰雪运动发展规划（2016—2025 年）》《全国冰雪场地设施建设规划（2016—2022 年）》《群众冬季运动推广普及计划（2016—2020 年）》《水上运动产业发展规划》《航空运动产业发展规划》《山地户外运动产业发展规划》等一系列项目发展规划。

同年，国家体育总局《体育产业发展“十三五”规划》发布，提出了“十三五”期间我国体育产业发展的主要任务：优化市场环境、培育多元主体、提升产业能级、扩大社会供给和引导体育消费。同年，国家发展改革委、体育总局联合制定了《“十三五”公共体育普及工程实施方案》，提出支持农民体育健身工程项目建设，社区多功能运动场建设，鼓励有条件的地区建设滑冰场，滑冰馆和滑雪场，广泛动员社会力量，加快冰雪运动发展和普及等六大建设任务；同年，为推动京津冀健身休闲运动协同发展，国家体育总局、国家发展改革委、旅游局共同编制了《京津冀健身休闲运动协同发展规划(2016—2025年)》;国家体育总局公布了《竞技体育“十三五”规划》,明确表示,要以足球改革为龙头,加强对足、篮、排三大球等运动项目的研究和重点扶持。

同年,国务院印发《全民健身计划(2016—2020年)》,提出到2020年体育消费总规模达到1.5万亿的目。

同年,国务院办公厅印发了《关于进一步扩大旅游文化体育健康养老教育培训等领域消费的意见》,表示要大力促进体育消费、提高体育场馆使用效率,盘活存量资源、制定实施冰雪运动、山地户外运动、水上运动、航空运动等专项运动产业发展规划。

2017年,国家体育总局办公厅发布《关于建设运动休闲特色小镇建设工作的通知》,同时成立体育特色小镇基金;国务院办公厅转发的《境外投资指导意见》中,明确限制体育俱乐部的境外投资行为。

同年,在体育旅游方面,国家体育总局、国家旅游局联合发布《“一带一路”体育旅游发展行动方案》,国家发展改革委等14部门联合印发《促进乡村旅游发展提质升级行动方案(2017年)》。

同年,地方足协的脱钩改革陆续展开,例如,《北京市足球改革发展总体方案》中宣布北京市足协与北京市体育局脱钩,不设行政级别,在多方面拥有自主权。

同年,国家发展改革委等9部委印发《支持社会力量举办马拉松、自行车等大型群众性体育赛事行动方案(2017年)》的通知,大力支持群众性体育赛事的发展。

在2022年北京举办冬奥会的大背景下,针对冬季运动项目发布的引导和鼓励政策不断出台,2016年,国家体育总局与河北省政府正式签订《国家体育总局河北省人民政府合作发展冰雪运动框架协议》,《全国冬季项目体育竞赛管理办法(试行)》正式出台实施。

国家体育总局正式发布了《18项体育领域的国家标准》,这是一次性批准发布体育领域国家标准最多的一次,此次新发布的国家标准从基础通用到器材装备、从健身指导到设施配建,涉及内容广泛,旨在全方位支撑全民健身国家战略和体育产业发展。为落实国家标准化战略,加强体育标准化工作,规范体育标准化活动,发挥体育标准化工作在推动体育事业和体育产业协调发展中的作用,国家体育总局印发了《体育标准化管理办法》,同期,国家体育总局办公厅印发了《体育标准制修订工作实施细则》。该细则作为《体育标准化管理办法》的有效补充,明确了体育领域行业标准制定、修订实行年度立项制度。

2018年,国家体育总局等部委局联合印发了击剑、马拉松、自行车等运动项目的产业发展规划;年底,国务院办公厅发布了《关于加快发展体育竞赛表演产业的指导意见》,提出要“积极推进体育竞赛表演产业专业化、品牌化、融合化发展,培育壮大市场主体,加快产业转型升级。”

2019年,国家体育总局等十四部委下发了《武术产业发展规划(2019—2025年)》。

同年,由国家体育总局经济司指导,国家体育总局体育器材装备中心修订《体育产业统计分类(2019)》出台,并由国家统计局发布实施。

同年8月,国务院办公厅印发《体育强国建设纲要》,其中提出,要从打造现代产业体系、激发市场主体活力、扩大体育消费、加强体育市场监管等方面,加快发展体育产业,培育经济发展新动能。

同年9月，国务院办公厅发布《关于促进全民健身和体育消费 推动体育产业高质量发展的意见》，强化体育产业要素保障，激发市场活力和消费热情，推动体育产业成为国民经济支柱性产业。

为了贯彻党中央、国务院有关“放管服”改革的重大部署，按照开放办体育、全社会办体育的总体思路，促进并确保体育赛事活动规范有序开展。2020年1月，国家体育总局公布《体育赛事活动管理办法》。该办法强调，体育赛事活动应当坚持政府监管与行业自律相结合的原则，实行分级分类管理，加强事中事后监管，优化体育赛事活动服务。

同年9月，为推动我国马产业加快转型升级，促进一、二、三产业融合发展，农业农村部、国家体育总局联合编制了《全国马产业发展规划(2020—2025年)》。

为推动我国冰雪旅游高质量发展，助力2022北京冬奥会，2021年2月，文化和旅游部、国家发展改革委和国家体育总局共同研究制定《冰雪旅游发展行动计划(2021—2023年)》。

该阶段，党中央、国务院高度重视体育工作，在一系列体育产业政策的引领和指导下，体育产业得到了快速推动和发展，新业态、新商业模式等新情况不断涌现，体育产业的内容和边界不断拓展。本阶段体育产业政策具有以下主要特点。

第一，专门政策上升至国家层面。2010年国务院办公厅下发的《关于加快发展体育产业的指导意见》，是国家层面首次出台专门指导体育产业的政策性文件；2014年国务院《关于加快发展体育产业促进体育消费的若干意见》发布，这是目前我国针对体育产业的层级最高的专门政策。标志着我国的体育产业成为国家经济发展战略和产业政策的重要组成部分，开始进入加快发展的历史阶段。

第二，将体育产业的战略地位和意义，提升到了经济发展、体育改革和惠及民生这一新的高度。在促进经济发展方面，提出发展体育产业“有利于扩大内需、增加就业、培育新的经济增长点”，要“推动体育产业成为经济转型升级的重要力量”；在深化体育改革方面，提出了“进一步转变政府职能”“推进职业体育改革”“创新体育场馆运营化制”等一系列改革措施，进一步明确了深化体育体制改革的方向和任务；在保障和改善民生方面，提出了“将全民健身上升为国家战略”的重大决策。

第三，政策体系日益完善。特别注重围绕顶级政策，制定科学的配套政策和实施细则，使得政策目标更明确，措施更有力，各项政策的含金量、操作性大幅度提高。体育产业发展、结构、技术政策等在该阶段都有涉及，政策体系日益完备。

第四，体育产业政策总体上强调发挥市场在资源配置中的决定性作用和更好发挥政府作用，强调深化改革，简政放权，开拓创新，激发活力。

## 二、“十三五”以来我国主要体育产业政策解读

基于时效性考量，本教材选择对国民经济和社会发展“十三五”开局之年(2016年)以来的主要体育产业政策进行解读。

### (一)《中国足球中长期发展规划(2016—2050年)》

2016年4月6日，国家发展改革委、国务院足球改革发展部际联席会议办公室(中国足

球协会)、国家体育总局、教育部共同编制了《中国足球中长期发展规划(2016—2050年)》,从宏观上为2050年前的中国足球设置了权威的"路标"。

该规划在足球场地设施建设、优秀足球企业培育等方面提出了明确的目标和措施,并进一步明确加强足球事业发展的财政、金融、土地供应、规划、税费等保障力度。如"支持符合条件的足球用品、赛事服务等企业进入资本市场或发行债券""将足球场地设施建设纳入城乡规划、土地利用总体规划和年度用地计划",符合条件的足球领域社会组织、俱乐部广告费支出、捐赠等可以享受相关税收优惠。该规划还强调打造健康足球文化,提出通过加强诚信建设、发挥新媒体作用和足球志愿者的精神等举措,培育文明参赛、文明观赛的氛围,"让参与足球成为健康生活的重要方式"。

(二)《体育产业发展"十三五"规划》

2016年7月13日,国家体育总局正式发布《体育产业发展"十三五"规划》,提出要在坚持改革引领、市场主导、创新驱动和协调发展的基本原则下,实现体育产业总规模超过3万亿,产业增加值在国内生产总值中比重达到1%,体育服务业增加值占比超过30%,体育消费额占人均居民可支配收入比例超2.5%等目标。

该规划提出"十三五"期间主要任务是优化市场环境、培育多元主体、提升产业能级、扩大社会供给和引导体育消费,将竞赛表演业、健身休闲业、场馆服务业、体育中介业、体育培训业、体育传媒业、体育用品业和体育彩票作为发展的重点行业;并将稳步推进体育场馆运营、单项体育协会和职业体育等领域改革,推广"所有权属于国有,经营权属于公司"的分离改革模式,鼓励发展职业联盟。该规划还鼓励有条件的省市设立体育产业引导资金和地方体育产业投资基金。推广运用政府和社会资本合作模式(PPP),支持社会力量进入体育产业领域;还提出要落实文化、旅游等相关政策惠及体育产业,各地要把体育产业纳入各级国民经济和社会发展规划。

(三)《"健康中国2030"规划纲要》中与体育产业有关的政策

2016年10月25日,中共中央、国务院印发了《"健康中国2030"规划纲要》,从国家战略,经济社会发展的全局来推动整个健康事业、健康产业的发展,并通过健康事业和健康产业的联动发展,来改变中国经济社会发展中的一些关键问题,其中也为体育发展提供了很多机会。该纲要的第十九章"积极发展建设休闲运动产业"、第六章"提高全民身体素质"与体育产业直接相关,这是前所未有的力度,是推动中国体育转型发展的重要力量,体现了号召全民参与,多方协作推动大健康事业发展。

该纲要提出要积极发展健身休闲运动产业,要进一步优化市场环境,培育多元主体,引导社会力量参与健身休闲设施建设运营。推动体育项目协会改革和体育场馆资源所有权、经营权分离改革,加快开放体育资源,创新健身休闲运动项目推广普及方式,进一步健全政府购买体育公共服务的体制机制,打造健身休闲综合服务体。鼓励发展多种形式的体育健身俱乐部,丰富业余体育赛事,积极培育冰雪、山地、水上、汽摩、航空、极限、马术等具有消费引领特征的时尚休闲运动项目,打造具有区域特色的健身休闲示范区、健身休闲产业带。

该纲要提出要通过以下几个方面提高全民身体素质:一是完善全民健身公共服务体系;二是广泛开展全民健身运动;三是加强体医融合和非医疗健康干预;四是促进重点人群体育活动。第三点是其亮点,自发布后,"体医结合""体医融合""非医疗健康干预""运动处方”等成为研究热点,也成为实践热点,相关领域的产业化问题被提上议事日程,并在实践中有所探索。

(四)《关于加快发展健身休闲产业的指导意见》

健身休闲产业是以体育运动为载体、以参与体验为主要形式、以促进身心健康为目的,向大众提供相关产品和服务的一系列经济活动。健身休闲产业是社会公众参与体育最直接的领域,是体育产业的核心和基础,是体育全面发展的重要动力。为了进一步破解体制机制障碍,加快健身休闲产业发展,切实提升全民族健康水平和幸福指数,2016 年 10 月 25 日,国务院办公厅印发了《关于加快发展健身休闲产业的指导意见》。

该意见明确提出“到 2025 年,基本形成布局合理、功能完善、门类齐全的健身休闲产业发展格局,市场机制日益完善,消费需求愈加旺盛,产业环境不断优化,产业结构日趋合理,产品和服务供给更加丰富,服务质量和水平明显提高,同其他产业融合发展更为紧密,健身休闲产业总规模达到 3 万亿元”。

为了实现这一目标,该意见提出要在以下 6 个方面着力加以推动:①从普及日常健身、发展户外运动、发展特色运动、促进产业互动融合、推动“互联网+健身休闲”等五个方面展开,完善健身休闲服务体育。②从支持各类企业发展、鼓励“大众创业、万众创新”、壮大体育社会组织三个方面,提出了培育健身休闲市场主体的具体任务要求和扶持政策。③通过着力提升服务业比重,改善健身休闲产业结构,组织开展资源调查,支持各地打造各具特色的健身休闲产业,优化健身休闲产业结构和布局。④进一步完善健身休闲基础设施网络、盘活用好现有体育场馆资源、加强特色健身休闲设施建设,并明确相关税费优惠政策。⑤从推动转型升级、增强自主创新能力、加强品牌建设三个方面,对健身休闲器材装备制造业提出了具体任务要求。⑥完善消费政策,引导消费理念,改善健身休闲消费环境。

(五)《关于大力发展体育旅游的指导意见》

2016 年 12 月 22 日,国家旅游局、国家体育总局共同印发《关于大力发展体育旅游的指导意见》。

该意见提出,要坚持市场主导,政府扶持;坚持消费引领,培育主体;坚持强化特色,打造品牌;坚持加强监管,规范发展,加快形成结构合理、门类齐全、功能完善的体育旅游产业体系和产品体系。到 2020 年,在全国建成 100 个具有重要影响力的体育旅游目的地,建成 100 家国家级体育旅游示范基地,推出 100 项体育旅游精品赛事,打造 100 条体育旅游精品线路,培育 100 家具有较高知名度和市场竞争力的体育旅游企业与知名品牌,体育旅游总人数达到 10 亿人次,占旅游总人数的 15%,体育旅游总消费规模突破 1 万亿元。

该意见还提出,要加快体育旅游发展。一要引领健身休闲旅游发展;二要培育赛事活动旅游市场;三要培育体育旅游市场主体;四要提升体育旅游装备制造水平;五要加强体育旅游公共服务设施建设。

(六)《关于加快发展体育竞赛表演产业的指导意见》

2018 年 12 月 21 日,国务院办公厅发布了《关于加快发展体育竞赛表演产业的指导意见》。该意见的制定以解决实际问题为导向,从体育产业发展面临的实际问题出发,坚持市场驱动、融合发展、因地制宜的基本原则,强化相关政策措施的针对性和实效性。

为了实现目标提出以下措施:一是丰富赛事活动,完善赛事体系。大力发展职业联赛、引进国际重大赛事、引导扶持业余精品赛事、积极培育冰雪体育赛事，推动体育竞赛与文化表演互动融合。二是壮大市场主体，优化市场环境。支持企业发展，鼓励创新创业，充分发挥各类中介咨询机构的作用，引导大众树立更加积极的体育消费理念，改善消费条件。三是优化产业布局、加强平台建设。完善产业链条，形成行业配套、产业联动、运行高效的体育竞赛表演产业服务体系。健全产业标准，推动体育竞赛表演产业标准体系建设。加强对体育赛事相关权利归属、流转及收益的法律保护。

为了确保政策落实，该意见提出要强化协调配合，加强资金保障；继续推进体育赛事审批制度改革；建立覆盖竞赛表演举办机构、从业人员和参赛人员的行业信用体系；完善相关投入机制，引导社会力量参与。

### （七）《体育产业统计分类(2019)》

2019 年 4 月，国家统计局发布《体育产业统计分类(2019)》。此次统计分类是在 2015 版的基础上修订的。修订背景：一是国家对体育工作给予了高度重视，提出了新要求，产业发展迅猛，新业态、新商业模式不断涌现，体育产业的内容和边界不断拓展。二是《国民经济行业分类》标准发生了变化，2017 年 6 月，《国民经济行业分类》(GB/T 4754—2017)正式发布，原有的体育产业统计分类已经无法与新行业分类相衔接，也不能适应当前体育产业统计的需要。

《体育产业统计分类(2019)》延续了上一版的主要原则、方法和框架，其中含有大类 11 个、中类 37 个、小类 71 个。修订亮点及其预期作用有：一是立体构建体育产业体系和产业链、生态圈，有助于促进提升体育产业治理能力，形成拉动内需的新的经济增长点和动力源；二是突出体育竞赛表演活动和体育健身休闲活动中的运动项目特征，有助于更好地发挥体育核心资源的社会作用和经济价值；三是客观反映各级各类群众体育组织发展现状，有助于夯实和壮大全民健身活动的组织基础；四是展现健身休闲基础设施建设、运营探索新成果，可以为科学规划和统筹建设体育场地设施建设与管理提供参考；五是整合完善“体育经纪与代理、广告与会展、表演与设计服务”大类内容，使类别设计更加规范；六是明确了学校体育教育活动为体育产业统计的重要内容，可以为研究制定青少年体育促进政策提供必要的基础数据；七是因应快速发展的信息科技新形势，调整完善了互联网体育服务、体育智库等体育咨询服务内容；八是反映“体育＋”和“＋体育”的跨界发展新进展，在融合发展中推动创新体育经济新业态、新模式；九是展现科技助力发展体育新成果，引导科技创新在体育产品研发、设计、制造等方面的驱动作用；十是体育产业类别在国民经济行业分类中的渗透越来越多，体育产业在国民经济中的地位、作用日益凸显；十一是充分考虑新旧版本体育产业分类的有序过渡，保证了产业宏观数据的有效衔接。

### （八）《关于促进全民健身和体育消费　推动体育产业高质量发展的意见》

为贯彻党中央、国务院的部署和要求，进一步促进全民健身和体育消费、发展体育产业，2019 年 9 月国务院办公厅印发《关于促进全民健身和体育消费　推动体育产业高质量发展的意见》。

该意见提出了 10 个方面政策举措。一是深化“放管服”改革，释放发展潜能；二是完善产业政策，优化发展环境；三是促进体育消费，增强发展动力；四是建设场地设施，增加要素供给；五是加强平台支持，壮大市场主体；六是改善产业结构，丰富产品供给；七是优化产业布局，促进协调发展；八是实施“体育+”行动，促进融合发展；九是强化示范引领，打造发展载体；十是夯实产业基础，提高服务水平。

该意见的出台，对推动体育产业高质量发展至少有以下四个方面的意义：一是明确了产业定位，即推动体育产业逐步成为国民经济支柱性产业，强化体育产业的要素保障，让经常参加体育锻炼成为一种生活方式；二是明确了发展方向，聚焦促进体育消费和提高服务业比重，以达成体育产品的供给体系优质可及；三是提出打造京津冀等重点区域体育产业增长极，引导全国性体育组织落户河北雄安，在“一带一路”沿线国家组建体育产业联盟，举办体育赛事等一系列措施，把体育拉出了“小圈子”，将体育产业作为推动国家重大战略实施的重要抓手；四是明确了支持政策，提出了要深化全国性单项体育协会改革，完善赛事服务机制，发挥政府资金引导带动作用等一批管用实招，这样就可以为社会力量进入体育行业降低成本，让体育企业能够轻装上阵。

（九）《“十四五”体育发展规划》

国家体育总局并未专门编制“十四五”体育产业发展规划，但在 2021 年 10 月公布的《“十四五”体育发展规划》中设专门的章节，对“十四五”期间体育产业发展进行了谋划，强调从需求侧管理和供给侧结构性改革两端发力，以实现体育产业发展形成新成果的目标：体育产业高质量发展取得显著进展，产品和服务供给适应个性化、差异化、品质化消费需求，基本形成消费引领、创新驱动、主体活跃、结构更优的发展格局。体育产业总规模达到 5 万亿元，增加值占国内生产总值比重达到 2%，居民体育消费总规模超过 2.8 万亿元，从业人员超过 800 万人。

为了达成以上目标：一是要强化要素创新驱动，充分发挥科技、资本、人才、数据等核心要素在体育产业创新发展中的作用。二是要打造现代体育产业体系，加快形成以健身休闲业、竞赛表演业等为龙头、高端制造业与现代服务业融合发展的体育产业体系。三是要培育壮大体育市场主体，培育一批细分领域的“专精特新”中小企业、“瞪羚”企业和“隐形冠军”企业。四是要扩大体育产品和服务供给，大力发展运动项目产业，引导国有体育企业通过资本金注入、股权投资、资产重组、融资担保等方式做大做强。五是要深挖体育消费潜力，通过各类赛事活动拉动节假日消费和夜间经济，积极培育定制、体验、智能、时尚消费等新模式新业态，促进体育服务消费提质扩容。六是要推动体育彩票安全健康持续发展。七是要加强体育市场监管。

该规划还提到要在体育产业发展中，着力推进竞赛表演产业升级、户外运动产业培育和体育项目标准化建设等重点工程。

## 第三节　欧美国家体育产业政策

### 一、美国主要体育产业政策

美国作为全球体育产业最为发达的国家，体育产业起步较早。由于美国奉行自由市场经济体制，因而并没有严格的以“官方文件”形式体现的体育产业政策，但美国存在着事实上的、非常完备的体育产业政策体系。主要体现以下几个方面：

（一）推动大众体育普及，促进健身休闲产业发展

美国政府没有明确的体育管理部门，与体育相关的管理事务分布在多个部门中。其中：与大众体育、学校体育有关的政府部门包括卫生与公共事业部（制定大众健康政策、大众体育活动标准等）、内政部（管理户外运动休闲场地）、教育部（保障学生的体育娱乐活动）等；总统健康与体育委员会作为咨询机构，负责提出大众体育政策，以及大众体育活动评价标准。

长期以来，美国政府在兴建公共体育文化设施等方面持积极态度，且在实质上承担了大量的日常维护费用，公共体育设施的兴建为体育产业发展提供了良性的物质基础。20 世纪 30 年代后，为了应对“经济大萧条”，政府投资兴建公共体育设施，以增加就业，拉动需求，成为罗斯福新政的举措之一。20 世纪 60 年代后，美国政府推出以教育和健康为主要内容的“伟大社会”计划，在居民社区修建了大量的健身休闲设施。20 世纪 70 年代以后，美国政府通过大众体育锻炼标准、大众健康行为调查等的政策的制定和实施，进一步推动了大众体育的普及。在此过程中，美国的健身休闲产业得到了快速发展。美国政府每年为公共体育设施提供的财政补贴，有效地减轻了健身休闲产业运营的成本压力，实质上成了美国政府促进健身休闲产业的扶植政策。

（二）保护职业体育，促进体育竞赛表演产业发展

19 世纪末，美国工业从自由竞争阶段推向了垄断阶段。大企业联合的托拉斯，由于其形成的市场势力和用的竞争手段，对农民和工人利益造成严重侵害，严重挤压同业中小企业的生存空间，造成大量中小企业倒闭。对此，美国掀起了全国范围的反托拉斯运动。从 19 世纪末，到 20 世纪 50 年代，美国通过一系列法令，逐步强化和完善了反托拉斯政策法规体系。

尽管反垄断法规调整的对象非常广泛，但美国国会和最高法院认为，有某些行业不应受到其约束，其中包括体育运动。为了有效推动了竞赛表演产业的发展，美国政府对作为其核心产业的职业体育实施反垄断豁免，涉及政策法规主要有：《反垄断法》《税法》《劳工法》《版权法》《体育反托拉斯转播法案》等。主要涉及的豁免领域有：职业体育联盟内部运动员自由流动权利、竞技体育竞赛表演活动电视转播权转让、职业体育联盟内部俱乐部进入和推出机制等。政策的实施，赋予了各职业体育联盟独立制定各项规则，以及市场运作的极大权力，有力的推动美国体育竞赛表演业，尤其是职业体育的发展。

需要指出的是，虽然美国对体育进行反垄断豁免，但并不意味着具体落实到某一职业俱乐部、某一运动员个体或是某一经济活动时，可以不受美国主要法律法规，以及地方州政府的代理法、合同法、劳资法、劳动关系法、人权基本法、反对年龄歧视法、残疾人保护法以及商标，服务品牌和许可证法等法规限制。

（三）促进体育产业结构优化，提升体育服务业比重

第二次世界大战结束后，至 1970 年，作为制造业发达国家，美国为世界各国提供着大量的产品和技术装备。但随着劳动力，及机会成本愈来愈高，低端制造业向发展中国家转移，成了“去工业化国家”。作为劳动密集型行业，在体育用品及相关产品制造生产过程中，美国只提供产品的技术设计，获得高附加值。美国在转移体育用品制造业的同时，大力发

展体育服务业，实现体育产业结构的优化升级，以四大体育职业联盟为典型的体育服务业对 GDP 的贡献快速增加。

（四）采取措施，限制外来体育文化

以国家利益和国家安全为前提，美国制定相关政策，采取措施，限制外来体育文化接入。

20 世纪 50 年代，为了对体育文化用品产业中的弱势项目生产进行有效保护，美国政府在与其他国家签署体育产业国际贸易促进协议时，坚持在原则上不允许进口外来体育文化用品终端产品，只允许进口待加工生产的体育文化用品原材料及散件。

随着时空环境的变化，到了 20 世纪 70～80 年代，美国的体育文化产品生产逐渐强势，大量相关出口至国外，其在体育文化用品国际贸易中出现顺差。美国又以捍卫 WTO 原则为借口，对其原有政策条款又进行了修改，大肆宣扬“自由贸易”，在把体育文化用品研发的核心技术控制在美国本土的前提下，鼓励在其他国家生产相关产品，然后进入美国市场。

2000 年，受美国政府委托，美国多所大学联合发布《体育产业维护国家利益蓝皮书》，其中将国家利益分为四个档次。其中在“三级利益”方面，指出要利用体育文化促进西半球各国社会多元化的和谐发展，在“四级利益”方面，规定了体育文化制度的市场化发展措施，以及国际交流扩散等问题。这些利益构成了美国体育产业政策修订的核心依据。

整体而言，美国对待外来体育文化的态度，主要以其自身利益为依归，在实力相对弱小时采用保护措施，在实力增强后，则借口国际规则，挥舞“自由贸易”大棒，支持在国外进行代工，产品回输国内，以降低成本，扩大本国体育文化影响力。

（五）利用税收、政府扶持等措施对体育产业进行支持

首先，采取灵活的体育产业税收政策。例如，美国各州政府相继推出了对非营利性体育文化机构、体育产业创新发明单位，以及诸如残疾人的体育消费产品等公益性体育产品生产部门，实行财产税、销售税或其他税种的减免政策；美国还规定，投资体育产业、赞助体育的企业均可获得国家免税。通过以上措施，降低了体育产业部门的运营压力，吸引了投资，为体育产业发展提供持续动力。但美国政府对体育产业并非全部采取实行税收减免，对于能够创造巨额利润的体育产业部门，不但不给予任何优惠，反而还提高了企业所得税。

其次，对体育产业部分领域进行扶持。20 世纪 60 年代中期，美国国会颁布了《国家文化发展基金法》，设立国家体育文化基金会和国家体育事务发展基金会，明确提出这些基金会每年必须支出一定比例的金额支持体育产业的发展。美国政府还十分重视对体育产业部门实行创新性支持，重点是对那些发展缓慢且又不可缺少的传统体育项目企业，通过政府的支持，使其得以渡过难关。美国许多州的政府积极扶持体育会展业发展，别是对一些知名度较高的展览尤其重视。

当然，美国的体育产业政策不仅限于上述方面的内容，还涉及其他许多领域，包括近年来日益受到重视的体育无形资产保护政策、风险投资政策、体育经纪人政策等。

## 二、欧洲代表性国家主要体育产业政策

### （一）英国体育产业政策

英国体育产业虽然起步最早，但发展速度较为缓慢，直至 20 世纪 50 年代后才逐步奠

定在国民经济中的重点产业地位。第二次世界大战后，世界各国全面进入经济快速复苏期，英国政府开始关注并积极采取体育产业政策。主要体现在以下方面。

其一，为体育产业提供有效的组织保障。英国专门成立了管理体育事业的中央部门——文化、媒体与体育部，该部由国务秘书领导，体育大臣专项负责，其最突出的两项使命就是深入传承运动遗产，鼓励更多的人参与到体育运动中来，它的主要职责包括开发高水平赛事，管理体育基金、税收，开展体育教育等；英国体育理事会是负责管理全国大众体育、竞技体育，及分配和管理政府体育经费等相关事务的全国性体育社团，并在全国各郡、市设有分支机构，以负责管理地方体育事务。

其二，为体育产业的发展提供财政、税收减免支持。英国政府的财政支持主要通过两种方式实现：一是地方政府的直接投入，这些投入主要用于地方体育基础设施的建设等，从而确保了体育基础设施能够满足英国公众参与休闲体育活动的基本需求；二是全国性体育彩票的支持，英国的全国性体育彩票创立于 1995 年，体育活动是主要的利益获得者，所获资金主要用于运动员训练的资助及重大赛事的承办等方面。税收减免主要针对非营利性特别是具有慈善性质的体育组织实施，得到慈善委员会批准、确认为慈善活动的体育比赛组织机构，其收入免税。

其三，鼓励通过赞助等手段筹集资金。20 世纪 90 年代，英国开始实施政府、地方和企业赞助各承担 1/3 的体育运动资金筹集政策。英国政府还通过实行体育“配对计划”，帮助体育组织获得赞助，即：政府拿出资金，对某项体育比赛活动获得的赞助商赞助经费进行等额配套。同时，英国还颁布了“强制竞争投标法”等法律提供相应的支持。

其四，重视大众体育和青少年体育发展。英国通过制定大众体育和青少年体育发展政策，在普及推广大众体育和青少年体育的同时，拉动体育消费、促进体育产业发展。1995 年，英国政府公布《体育：提高游戏》等政策，以扶持大众体育；2002 年英国政府出台了《政府的体育运动和体育的活动目标的战略：游戏计划》，提倡大众体育和竞技体育并肩同行，“双轨”发展体育；2004 年，英国体育理事会制定了《体育与休闲活动的空间规划》；2007 年该理事会又出台了以全面推进青少年体育锻炼为目标的青少年体育发展 10 年规划。上述政策促进了国民身体素质的提高，也促进了体育器材、服装，以及体育场馆设施建设、运营与服务等体育产业也起到了很大的促进作用。

其五，体育商业活动根据限制竞争原则得到政策豁免。英国体育产业政策在发展中主要依托《竞争法》和《消费者保护法》。于 1956 年通过的《限制性行为法案》，几经修改，于 1998 年形成了《竞争法》。由于以公共利益为主，符合限制竞争的基本原则，有相当多的体育商业活动得到了豁免。

其六，较少对职业体育进行政策规制。例如，在职业足球领域，英国政府并不过多地进行政策规制，而是遵循市场经济原则，以适当的政策调节，及在场馆建设、安保等方面提供支持，为职业足球产业的发展服务。

### （二）德国体育产业政策

德国体育在世界上具有重要地位，其体育产业发展也比较迅速。德国在体育政策方面奉行不干涉主义，主要体现在以下几点。

其一，重视大众体育的发展。20 世纪 60 年代起，联邦德国政府在全国实施体育“黄金计划”，通过体育基础设施建设的大力推进，支持、推动大众体育的发展。20 世纪 90 年代，德国统一后，政府推出了“东部黄金计划”。2006 年，管理和促进体育发展的最高组织机构——德国奥林匹克体育联合会，经整合相关组织后成立，继续实施“黄金计划”，以及“德国体育奖章”制度。以上举措，为培育体育市场，加快发展体育产业提供了较大的助力。

其二，为健身休闲业的发展提供税收减免。1990 年，德国政府颁布了《向体育俱乐部提供援助法》，对非营利性的体育俱乐部和体育协会实行减税，并无偿或以很低的价格使用公共体育设施；而营利性的私人体育健身俱乐部，每月利润额低于 7 500 马克部分，也可以享受免税待遇。上述政策，巩固了健身休闲业作为德国体育产业的支柱产业之一的地位。

其三，制定有利于职业体育持久与健康发展的政策。例如，德国政府对职业足球的管理，并不一味地推崇市场化，而是倾向于以有利于其长期和健康发展的政策供给，为其创造一个永续发展的良好环境。

其四，重视体育产业投资风险防控。德国政府采取制法、修法，推出体育产业风险投资计划等措施，为体育产业风险投资创设一个相对稳定可控的外部环境。

(三) 俄罗斯体育产业政策

俄罗斯是世界体育强国，拥有强力的体育管理机构。2002 年，建立隶属于总统的“总统体育委员会”，总统普京亲自担任主席；2004 年，俄罗斯国家体委变成联邦体育、运动与旅游署，政府在体育事务中的权利扩大，俄罗斯奥委会的地位有所下降。

在这种体育管理体制下。体育产业政策有其特点，主要体现在以下几点。

其一，实施税收鼓励。以总统令的形式，对体育产品、器材生产企业实施减、免税政策；以政府令的形式，对运动员产品代言、获奖收入等采取免税政策。

其二，优先支持竞技体育产业发展。例如，给予冰雪运动等优势竞技体育项目以充分的资金支持；开设专项资助各项体育运动发展的贷款机构，为运动员参加国际比赛提供资金支持。

其三，加强体育场馆设施建设。2006 年，俄罗斯出台了《2006—2015 年俄罗斯体育运动发展计划纲要》，确定了财政优先方向，大力支持学校体育、社区体育、高水平竞技体育相关的场地设施、体育中心建设，加强体育对健康生活方式的宣传。

其四，重视发展中小型体育企业。2010 年，俄罗斯体育旅游部颁布《体育与旅游中小企业发展纲要》，其重点是简化用地分配，完善体育、旅游中小企业法规；提高教师职业水平，保障体育、旅游中小企业发展；创立长期租赁公司以实现体育、旅游设备器材的国家购买；制定统计方法，完善体育、旅游中小企业服务监督评价。

(四) 法国体育产业政策

法国政府重视通过宏观政策对体育经济发展进行支持，这是法国在发展体育产业方面有别于其他欧美国家的一个重要特点。主要体现在以下几点。

其一，政府支持，提供政策保障。为了提高体育运动水平，法国采取了一系列措施，如制订国家关于发展体育的各项政策法令，健全政府体育机构，加强学校体育和业余训练，改组体育学院，把高水平运动员(即国家队)的训练放在法国国立体育运动学院，使训练、教学与科研密切结合。这些举措为法国体育人口的壮大奠定了良好的基础。

其二，体育外交，拓展海外市场。法国政府坚信，体育不仅是提升国家影响力的手段，同时也是重要的经济增长点。2014 年初，法国出台《体育外交行动计划》，旨在通过体育，促使法国在国际上施展影响力、体现竞争力和创造就业。帮助法国企业进入海外体育市场。

其三，支持业余体育俱乐部等社区公共服务发展。1901 年，法国颁布《非营利社团法》，根据其确定的相关原则，作为一种“社区公共服务”的业余俱乐部，经过合法申报、公布，即可自由成立，但不能以盈利为目的。在法国，每个社区都拥有至少一家业余足球俱乐部，社区里的成人和儿童就能在自己家门口选择加入一家业余俱乐部，完全不必担心没有场地的问题。并且业余足球俱乐部的注册费用是各类运动中最低的。

其四，对职业体育减免税。针对职业体育的发展，法国还制定了特殊的减免税政策，例如：职业体育俱乐部上市后的 3 年以内，可享受 30％的税负减收优惠。

### （五）意大利体育产业政策

意大利体育较为发达，尤其是足球的影响力较大。在对体育运动的法律和规则、制度方面，意大利有专门的《体育法》，还有一些涉及体育问题的法令。其体育产业政策的特点主要体现在以下几点。

其一，体育产业管理主要依靠俱乐部。全国最高的体育管理机构为意大利国家奥委会，其负责全国体育事务的间接管理；意大利体育产业的活动的直接管理主要依靠各个俱乐部。

其二，重视职业体育的发展。1981 年，意大利颁布了世界上第一个职业体育运动法律——《职业运动法》，作为相关职能部门对运动员进行管理的主要法律依据。该法规定，对认定为对“体育违法”负有直接责任的俱乐部，可处以“降级、取消参赛权、降入相关体育协会指定的低等级联赛等”的处罚。

其三，确立体育彩票业为体育支柱产业的地位。意大利体育发展资金重要来源为体育彩票收益，政府对体育彩票收入征税。意大利的彩票业既严格按照法律进行管理，同时，也受到法律的监督和保护。意大利颁布的《博彩活动规范》中规定：由意大利奥委会组织和管理“与意大利足球联赛有关的预测性竞猜”，以及意大利奥委会自己组织的与体育运动相关的所有彩票活动。1957 年公布的第 16781 号内阁法令规定，由意大利奥委会代表国家负责对“三合彩”的管理。意大利奥委会将从彩票所获得的收入用于资助所有单项体协及其他有关体育组织。意大利国家彩票由国家委托财政部归口管理，由私人促进团体具体实施。通过体育活动发行的国家彩票对某个特定的项目给予支持，如赛马、足球联赛、汽车大奖赛、海上帆船大赛、湖面帆船大赛、意大利马拉松赛等都可发行国家彩票。

其四，对相关利益方进行债务减免或税收减免。意大利政府制定法案，对竞技体育产业部门课以较低的税负；对企业向运动员或体育组织提供赞助的额度，均免征所得税。

### （六）西班牙体育产业政策

西班牙体育不仅仅是一种文化，更是整个国家的重要经济支柱，以足球为龙头的体育产业发展势头良好。其体育产业政策的特点主要体现在以下几点。

其一，大力提倡大众体育。政府大力提倡“无例外运动”，号召全体民众参加体育活动，延年益寿。西班牙各自治大区在群众体育发展上相对独立，但就组织、管理而言，有其共性：一是通过私人企业、私人协会组织的俱乐部促进群众体育发展；二是通过各级政府组织体育文化下属的文化中心推动群众体育的发展。

其二,鼓励学校体育开展。在学校体育方面,对各类学校来说,体育都是必修课,鼓励“集体性体育”行为。要求每个小学、中学都必须配备符合标准的室外和室内球场,无论城乡,体操馆、健身房、塑胶场地等,学校都应具备,良好的运动环境对儿童有很强的刺激和鼓励作用。大众体育和学校体育的鼎力支持和协作,使西班牙体育后备人才基础坚实。

其三,鼓励俱乐部发展并对其进行监督。1990 年,西班牙颁布的《体育法》中指出:鼓励建立各种新型俱乐部,尤其是鼓励建立青年体育俱乐部;在俱乐部的基础上建立有一定责任限制的联合会,组建职业运动队,并使这些运动队能够作为商业性的运动队参加正式比赛;尽管单项协会被认为是私人组织,但仍须对其活动实施监督;对那些具有法律地位、独立经营、有权组织比赛、有权在下属俱乐部推广各种运动项目的职业体育组织实施监督。

其四,鼓励体育俱乐部走上股份公司道路。当前,所有西班牙体育俱乐部的发展趋势是股份制体育公司。为了参加国家级水平、具有职业性质的正式体育竞赛而组建的职业俱乐部,以及多数开展职业联赛的项目,均已进行了股份制改革。同时,国家也鼓励其他有条件的俱乐部逐渐走上股份公司的道路。体育股份公司有其鲜明的特点,通常为无限责任公司,并可以上市,其登记和设立的程序,除应符合西班牙《民法》及《股份公司法》的规定外,还要符合体育法的特别规定。

思考题

拓展阅读

# 主要参考文献


[1] 艾媒网. 2019中国她经济发展现状与用户行为分析[EB/OL]. (2019-12-22)[2020-12-23]. https://www. Iimedia. cn/c1020/67344. html.

[2] 鲍明晓,林显鹏,刘欣葵. 奥运举办城市体育场馆的建设、运营与管理[J]. 体育科研,2006,5:1-10.

[3] 鲍明晓. 我国体育经济学研究的九个热点[J]. 体育文史,2001(1):20-21.

[4] 陈爱辉. 我国体育产业政策变迁的研究[D]. 北京:北京体育大学,2015.

[5] 陈诗一,刘文杰. 为什么要素市场化配置对经济高质量发展如此重要? [J/OL]. 财经问题研究:1-11.

[6] 陈文倩. 我国职业足球俱乐部股权结构改革研究[C]. 第十一届全国体育科学大会论文摘要汇编,2019:4266-4268.

[7] 陈荫生,陈安槐. 体育大辞典[M]. 上海:上海辞书出版社,2000.

[8] 陈元欣. 大型体育场馆投融资实务[M]. 北京:北京体育大学出版社,2012:44.

[9] 丛湖平,郑芳. 体育经济学[M]. 北京:高等教育出版社,2005.

[10] 丛湖平,郑芳,童莹娟. 我国体育产业政策研究[M]. 杭州:浙江大学出版社,2014.

[11] 崔乐泉. 体育史[M]. 北京:高等教育出版社,2018.

[12] 德勤. 中国足球协会超级联赛2019赛季商业价值评估白皮书[EB/OL]. (2020-07-31)[2021-10-17]. http://data. eastmoney. com/report/zw_industry. jshtml? encodeUrl=p3DsMM3jQ9k+ofM/cZeE8jdUWQPaiXH8mo1UyGDydzE=.

[13] 东方证券. 健身行业:需求方兴未艾,未来有望蕴育产业巨头[EB/OL]. (2019-08-30)[2021-11-17]. https://robo. datayes. com/v2/details/report/1840316? tab=original.

[14] 东莞证券. 健身行业深度报告:健身需求有望上升,产业链发展可期[EB/OL]. (2020-11-28)[2021-09-16]. https://robo. datayes. com/v2/details/report/4575871.

[15] 董进,战炤磊. 新常态下扩大体育消费的动因与路径[J]. 学术论坛,2016,39(10):87-91.

[16] 董雅宏,张范. 论无形资产价值及其评估风险[J]. 金融理论与教学,2004(1):50-51.

[17] 冯锦如. 行为经济学视角下的反垄断与消费者保护[J]. 新疆大学学报(哲学·人文社会科学版),2021,49(4):24-30.

[18] 高泳,方千华. 习近平总书记关于体育工作重要论述的时代使命与实现方略[J]. 北京体育大学学报,2019,42(3):1-7.
[19] 高照钰. 奥运会的经济账及对北京 2022 年冬奥会的启示[J]. 财经智库,2020,5(4):126-138,144.
[20] 高照钰. 国外举办奥运会的财税政策选择及对我国的启示[J]. 国际税收,2020(6):74-77.
[21] 顾久贤. 创新驱动理念下的体育无形资产的开发与增值方略[J]. 广州体育学院学报,2017,37(153):26-28.
[22] 光明网. 上海发布 2019 年全民健身发展报告各项指标稳步上升[EB/OL]. (2020-09-30)[2021-10-19]. https://m.gmw.cn/baijia/2020-09/30/1301625413.html.
[23] 郭树理. 外国体育法律制度专题研究[M]. 武汉:武汉大学出版社,2008.
[24] 国家发改委. 2017 年中国居民消费发展报告[M]. 北京:人民出版社,2018.
[25] 国家发展和改革委员会社会发展司,国家体育总局体育经济司.《国务院关于加快发展体育产业促进体育消费的若干意见》100 问[M]. 北京:人民体育出版社,2015.
[26] 国家体育总局经济司,国家体育总局体育器材装备中心. 体育产业政策文件汇编(地方篇)[M]. 北京:人民体育出版社,2017.
[27] 国家体育总局经济司,国家体育总局体育器材装备中心. 体育产业政策文件汇编(国务院及部门篇)[M]. 北京:人民体育出版社,2017.
[28] 国家统计局,国家体育总局. 2019 年全国体育产业总规模与增加值数据公告[EB/OL]. (2020-12-31)[2021-11-09]. http://www.stats.gov.cn/tjsj/zxfb/202012/t20201231_1811943.html.
[29] 国务院办公厅. 关于积极推进"互联网+"行动的指导意见[EB/OL]. (2015-07-04)[2021-11-10]. http://www.gov.cn/zhengce/content/2015-07/04/content_10002.htm.
[30] 国务院办公厅. 关于印发体育强国建设纲要的通知[EB/OL]. (2019-08-10)[2021-11-10]. http://www.gov.cn/zhengce/content/2019-09/02/content_5426485.htm.
[31] 国务院. 关于印发《进一步促进体育消费的行动计划(2019—2020 年)》的通知[EB/OL]. (2019-01-06)[2020-10-09]. http://www.gov.cn/xinwen/2019-01/16/content_5358218.htm.
[32] 哈尔·R. 范里安. 微观经济学:现代观点[M]. 第六版. 费方域,等,译. 上海:上海人民出版社,2006.
[33] 韩湘景. 中国女性生活状况报告(2011)[M]. 北京:社会科学文献出版社,2012.
[34] 何明辉,黄霞,葛余辉. 从奥运会角度浅谈体育与经济的关系[J]. 商场现代化,2006,26:349.
[35] 洪银兴. 实现要素市场化配置的改革[J]. 经济学家,2020,2:5-14.
[36] 胡乔,陶玉流. 城市竞争力视域下大型体育赛事的效益研究[J]. 体育与科学,2009,30(4):33-37.
[37] 黄海燕. 体育赛事与城市发展[J]. 体育科研,2010,31(1):15-17.
[38] 黄海燕,张林. 体育赛事综合影响框架体系研究[J]. 体育科学,2011,31(1):75-84.

[39] 黄世席. 欧洲体育法研究[M]. 武汉:武汉大学出版社,2010.
[40] 黄文宾. 我国体育服务消费转型升级的机遇、挑战与路径[J]. 湘潭大学学报(哲学社会科学版),2021,45(4):69-73,145.
[41] 江小涓、体育消费:发展趋势与政策导向[M]. 北京:中信出版社,2020.
[42] 江小涓. 网络空间服务业:效率、约束及发展前景——以体育和文化产业为例[J]. 经济研究,2018,53(4):4-17.
[43] 靳英华. 体育经济学[M]. 北京:高等教育出版社,2011.
[44] 经管之家. 大数据颠覆传统体育经管之家[EB/OL]. (2013-10-10)[2021-08-21]. https://bbs.pinggu.org/thread-2668530-1-1.html.
[45] 寇明宇,沈克印. 有效市场与有为政府:体育产业发展的协同机制与实现路径[J]. 西安体育学院学报,2021,38(1):63-69.
[46] 李继伟,高希彬. 体育与经济互动关系的研究[J]. 商场现代化,2006,33:255-256.
[47] 李军,邵雪梅,邵淑月. 体育无形资产评估体系研究[J]. 西安体育学院学报,2004,4:7-11.
[48] 李太铢,李益群. 我国体育无形资产及其开发[J]. 中国体育科技,2006,4:120-123.
[49] 李旭升. 一本书搞懂融资常识[M]. 北京:化学工业出版社,2018.
[50] 李艳丽. 体育场馆管理[M]. 北京:北京体育大学出版社,2019.
[51] 廖连中. 企业融资——从天使投资到 IPO[M]. 北京:清华大学出版社,2017.
[52] 廖连中. 企业融资Ⅱ——股权债权+并购重组+IPO 上市[M]. 北京:清华大学出版社,2021.
[53] 林白鹏,藏旭恒. 消费经济辞典[M]. 北京:经济科学出版社,2000:125-138.
[54] 林志刚,李杉杉. 经济新常态下我国多层次体育产业资本市场政策体系构建与发展路径研究[J]. 北京体育大学学报,2019,42(4):99-111.
[55] 刘彩凤. 体育场馆冠名权属性特征研究[J]. 南京体育学院学报,2020,19(3):8-14.
[56] 刘东升,邹玉玲. 论体育场馆设施的社会资本创造功能[J]. 体育文化导刊,2012,8:80-83.
[57] 刘淇. 奥运经济研究[M]. 北京:北京出版社,2003.
[58] 刘小峰. 无形资产评估:理论与实务[M]. 北京:北京大学出版社,2017.
[59] 刘彦. 大型体育赛事对城市经济和社会发展的推动作用[J]. 南京体育学院学报,2008,22(3):49-52.
[60] 柳伯力,李万来. 体育产业概论[M]. 北京:人民体育出版社,2005.
[61] 萝卜投研. 我国体育装备制造业大多处于价值链中低端数字化转型提升档次[EB/OL]. (2019-09-05)[2021-10-09]. https://robo.datayes.com/v2/details/news/83521580.
[62] 骆秉全. 体育经济学概论[M]. 北京:高等教育出版社,2014.
[63] 马克思,恩格斯. 马克思恩格斯文集(第 9 卷)[M]. 北京:人民出版社,2009.
[64] 马克思,恩格斯. 马克思恩格斯文集(第 5 卷)[M]. 北京:人民出版社,2009.
[65] 马克思,恩格斯. 马克斯恩格斯全集(第 23 卷)[M]. 北京:人民出版社,2006.
[66] 曼昆. 经济学原理[M]. 第七版. 梁小民,梁砾,译. 北京:北京大学出版社,2015.

[67] 庞军. 奥运投资对北京市的环境与经济影响:基于动态区域 CGE 模型的模拟分析[D]. 北京:中国人民大学,2005.

[68] 庞晓洁,周世杰. 把提升有效供给能力作为供给侧改革的着力点——基于体育经济学的视角[J]. 河北学刊,2018,38(6):222-226.

[69] 彭晶晶. 中国体育产业市场研究[D]. 湖北:武汉大学,2012.

[70] 齐莹,简波. 论龙舟运动的体育无形资产开发[J]. 吉首大学学报(自然科学版),2005,4:125-128.

[71] 祁宁,王乐. 体育与经济相互关系浅论[J]. 中国商贸,2009(11):220-221.

[72] 秦梅,梁家栋,骆秉全. 北京市大型体育场馆综合利用发展研究报告[M]. 北京:人民出版社,2019:175.

[73] 让-卢 · 夏普莱,高照钰. 奥林匹克运动会:重燃圣火[M]. 高照钰,译. 上海:格致出版社,2021.

[74] 人力资源和社会保障部职业技能鉴定中心. 关于拟发布新职业的公示通告[EB/OL]. (2019-01-25)[2020-11-09]. http://www.cettic.gov.cn/zxzx/nzxdt/2019-01/25/content_464131.htm.

[75] 任波,黄海燕. 体育产业供给侧改革的内在逻辑与实施路径——基于高质量发展的视角[J]. 上海体育学院学报,2021,45(2):65-77.

[76] 任波,黄海燕. 中国数字经济与体育产业融合的动力、机制与模式[J]. 体育学研究,2020,34(5):55-66.

[77] 任波,孙建刚. 我国体育市场结构的界定与优化路径——基于产业组织理论的视角[J]. 哈尔滨体育学院学报,2020,38(6):42-49.

[78] 任波. 中国体育产业结构的形塑逻辑与供给侧改革路径[J]. 天津体育学院学报,2019,34(1):55.

[79] 上海体育学院公共体育服务发展研究中心. 2019 年上海市全民健身发展报告[R],2019.

[80] 上海体育学院公共体育服务发展研究中心. 2018 年上海市全民健身发展报告[R],2018.

[81] 绍兴市体育局. 2020 年度绍兴市首份居民体育消费调查报告今天发布调查工作情况作全国典型介绍[EB/OL]. (2021-07-14)[2021-09-07]. http://ty.sx.gov.cn/art/2021/7/14/art_1489268_58916831.html.

[82] 申丽萍. 大型体育赛事经济效益评估体系的构建[J]. 企业经济,2003(3):94-96.

[83] 深圳证券交易所[EB/OL]. (2019-09-05)[2021-10-09]. http://www.szse.cn/.

[84] 审计署. 北京奥运会财务收支和奥运场馆建设项目跟踪审计结果[EB/OL]. (2009-06-19)[2021-12-23]. http://www.gov.cn/zwgk/2009-06/19/content_1344706.htm.

[85] 石秀廷,孙亮亮. 从十九大报告看办好北京冬奥会的使命担当与筹办策略[J]. 南京体育学院学报(社会科学版),2017,31(5):16-20.

[86] 史兵,谷崎. 体育产业经济学[M]. 西安:陕西旅游出版社,2002.

[87] 宋彦深,曲天敏. 体育无形资产研究现状分析[J]. 唐山师范学院学报,2009,31(05):74-76.

[88] 搜狐体育报道. 打破国外企业 27 年垄断当代明诚独享亚足联 8 年赛事全球商务权[EB/OL]. (2018-10-30)[2021-09-28]. http://m.sohu.com/a/272245816_482792.
[89] 隋路. 中国体育经济政策研究[M]. 北京:人民出版社,2007.
[90] 谈群林. 体育场馆经营管理实务[M]. 广州:华南理工大学出版社,2011.
[91] 滕苗苗. 大型体育场馆应用 ROT 模式转型城市体育服务综合体研究[D]. 华中师范大学,2018.
[92] 体坛周报. 曼城引入人工智能助理[EB/OL]. (2017-03-20)[2021-10-09]. https://mp.weixin.qq.com/s/9n17YEicJ7qylPTXSIqpIw.
[93] 体坛周报. 人机大战第二季[EB/OL]. (2017-05-27)[2021-10-09]. https://mp.weixin.qq.com/s/0AcFKsUkV9nTeeC1QQ2REQ.
[94] 王健,陈元欣. 大型体育场馆运营:理论与实务[M]. 北京:北京体育大学出版社,2012.
[95] 王健,陈元欣. 国内体育场馆运营管理典型案例分析[M]. 北京:北京体育大学出版社,2012:75-76.
[96] 王进. 公共体育场馆的属性及其产品供给方式选择——公共经济学视角下的理论分析[J]. 南京体育学院学报(社会科学版),2008,22(6):17-19,67.
[97] 王军棉,罗普磷. 我国体育场馆无形资产评估体系的构建研究[C]. 体育管理与科学发展·2012 年全国体育管理科学大会论文集,2012:659-662.
[98] 王霖,潘绍伟. 我国体育用品的品牌资产价值财务评估方法探究——Interbrand 评估法衍生运用[J]. 体育科学,2006,26(8).
[99] 王敏敏,刘可夫,方强. 体育无形资产评估基本程序及主要类别[J]. 军事体育学报,2000,1:16-20.
[100] 王相玲,方新普. 体育赛事无形资产运营管理的绩效评价体系[J]. 统计与决策,2013,1:72-74.
[101] 王相英. 体育赛事无形资产系统管理[M]. 北京:科学出版社,2013.
[102] 王兆红,许寒冰. 体育经济学[M]. 北京:电子工业出版社,2020.
[103] 吴超林,杨晓生. 体育产业经济学[M]. 北京:高等教育出版社,2015.
[104] 习近平. 在教育文化卫生体育领域专家代表座谈会上的讲话[N]. 人民日报,2020-09-23(2).
[105] 向勇. 文化产业无形价值评估[M]. 北京:北京大学出版社,2016:149-157.
[106] 肖海辉. 论在大型体育赛事中物流运作的策略——以 2010 年广州亚运会为例[J]. 物流科技,2010(3):104-106.
[107] 肖谋文,朱建宇. 论毛泽东群众体育思想[J]. 北京体育大学学报,2008,31(3):295-299.
[108] 肖淑红,付群,雷厉. 大型体育场馆融资模式分类及特征研究[J]. 北京体育大学学报,2012,35(6):14-18.
[109] 新华社. 张家口打造体育之城践行共享办奥理念[EB/OL]. (2017-10-04)[2021-12-23]. http://www.gov.cn/xinwen/2017-10/04/content_5229533.htm.

[110] 新华网体育. 中国体育公司 2020 年市值榜：千亿市值公司规模创新高[EB/OL]. (2021-02-03)[2021-10-09]. http://www.xinhuanet.com/sports/2021-02/03/c_1127060252.htm.

[111] 新浪网. 北京冬奥会场馆建设提速 计划使用 26 个场馆[EB/OL]. (2018-04-04)[2021-12-23]. http://mil.news.sina.com.cn/2018-04-04/doc-ifyteqtq3591485.shtml.

[112] 新民晚报.《2018 年上海市全民健身发展报告》发布：超四成市民积极参与锻炼[EB/OL]. (2019-09-18)[2020-10-09]. https://baijiahao.baidu.com/s?id=1645017831808799461&wfr=spider&for=pc.

[113] 许延威，马立坤，刘波. 对"运动员无形资产与运动员人力资本"概念的辨析[J]. 西安体育学院学报，2014，31(05)：559-562.

[114] 央视网. 谢文征：压力即动力 保障冬奥筹办[EB/OL]. (2018-09-16)[2018-09-17]. http://tv.cctv.com/2018/09/16/VIDEr3gUBSNkkUDRwHy01ffs180916.shtml.

[115] 杨铁黎. 体育产业概论[M]. 北京：高等教育出版社，2018.

[116] 杨智琼，蒋九江，刘冬梅，等. 我国在役明星运动员无形资产商业开发不同模式的比较研究[J]. 北京体育大学学报，2010，33(2)：19-22.

[117] 易剑东. 冬奥会背景下中国奥林匹克认知偏误及其辨析[J]. 成都体育学院学报，2016，42(5)：1-9.

[118] 易剑东，郑志强，詹新寰，等. 中国体育产业政策研究：总览与观点[M]. 北京：社会科学文献出版社，2016.

[119] 游贵兵，张瑞林. 体育经济学的科学理论思考[J]. 首都体育学院学报，2017，29(6)：485-488.

[120] 余能管. 中国体育明星商业价值开发问题研究[D]. 江西：江西财经大学，2017.

[121] 余云舟. 中网豪华包厢品牌塑造研究[D]. 北京：北京体育大学，2013.

[122] 曾庆贺，马书军，陈元欣，等. 大型体育场馆市场化供给的可行性分析[J]. 北京体育大学学报，2009，32(4)：17-20.

[123] 翟廉芬. 大型体育赛事对举办城市社会效益的评价研究[D]. 河南：南阳师范学院，2008.

[124] 张林，黄海燕. 体育赛事经济影响评估研究[J]. 体育科研，2011，32(2)：70-73.

[125] 张林，李南筑，何先余，等. 我国单项体育赛事融资现状与发展对策研究[J]. 体育科学，2005(3)：8-12.

[126] 张尚权. 建立和发展我国的体育经济学[J]. 福建体育科技，1987(4)：7-12，6.

[127] 赵钢，雷厉. 体育场馆经营管理概论[M]. 北京：北京体育大学出版社，2007.

[128] 郑芳，杨升平. 体育产业经济学[M]. 北京：高等教育出版社，2017.

[129] 郑芒芒，陈元欣. 国外大型体育场馆冠名权开发研究及启示[J]. 体育文化导刊，2018(6)：119-124.

[130] 中国新闻网. 北京冬奥会拟 2022 年春节期间举办[EB/OL]. (2015-01-13)[2021-01-14]. http://www.chinanews.com/ty/2015/01-13/6961641.shtml.

[131] 钟天朗. 体育经济学概论[M]. 上海:复旦大学出版社,2016.
[132] FERNANDO L, MANUEL R G. The Demand for Sport: Sport Consumption and Participation Models[J]. Journal of Sport Management, 2007, 21: 103-122.
[133] GARY S. BECKER. The Economic Approach to Human Behavior[M]. Chicago: University of Chicago press, 1978.
[134] KIM Y, TRAIL G. Constraints and Motivators: A New Model to Explain Sport Consumer Behavior[J]. Journal of Sport Management, 2010, 24: 190-210.
[135] THIBAUT E, Vos S, SCHEERDER J. Hurdles for Sports Consumption? The Determining Factors of Household Sports Expenditures [J]. Sport Management Review, 2014, 17(4): 444-454.